博物馆研究书系
Series of Museum Research

博物馆展览策划：理念与实务

[陆建松 著]

复旦大学出版社

图书在版编目(CIP)数据

博物馆展览策划：理念与实务/陆建松著. —上海：复旦大学出版社，2016.5(2024.3重印)
(博物馆研究书系)
ISBN 978-7-309-12340-1

Ⅰ.博… Ⅱ.陆… Ⅲ.博物馆-展览会-策划 Ⅳ.G265

中国版本图书馆 CIP 数据核字(2016)第 119123 号

博物馆展览策划：理念与实务
陆建松　著
责任编辑/史立丽

复旦大学出版社有限公司出版发行
上海市国权路 579 号　邮编：200433
网址：fupnet@fudanpress.com　http://www.fudanpress.com
门市零售：86-21-65102580　　团体订购：86-21-65104505
出版部电话：86-21-65642845
上海崇明裕安印刷厂

开本 787 毫米×960 毫米　1/16　印张 16.25　字数 253 千字
2016 年 5 月第 1 版
2024 年 3 月第 1 版第 8 次印刷

ISBN 978-7-309-12340-1/G·1595
定价：38.00 元

如有印装质量问题,请向复旦大学出版社有限公司出版部调换。
版权所有　　侵权必究

目　录
CONTENTS

绪　论 / 1

第一章　博物馆陈列展览策划的理念 / 4
第一节　现代博物馆的主要使命 / 4
一、现代博物馆的功能学说 / 4
二、现代博物馆的教育使命 / 6
三、陈列展览是博物馆发挥教育功能的主要手段 / 9
第二节　什么是博物馆陈列展览 / 11
一、什么是博物馆陈列展览 / 11
二、博物馆陈列展览的类型 / 13
三、博物馆陈列展览模式的选择 / 17
第三节　现代博物馆的展示理念 / 19
一、作为非正规教育的博物馆展示教育理念 / 19
二、博物馆展示阐释模式和方法 / 22
第四节　博物馆陈列展览的展示媒介 / 27
一、博物馆陈列展览的展示媒介 / 27
二、常用的博物馆展示数字媒体 / 28
三、数字媒体技术在博物馆展示中的功效 / 31
四、数字媒体技术在博物馆展示中的合理应用 / 35
五、主要数字媒体技术应用及其功效 / 38
第五节　博物馆展览策划的依据和条件 / 48

一、博物馆展览策划设计的学术依据 / 49

二、展览学术支撑薄弱是地方博物馆的通病 / 51

三、加强博物馆展览学术支撑体系建设 / 53

第六节 博物馆展览策划设计的三个环节 / 57

一、博物馆展览策划设计的三个转换 / 57

二、2010年上海世博会主题馆展览策划设计中的错误 / 60

三、科学的博物馆策展团队的组成 / 64

第二章 博物馆陈列展览内容策划 / 66

第一节 博物馆展览内容策划的作业流程 / 66

一、博物馆展览内容策划的重要性 / 66

二、陈列大纲不等于展览文本 / 69

三、博物馆展览文本策划的流程 / 76

第二节 展览选题及其学术支撑体系研究 / 77

一、研究展览选题 / 78

二、研究展品形象资料 / 78

三、含化学术研究资料 / 79

第三节 展览传播目的研究 / 81

一、"传播目的"是展览内容策划的第一要务 / 81

二、展览总传播目的的设定 / 86

三、展览各部分、单元的传播目的的设定 / 96

第四节 展览主题提炼及主题结构演绎 / 100

一、提炼展览的总主题 / 100

二、凝练展览的分主题 / 106

三、展览内容主题结构规划 / 113

四、展览主题结构层次演绎 / 116

第五节 博物馆展览主题结构演绎案例 / 118

一、绍兴市博物馆展览主题结构演绎 / 119

二、"古代蚌埠：文明历程"主题结构演绎 / 123

三、安徽（中国）桐城文化博物馆展览主题结构演绎 / 130

四、"凤栖梧桐——桐乡历史文化陈列"主题结构演绎 / 136
　　五、绩溪博物馆展览主题结构演绎 / 140
　　六、上海禁毒教育馆展览主题结构演绎 / 144
　　七、苏步青励志教育馆展览主题结构演绎 / 146
　　八、张大千博物馆展览主题结构演绎 / 156
　　九、诸暨中国香榧博物馆展览主题结构演绎 / 163
　　十、中国湿地博物馆展览主题结构演绎 / 170
　第六节　展览传播主次的研究和规划 / 173
　　一、展览传播目的主次的规划 / 173
　　二、展览传播信息主次的规划 / 174
　　三、展览内容板块主次的规划 / 175
　　四、展览重要知识点和信息点（重点和亮点）的规划 / 177
　第七节　展示素材选择及其组团 / 180
　　一、选择好展示素材 / 180
　　二、研究展示素材的组团 / 184
　　三、展览显性信息和隐性信息的处理 / 186
　第八节　展览文本文字编写 / 188
　　一、各级看板说明文字的编写 / 188
　　二、辅助展品创作说明和依据文字编写 / 199
　　三、数字媒体文字编写 / 205
　　四、展览讲解或导览性文字 / 208
　第九节　展览文本的编写要求与格式 / 209
　　一、展览文本编写的基本要求 / 209
　　二、展览文本的格式 / 211
　第十节　"说戏"——内容策划师与形式设计师的对话 / 212

第三章　如何评价博物馆陈列展览 / 215
　第一节　博物馆陈列展览的评价思想和原则 / 215
　　一、博物馆陈列展览评价指标体系建设的意义和目的 / 215
　　二、博物馆陈列展览的评价思想和原则 / 217

第二节 陈列展览评价指标体系的系统构成 / 219
第三节 博物馆陈列展览内容评价 / 221
　一、陈列展览内容子系统评价指标的设定 / 221
　二、内容子系统各评价指标权重确定的原则及比例 / 223
　三、陈列展览内容子系统单项指标评价标准与方法 / 223

第四节 博物馆陈列展览形式设计和制作评价 / 225
　一、形式设计与制作子系统评价指标的设定 / 225
　二、形式设计与制作子系统各评价指标权重确定的原则及比例 / 227
　三、形式设计与制作子系统单项指标评价标准与方法 / 227

第五节 陈列展览推广与服务子系统评价 / 231
　一、陈列展览推广与服务子系统评价指标的设定 / 231
　二、陈列展览推广与服务系统各评价指标权重确定的原则及比例 / 232
　三、陈列展览推广与服务子系统单项指标评价标准与方法 / 233

第六节 "观众反映"评价指标系统 / 235
　一、"观众反映"子系统评价指标的设定 / 235
　二、"观众反映"子系统各评价指标权重确定的原则及比例 / 236
　三、"观众反映"子系统单项指标评价标准与方法 / 236

第七节 博物馆展览评价表 / 238
　一、评分表 / 238
　二、评分标准 / 239

第八节 博物馆陈列展览评价指标体系实施机制建设 / 247
　一、全国博物馆陈列展览评选的要素 / 247
　二、分类评选原则和奖项设立 / 248
　三、评选提交的材料 / 251
　四、评委资格及其构成 / 251
　五、评选步骤和操作 / 252

绪 论

进入21世纪,我国迎来了博物馆建设的新高潮。据我国国家文物局官方统计,2000年底,全国博物馆总数为1 397座,至2014年底,全国博物馆总数达到了4 510座。与此同时,我国博物馆每年举办的陈列展览也大大增加,2012年举办各类展览约2万个,年接待观众人数达到4亿人次;2013年举办各类展览约2万余个,年接待观众6亿人次;2014年举办各类展览2.6万个,年接待观众人数增加至7.2亿人次。

博物馆是个主要通过陈列展览向观众进行知识传播和公共教育的非正规教育机构,陈列展览是博物馆传播先进文化、发挥社会教育作用的主要手段,是博物馆为公众提供公共文化产品和服务的主要形式。因此,做好博物馆的陈列展览,不仅是博物馆经营的主要内容,也是衡量一个博物馆经营绩效的主要指标。

众所周知,博物馆陈列展览是一项基于传播学和教育学的,集学术文化、思想知识和审美于一体的,面向大众的知识信息和文化艺术的传播媒介。博物馆陈列展览的目的是进行知识传播和公众教育,"知识性和教育性"是博物馆陈列展览的目的。因此,对博物馆陈列展览来说,其选题及其内容策划是博物馆陈列展览的关键,而形式设计则是对陈列展览内容准确、完整、生动的表达。即内容是核心,形式是手段,并且形式必须服务和服从于内容表达和传播的需要。

虽然自1998年国家文物局首次实施全国博物馆十大精品陈列评选以来,我国博物馆陈列展览在展示手段和表现方式方面有了显著进步,但另一方面,我们必须清醒地认识到,我国博物馆陈列展览水平总体不高,除少量博物馆陈列展览外,我国大部分博物馆陈列展览依然面临吸引不了观众的尴尬境地。一个关键的原因是普遍不重视陈列展览的内容策划,陈列展览的内容策划水平不高——或选题缺乏新意,似曾相识,千馆一面,与普通观众的关注点和兴趣不相契合,不能吸引广大观众的眼球,难以激发观众参观的欲望；或陈列展览的传播目的不清楚，展示内容逻辑结构混乱，平铺直叙，面面俱到，观众看得很累，难以保持观众参观的欲望；或陈列展览内容阐释理性有余，感性不足，学究气太浓，趣味性、观赏性、通俗性不足，观众看不懂或觉得不好看等。作为陈列展览的"一剧之本"，多数博物馆的陈列展览内容文本仅仅是一个简单粗糙的展览文字大纲或展品清单，或是一个学术著作或教科书式的学术资料汇编。甚至，在没有一个简单陈列展览大纲的情况下就让专业的形式设计和制作公司设计制作展览。总之，陈列展览内容策划水平低下是制约当前我国博物馆陈列展览进步的一个关键因素。

显然，博物馆陈列展览成功与否首先取决于内容策划的水准。这就如同影视剧创作一样，只有具备好的剧本，方能有好的影视剧。同样，只有首先具备一个好的陈列展览内容文本，形式设计和制作师才能制造出一个优秀的博物馆展览来。反之，面对一个简单粗糙的陈列展览文本，即使是最优秀的展览形式设计和制作大师，也难以创造出一个有吸引力、感染力的展览。

我国博物馆陈列展览内容策划水平不高，固然与我们不重视陈列展览内容策划有关，但也与我国博物馆不重视陈列展览内容策划研究以及缺乏陈列展览内容策划专业人才有关。由于历史的原因，一方面目前博物馆从业人员中，严重缺乏专业的陈列展览内容策划人员；另一方面大部分高校博物馆学专业不重视陈列展览内容策划人才的培养，甚至连陈列展览内容策划的课程也没有开设，从而造成我国博物馆严重缺乏陈列展览策划人才。因此，要想显著提高我国博物馆陈列展览的水平，必须加强博物馆陈列展览内容策划工作的研究以及专业策展人才的培养。

近年来，我国博物馆数量的快速增长以及每年大量陈列展览的举办，不仅对陈列展览的内容策划提出了大量需求，也对博物馆策展人才的培养提出了紧迫的要求。对此，业内有识之士纷纷呼吁加强博物馆陈列展览内容策划的研究和博物馆策展人才的培养。正是基于这样的背景，笔者结合多年来博物馆陈列展览内容策划的实践和研究，以笔者为复旦大学本科生和研究生开设的博物馆陈列展览内容策划课程教案为基础，尝试撰写本书。

本书主要包括三个部分，第一章"博物馆陈列展览策划的理念"，主要论述现代博物馆的使命与陈列展览的关系、博物馆陈列展览的性质和特点、现代博物馆的展示理念、博物馆陈列展览的展示媒介、博物馆陈列展览策划的依据、博物馆陈列展览策划设计的流程、陈列展览文本策划的流程与内容等。第二章"博物馆陈列展览内容策划",主要结合案例论述博物馆陈列展览内容策划的流程、方法与技巧,着重从博物馆陈列展览传播目的设定、展览主题提炼及其内容主题结构演绎、展览重点亮点规划、展览素材组团及其表现研究、展览文本文字编写等方面介绍陈列展览策划的实务。第三章"如何评价博物馆陈列展览",主要从展览内容策划、展览的形式设计和制作,以及展览的推广与宣传三个维度来分析探讨什么是一个好的博物馆陈列展览及其评价指标体系。

希望通过本书的出版,一方面为全国博物馆陈列展览策划实践提供借鉴和参考,有助于提高我国博物馆陈列展览的总体策划水平;另一方面能为有志于从事博物馆策展的从业人员和高校博物馆学专业学生提供学习陈列展览策划的教材,帮助他们了解和掌握博物馆陈列展览策划的理念、方法和技巧,培养他们从事博物馆陈列展览策划的实际能力,以适应我国博物馆陈列展览发展对策展人才的迫切需求。

第一章
博物馆陈列展览策划的理念

陈列展览是博物馆传播知识文化、发挥公共教育作用的主要形式，是博物馆发挥社会作用的主要手段。同时，作为一种非正规教育的形式和特殊的大众传媒，博物馆陈列展览有其独特的功能和作用。因此，要策划设计好一个博物馆陈列展览，必须了解博物馆的基本性质和功能，了解博物馆的教育使命，了解博物馆陈列展览的类型、展示理念和阐释方法，熟悉陈列展览的主要媒介及其作用和合理应用，了解博物馆陈列展览策划设计的依据及其主要环节等，这是指导博物馆陈列展览策划设计的理论基础。

第一节　现代博物馆的主要使命

现代博物馆究竟是一个什么性质的机构？它的社会功能和主要使命是什么？陈列展览在发挥博物馆社会功能方面扮演怎样的角色和作用？这些是我们策划设计博物馆陈列展览的指导思想。

一、现代博物馆的功能学说

关于博物馆的功能，1956年全国博物馆工作会议第一次明确规定了博物馆的社会地位和作用：博物馆是"科学研究机关""文化教育机关""物质文化和精神文化遗存和自然标本的收藏所"。由于没有明确博物馆的机构性质和主要使命，长期以来，我国博物馆主要扮演文物标本收藏和研究机构的角色，其主要职责和经营目标就是为国家收藏、保管和研究文物藏品。因此，在实践中，其工作的重心主要是文物标本的收藏和研究，而对于博物馆的教育功能和公共服务功能往往认识不足,没有将展示教育和公共服务放在博物馆工作的中心位置。这一落后的博物馆经营理念直接影响了博物馆社会作用的发挥。

事实上,从国际博物馆事业发展的现状和趋势来看,现代博物馆主要是非正规教育机构,知识传播和公共教育是博物馆的主要使命和经营目标。即现代博物馆是一个出于公共教育和利用的目的,对人类及其环境的物质遗产和非物质遗产进行搜集、整理、保管、研究和展出,最终实现知识传播的非正规教育机构。

一般认为,博物馆的基本功能有收藏、整理、保管、研究、展览和教育普及。上述功能可以进一步概括为内部职能(收藏、整理、保管、研究)和外部职能(展览和教育普及),二者之和构成博物馆的综合职能(如右图所示)。

显然,仅仅进行文物标本的收藏、整理、保管、研究工作的机构不是完整的博物馆,而只能称之为保管所、资料

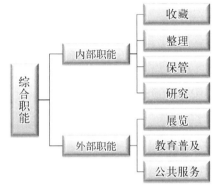

博物馆的职能

馆、考古或文化研究所。若想使博物馆不成为上述机构,而成为真正意义上的、完整的博物馆,就必须进一步对外开展展览活动、教育普及和观众服务,即将博物馆从内部职能扩展到外部职能。这样,博物馆的工作才是完整的。

根据以上观点,我们认为博物馆的职能和社会使命有如下特点:

(1) 博物馆的内部职能是围绕着"物"(藏品)展开的,而博物馆的外部职能是围绕"物"和"人"的对话和交流展开的。

(2) 博物馆的内部职能主要是收藏、整理、研究和阐释,实质上是博物馆组织、加工和生产公共知识的过程;博物馆的外部职能主要是展示和传播(展示教育),实质上是博物馆传播公共知识的过程。

(3) 仅仅做好博物馆的内部职能是不够的,更重要的是要把博物馆工作从内部职能扩展到外部职能,即要实现博物馆的最终使命——知识传播和公共教育。

(4) 博物馆的内部职能是实现外部职能的前提和基础,而外部职能则是内部职能的目的和结果。做好博物馆的内部职能固然重要,但更重要的是在做好博物馆内部职能的基础上,发挥博物馆外部职能的作用。

（5）博物馆内部职能的业绩和价值主要通过博物馆的外部职能加以实现和体现。一个博物馆即便收藏丰富、研究水平很高，但如果将工作仅仅局限在内部职能上，那么它也不能充分实现自己的使命和价值，就不是一个合格的博物馆。

上述现代博物馆职能理论表明，从本质上讲，现代博物馆是个出于公共教育和利用的目的，对人类及其环境的物质遗产和非物质遗产进行搜集、整理、保管、研究和展出，最终实现知识传播的非正规教育机构。即现代博物馆已不再单纯是文物标本的收藏、保管和研究机构，而更应该是一个具有更广泛意义的、为公众和社会服务的文化教育机构、休闲游览的场所，"教育和知识传播"是现代博物馆公共服务的主要使命。

已故日本著名博物馆学家鹤田总一郎曾讲过："观众，同博物馆藏品一样，是构成博物馆不可或缺的基本要素。观众既是博物馆的服务对象，也是博物馆赖以生存的基础。博物馆应该像爱护珍贵文物一样爱护和对待观众。如果不考虑观众，或者没有观众来参观博物馆，那么，可以说该博物馆不成为一个博物馆，或者至少是一个不合格的博物馆。"

美国史密森博物学院的玛丽·格拉斯·波特尔认为："评价一个博物馆的价值，不仅要看其收藏的丰富和精优程度，更要看它在鼓励观众参与和学习方面所取得的成绩。博物馆的职责主要是要尽最大的努力扩大每个公众积极、有益地参观博物馆的机会。"

因此，现代博物馆应该确立以展示教育和开放服务为核心的博物馆经营新理念，增强为观众和社会服务的意识。

正是为了强调和突出现代博物馆的教育使命，2007年国际博物馆协会（ICOM）对博物馆定义进行了修改，将"教育"置于博物馆目的之首："博物馆是个为社会及其发展服务的，为了教育、研究和欣赏的目的，对有关人类及其环境的物质遗产和非物质遗产进行搜集、保管、研究、传播和展出的非营利的永久开放机构。"

二、现代博物馆的教育使命

随着社会的发展和博物馆的进步，现代博物馆的角色和功能日益多元化，特别是愈来愈结合人们的现实生活，以达到教育、学习、休闲的功能。其中，"教育"不仅是博物馆对社会的责任，也是其首要目的和功能。

在博物馆事业发达的国家,都将教育视为博物馆的主要目的和功能,将博物馆作为国民教育的特殊资源和阵地,作为非正规教育机构,这主要表现在以下几个方面。

第一,博物馆将"教育"置于公共服务角色的中心。作为现代社会标志之一的博物馆,虽然承担多元功能,但首先是作为教育和文化机构而存在的。1984年,美国博物馆协会发布了《新世纪的博物馆》(Museums for a New Century)报告,将"教育"认定为博物馆的首要目标,并指出:"若典藏品是博物馆的心脏,教育则是博物馆的灵魂。"1990年,时任该协会首席执行官的爱德华·埃博(Edward H. Able, Jr)明确提出:"博物馆第一重要的是教育,事实上教育已经成为博物馆服务的基石。"[1]1992年,美国博物馆协会继续致力于强化博物馆的教育角色,推出了《卓越与平等:博物馆教育与公共面相》(Excellence and Equity: Education and Public Dimension of Museums),该报告鼓励博物馆将"教育"放在公共服务(角色)的中心;并且指出,博物馆是"公共服务与教育机构,而'教育'这个字眼包括了探索、研究、观察、理性思考、沉思与对话之意涵"[2]。

第二,博物馆理应成为普通人的教育场所。早在1880年,美国学者詹金斯(Jenkins)在其《博物馆之功能》一书中即如此明确指出。1906年,美国博物馆协会成立时也宣称"博物馆应成为民众的大学"。1990年,该协会在解释博物馆的定义时,将"教育"与"为公众服务"并列视为博物馆的核心要素[3]。以全世界最大也最具影响力的博物馆群——史密森博物学院为例,它将自身定位为全民的博物馆,也即不仅仅为受过良好教育的观众服务。只让他们感觉舒服,这是不够的。作为国家的博物馆,它努力通过呈现多样化的文化产品和服务来吸引多样化的观众[4]。

第三,博物馆是非正规学习的绝佳场所,其"第二课堂"的角色地位已为全社会所认可。美国国家科学基金会(The National Science Foundation)将非正规学习定义为"自愿且主动引导的终身学习,主要因本身兴趣、好奇心、探索、

---

[1] 杨玲、潘守永:《当代西方博物馆发展态势研究》,学苑出版社,2005年,第162页。
[2] Dr. Hugh H. Genoways, Lynne M. Ireland 著,林洁盈译:《博物馆行政》(*Museum Administration: An Introduction*),台湾:五观艺术管理有限公司,2007年,第337—338页。
[3] 郑勤砚:《迈向真正的公共性 中国博物馆还有多远?——美国博物馆公共教育的启示》,四川美术网,2009年2月6日。
[4] Office of Policy and Analysis, *Exhibitions and their Audiences: Actual and Potential*, USA: Smithsonian Institution, 2002, p. 15.

操作、幻想、任务达成、与社群互动等受到激发"。非正规学习通常会牵涉到社群互动,尤其是与家庭成员和同伴团体的互动,其中更包含了玩耍这个因子。在博物馆中,非正规学习的发生主要通过计划性教育活动和展示导览等方式[①]。

第四,博物馆成为民众接受终身教育的大学堂。博物馆教育是一种社会教育,属于终身教育的一部分。从幼童到退休老人,大家都可在馆内得到持续的教育。而博物馆作为"再教育"或"继续教育"的重要基地也已为西方公众所广泛接受。J·奈斯比特(J. Naisbitt)就曾经断言:终身教育将成为第二次文艺复兴,而博物馆将成为第二次文艺复兴的重要阵地。事实上,单一的、阶段性的学校教育如今已不能满足社会就业的需要,相反"活到老,学到老"却成为当下潮流,同时社会也呈现出学习型的发展趋势。终身教育的兴起,必然要求有相应的机构来满足这种需求,作为公共文化设施并拥有大量教育资源的博物馆成了全面提高公众科学素质的重要场所[②]。

既然"教育"是博物馆的首要目的和功能,那么每个博物馆应该认真思考和定位自己的教育使命。例如:

1753年建立的大英博物馆一直秉持的教育使命是"对人类文明中所有艺术和知识,进行系统的整理和研究,并让人人有机会接触人类的历史文物,从中获得知识和快乐"。

1852年建立的英国维多利亚·艾尔伯特博物馆的教育使命是"让每一个人享受博物馆的藏品,展示创造这些物品的文化,鼓舞现代设计的成长"。

1864年建立的、全球公认最具影响力的美国史密森博物学院(旗下有19座大型博物馆),一直秉持"增进和传播知识"的教育使命。

巴黎发现宫博物馆的教育使命是"唤起社会大众对科技发展的关心,发扬科学精神,培养严谨、精密、真实、批评和自由思考的科学态度,引导青少年发展科学能力和兴趣,协助民众以健全的态度去适应现代科技新世界"。

美国纽约大都会博物馆教育使命是"以服务广大公众为目的,遵照最高专业标准,收藏、保护、研究和展示代表了人类最高成就的各类优秀艺术作品,并促进对于这些作品的理解、重视和欣赏"。

伦敦科学博物馆教育使命是"理解影响我们生活的科学"。

慕尼黑德意志科技博物馆教育使命是"我们展示科学与技术,使之可

---

① Dr. Hugh H. Genoways, Lynne M. Ireland 著,林洁盈译:《博物馆行政》,第337—338页。
② 杨玲、潘守永:《当代西方博物馆发展态势研究》,学苑出版社,2005年,第157页。

见、可感;通过展示特殊珍品,显示科技的文化重要性。我们鼓励人们在塑造未来中发挥积极作用"。

芝加哥科学与工业博物馆教育使命是"鼓励和激发儿童实现他们在科学、技术、医药和工程方面的全部潜能"。

美国加州科学中心教育使命是"我们希望通过创造有趣且难忘的经历来激发好奇心,鼓励每个人学习科学。这是因为我们珍视科学,认为它是理解世界、提高可及性和包容性,以及丰富人们生活必不可少的工具"。

日本名古屋市科学馆教育使命是"创造乐趣与兴奋,让观众理解科学的原则与应用;让观众思考科技与人类的关系;运用科技,更好地理解社会面临的问题;通过科学为居民提供一个终身学习的场所"。

芝加哥菲尔德自然史博物馆教育使命是"激发对地球生命的好奇,同时探索世界如何形成,以及我们如何改善世界。我们邀请全世界的观众、学生、教育者和科学家,踏上科学发现之旅。我们的展览讲述地球生命的故事。我们的藏品解决科学之谜。我们的研究开拓新的领域。我们的科学贡献于地球健康。作为教育者,我们激发好奇与理解"。

伦敦自然历史博物馆教育使命是"博物馆的目的是挑战人们思考自然界过去、现在和未来的方式,旨在激发对人性未来的公共讨论,让不同水平的观众都可以理解科学。博物馆集中关注三个主题:(1)起源与进化:太阳系、地球与生命的45亿年历史。(2)生命多样性:当今物种、栖息地和生态系统中的自然多样性。(3)可持续的未来:人类社会所依赖的自然系统的未来"。

西澳大利亚博物馆教育使命是"启发人们探索和分享自己的身份、文化、环境和地域感,体验并贡献于世界的多样性和创造性"。

三、陈列展览是博物馆发挥教育功能的主要手段

博物馆是国民教育体系的重要组成部分,是社会教育的重要承担者。作为非正规教育机构,博物馆在发挥国民教育方面的独特优势表现在以下几个方面[①]:

一是以实物为载体,教育手段丰富多彩,强调亲身参与和互动体验,生

---

① 《国家文物局关于将博物馆纳入国民教育体系的调研报告》,2010年。

动直观。博物馆以各类展品为基础,精心组织陈列展览,通过大量运用文物、标本及模型、辅助性艺术作品等实物资料,作用于观众的感官。这种以实物例证向观众表达深刻内涵和传送信息的方式,无论从人的生理机制或者认识过程来说,都会使观众感到亲切,易于接受和理解。博物馆的陈列不仅可以观赏,有些博物馆还可以亲手触摸,亲身体验。这是其他社会教育机构所无法比拟的。

二是博物馆的教育对象具有广泛性,是整个社会的广大成员。无论男女老少,无论何种民族或国籍,无论何种文化背景或受教育程度,从幼儿园儿童到老年人,从一般群众到盲人、残疾人,从团体观众到外国旅游者,博物馆都向他们敞开大门。人们可以自由地出入各个陈列室,通过参观吸取科学文化知识,获得理想情操和审美情趣的熏陶。

三是博物馆的教育内容具有多样性。从社会历史到自然生态,从艺术到科学,从古老的石器到宇宙飞船,从中国民族文化到世界各民族的风俗,都可以在博物馆里得到反映。博物馆是一部立体的"百科全书",实物的"图书馆"。它对少年儿童是一个充满新奇和引起幻想的天地,对成年人也是补充新知识、研究问题的好场所。

四是博物馆不仅传播知识,也是对人民群众,特别是广大青少年进行思想道德教育、传播社会主义精神文明的重要课堂。

博物馆是国民教育的特殊资源和阵地,而陈列展览则是博物馆发挥教育这一首要功能的主要手段,是博物馆满足公众精神文化需求的最重要途径。并且,陈列展览也是博物馆区别于其他教育机构发挥教育作用的特殊手段。与大、中、小学的正规教育不同,博物馆展览教育是非正规教育,主要通过实物展示形式传播思想、知识和文化,具有生动直观、参与互动、自主轻松、寓教于乐的特点,以自身鲜明的个性魅力和深厚的内涵吸引公众,成为公众特别是青少年感知历史、认识现在、探索未来的重要文化殿堂。

对博物馆来说,做好陈列展览不仅是博物馆经营的主要内容,而且关乎博物馆的教育使命和责任。因此,现代博物馆应该确立以展示教育为核心的博物馆经营新理念,增强为观众和社会服务的意识。

目前,从整体上讲,我国博物馆展览水平不高,未能吸引广大观众的眼球。英国广播公司(BBC)曾撰文指出,今天的中国博物馆服务依然存在严重问题,国外博物馆能把二流藏品形成一流展示,中国的博物馆是一流藏品三流展示。文化性观光产品是中国旅游业在世界上最具有吸引力的产品,中国有一批一流博物馆,这是这种吸引力的集中体现,但中国博物馆的发展状况与历史文化资源并不匹配。这种不匹配既体现在展览的数量上,更体现在展览的质量上。

为了充分发挥知识传播和教育的作用,我国博物馆需要大力提升陈列展览的水平。为此,我国博物馆要积极探索和大胆创新,不断创新陈列展览的内容、形式、手段,增加陈列展览的文化知识内涵和科技含量,实现学术性、知识性与趣味性、观赏性的有机统一,实现题材、品种、风格和载体的丰富多样,充分体现博物馆文化的教育性、时代性、科学性,使陈列展览更具吸引力、感染力,以吸引观众经常走进博物馆,使我国博物馆成为公众流连忘返的文化园地,成为营造学习型社会的重要手段和途径。

第二节　什么是博物馆陈列展览

> 博物馆陈列展览的核心特征是什么?它与商业会展、普通建筑装饰工程以及迪士尼等娱乐设施有何不同?各类博物馆陈列展览又有什么特点和规律?在学会策划博物馆陈列展览前,我们首先需要明白博物馆陈列展览的性质、特点和功用。

一、什么是博物馆陈列展览

博物馆陈列展览是指在特定空间内,以文物标本和学术研究成果为基础,以艺术的或技术的辅助展品为辅助,以展示设备为平台,依据特定传播或教育目的,使用特殊的诠释方法和学习次序,按照一定的展览主题、结构、内容和艺术形式组成的,进行观点和思想、知识和信息、价值与情感传播的直观生动的陈列艺术形象序列。

也就是说,博物馆陈列展览是一项基于传播学和教育学的,集学术文化、思想知识和审美于一体的,面向大众的知识、信息、文化和艺术的传播载体。

除了实物性、直观性等特点外,博物馆陈列展览的核心特性是:知识性和教育性、科学性和真实性、观赏性和趣味性。

其中,"知识性和教育性"是博物馆陈列展览的目的,这是指博物馆展览的目的和宗旨是进行知识普及和文化传播,服务公众教育的需要。因此,陈列展览要有文化学术概念,有思想知识内涵,能给受众以信息、知识和文化,起到传播观念和思想、知识和信息、文化和艺术的作用,起到公众教育的作用,起到促进文化交流和传播的作用。一个没有思想知识内涵、不能起到知识普及和发挥公共教育作用的博物馆陈列展览,纵然其表现形式如何花哨,那它一定不是一个合格的博物馆陈列展览。

"科学性和真实性"是博物馆陈列展览的前提,这是指博物馆陈列展览的建设要有扎实的学术支撑,要以文物标本和学术研究成果为基础;一方面,博物馆陈列展览应以真实的文物标本为基础;另一方面,陈列展览提出的观点、思想、知识和信息都必须建立在科学的学术研究成果之上;第三方面,图文版面的设计、艺术的或科学的辅助展品的创作等,也都必须以科学的学术研究成果和客观真实的文物标本为基础,是有依据的还原、创作和重构。没有"科学性和真实性"做保障的博物馆展览,必然不是一个真正的博物馆陈列展览。

"观赏性和趣味性"是博物馆陈列展览的手段,这是指博物馆陈列展览要有较高的艺术感染力和观赏性。博物馆是个非正规教育机构,参观陈列展览是一种寓教于乐式的学习;同时,虽然陈列展览传播的观点和思想、信息和知识是理性的,但作为一种视觉和感性艺术,其表现的形式应该是感性的。即一个好的博物馆陈列展览,不仅要有思想知识内涵、文化学术概念,还要符合现代人的审美需求。只有具有较高艺术水准、有引人入胜感观效果的陈列展览,才能吸引观众参观。反之,一个学术味过重、枯燥乏味,或缺乏趣味性和娱乐性的陈列展览,必定不是一个好的博物馆陈列展览,必定难以吸引观众,也不符合博物馆非正规教育机构的性质。

从上述博物馆陈列展览的核心特征来看,显然,博物馆陈列展览不同于普通建筑装饰工程,也不同于商业会展、迪士尼等娱乐设施。一般商业会展是产品营销和市场推广,例如雷达表展、家具展;普通装饰工程是办公和居室的环境美化和装饰,例如家庭装饰和办公室装饰;迪士尼是娱乐设施,手段和目的都是娱乐。因此,在博物馆陈列展览建设和工程管理中,我们切不可将博物馆陈列展览等同于普通建筑装饰工程、一般商业会展和娱乐休闲设施来处理。

上述陈列展览的核心特征不仅是博物馆陈列展览区别于普通建筑装饰

工程和商业会展的特征,也是考核博物馆展品展项的基本标准。例如,当我们在评价一个陈列展览的辅助展品(场景、雕塑、模型、动画、绘画、图文版面等)时,基本的标准就是"知识性和教育性"、"科学性和真实性"以及"趣味性和观赏性"。凡是达到上述三个标准的展品展项,就是一个好的至少是合格的博物馆展品展项,否则就是一个不合格的博物馆展品展项。

如果按照上述博物馆陈列展览的核心特征来考核我国博物馆的陈列展览及其展品展项,显然,目前我国很多陈列展览及其展品展项均达不到博物馆陈列展览核心特征的要求,特别是辅助展品的设计制作存在严重的问题。因此,在筹建一个陈列展览时,必须坚持博物馆陈列展览的核心特征的原则,否则就不是一个真正的博物馆陈列展览,不是一个真正的博物馆展品展项,至少是一个不合格的博物馆陈列展览或博物馆展品展项。

二、博物馆陈列展览的类型

博物馆陈列展览多种多样,各有各的特点。之所以要对博物馆陈列展览进行研究和分类,就是为了认识每类陈列展览的特点和要求,有助于我们把握其特点和规律,更好地策划设计陈列展览。博物馆陈列展览可以根据不同的标准分类,例如按陈列展览展出的时间长短分、按陈列展览的内容属性分、按陈列展览的传播目的和构造分等。

1. 按陈列展览展出的时间长短分类

按照陈列展览展出的时间长短分,博物馆有两类陈列展览,一类是长期展出的体量较大的基本陈列,即常设展览(permanent exhibition),这是相对于"临时展览"(temporary exhibition)而言,一般在几年甚至十几年内不会大规模更改的展览。其展览主题、内容、展品及展示体系一般比较稳定,基本陈列往往反映了该馆的性质和任务,也是其收藏和研究水平的体现,例如上海博物馆的古代青铜器展览、古代陶瓷展览和古代书画展览等。

另一类是小型多样的、短期展出的、常换常新的临时展览,又称特展,是历时几个月甚至一年内的展览。临时展览是博物馆展览的重要组成部分,在博物馆展示教育中扮演重要的角色。它可以起到补充和扩展基本陈列的作用,可以展示那些在博物馆常设展览中无法展示的文物,可以反映学术研究成果或学术前沿问题,可以配合时政和社会热点话题,可以反映社会多元观点和思想等。同时,临时展览还是博物馆新概念、新技术的实验平台。其中,更重要的是能够吸引观众更频繁地参观博物馆,吸引以前未至博物馆参观的观众。

此外,还有巡回展览(travelling exhibition),即通过设计布置在巴士、卡车或火车上可流动展出的展览。巡回展的目的是让展览在不同地点被更多的人参观。巡回展览也属于临时展览。

在博物馆发达国家,除了基本陈列外,一般博物馆每年都要举办十几个甚至几十个陈列展览,以满足观众的不同需求。例如:美国史密森博物学院亚洲艺术馆(弗利尔和赛克勒)每年要举办 2—3 个大型特展、6—8 个小型特展,同时定期更换长久陈列的展品。而在我国,除了基本陈列外,大部分博物馆举办的临时展览普遍不多,博物馆陈列展览面孔长期不变。

由于观众欣赏水平的不断提高和需求的多样化,对博物馆的陈列展览提出了更高的要求,这使得常设展览往往难以满足观众的需求。因此,为了满足观众不断变化的、多样化的需求,吸引观众反复前来参观博物馆,我国博物馆就必须充分挖掘馆藏,或开展馆际展览交流,或充分利用社会资源,多举办临时展览。

全国博物馆间的陈列展览交流可以实现全国博物馆文物资源和展览资源共享和效益最大化,使人民群众可以享受到我国各地丰富多彩的文化资源,而且有利于改变单个博物馆文物资源和展览资源有限的局面,大大丰富博物馆的展览教育活动,避免本馆展览常年不变的尴尬,吸引更多的观众参观博物馆,更好地满足所在地区人民群众精神文化的多元化需求。

为了推动全国博物馆之间开展展览交流,有必要建立陈列展览项目的交流机制和平台,研究制定相关政策进行推动。例如规定享受国家门票财政补助的博物馆每年必须引进几个展览,或从博物馆经营考核的角度要求国家一级、二级和三级博物馆每年必须引进几个展览等。在具体操作上,可以由省级或一级博物馆牵头组织主持。同时,还应不断扩大和完善全国博物馆展览交流信息平台,将全国可交流的博物馆展览的供、需双方信息发布在信息平台上。目前国家文物局网站所运行的"博物馆展览馆际交流"平台所涉及的展览类型相对较为单一,参与其中的博物馆数量也并不多。应当在该系统的基础之上,构建面向博物馆、学校、社区等不同机构的、类型多样、配套设施完备的全国博物馆展览交流信息网。此外,或可以每年举行全国博物馆展览交流洽谈会,为各地区、各行业博物馆提供面对面交流和洽谈的机会,扩大全国博物馆之间跨地区、跨行业、跨类型的展览交流与合作,促进各地博物馆陈列展览和其他专业工作的相互支持,进一步凝聚和增强博物馆界的综合实力和群体优势。为了清除全国博物馆展览交流的制度性和技术性障碍,使全国博物馆展览交流有法可依、有章可循,应尽快研究制定《全国博物馆陈列展览交流管理办法》。

2. 按陈列展览的内容属性分类

从世界范围看,博物馆的种类丰富多样,无奇不有。根据国际博物馆协会博物馆的定义,除了历史、艺术、自然、科学、人物等大类博物馆外,水族馆、动物园、植物园也是博物馆。国际博物馆协会对博物馆定义的第一条第B款指出:"其他机构其目的亦符合博物馆的定义,这些机构包括:

- 自然、考古或民族学的纪念物或遗址、历史纪念或遗址;
- 拥有展现物种的机构;
- 科学中心与星象厅;
- 由图书馆或档案馆永久性经营的非营利艺廊、保存机构或展示中心;
- 自然保留区;
- 管理或负责各种在本定义所列机构的国际、国家级或地区性的博物馆组织;
- 从事维护、研究、教育、训练、记录和其他与博物馆或博物馆学相关工作的机构;
- 从事保存、永续维护和管理有形与无形文化遗产的文化中心与其他组织;
- 其他从事与博物馆或博物馆学相关的部门。"

不同种类的博物馆往往有不同的陈列展览,博物馆种类的多样性决定了其展示教育内容的多样性。从社会历史到自然生态,从艺术到科学,从古老的石器到宇宙飞船,从中国民族文化到世界各民族的风俗,都可以在博物馆里得到反映。博物馆是一部立体的"百科全书"、实物的"图书馆"。

虽然博物馆的陈列展览多种多样,但从博物馆陈列展览的性质看,常见的陈列展览主要有艺术类展览、历史类展览、人物类展览,还有科技类展览、自然历史类展览等。

艺术类展览通过艺术品的展示,反映人类的艺术创造和审美意识,揭示美的本质,旨在对观众进行美育。艺术类展览又可分为古代艺术和现代艺术展览、综合艺术和专门艺术展览,专门艺术展览又可分为各种二维或三维的造型艺术展,例如书法、雕塑、绘画展以及其他各类民间艺术展览等。

历史类展览是指通过文物以及辅助展品系统展示一个国家、一个地方、一个事件或一个领域历史发展过程和发展规律的展览,旨在向观众普及历史文化知识,进行历史唯物主义教育。历史类展览又可分为通史类与断代史展览、历史事件展览、地方史或行业史展览等,例如绍兴城市发展历史展、六朝历史文化展、太平天国历史展、泉州海外交通史展等。

人物类展览是指以展示一个著名人物生平事迹及其贡献和精神风范为内容的展览,例如我国历史上著名的政治家、思想家、军事家、科学家、文学家和艺术家等。不同的人物表现的侧重点有所不同。

自然历史类展览是指通过自然标本以及辅助展品的组合展示,反映自然界变化及其演变规律的展览,旨在向观众普及自然知识,进行生态教育。它又可分为综合性自然史展览或单科性自然史展览,单科性自然史展览又可分为地质学、古生物、人种学、动物学、植物学、矿产学展览等。

科技类展览是指反映人类探索科技进步的过程、应用及影响的展览,包括科技的发现和发明过程、基本科学原理、科技的应用及其社会效果和影响,旨在向观众普及科学知识,宣传科学的思想、科学的精神、科学的方法和科学的知识等。它又可分为古代科技和现代科技展览、综合科技和专项科技展览,专项科技展览又可分为物理、化工、冶金、航天、造船、水利等展览。

3. 按陈列展览的传播目的和构造分类

虽然博物馆陈列展览多种多样,但按陈列展览的传播目的和构造分类,博物馆陈列展览不外乎两类展览:一类是以审美为诉求的文物艺术品陈列展览,另一类是有明确主题贯穿的、以思想观点和知识信息传播为诉求的叙事型陈列展览。

所谓审美型陈列展览,是指以审美为诉求的文物艺术品展览,这类展览强调艺术品本身美的呈现,每件展品(文物艺术品)都是"讲述自己的特点和故事",在展示方式上一般采用美学价值展示法,即强调突出文物艺术品本身的展示,强调展示艺术品的美学价值,关注的焦点是艺术品的外貌——造型美、装饰美、色彩美、质感美,旨在给人美的享受,进行美学教育,例如卢浮宫博物馆的维纳斯雕像展和蒙拉尼萨绘画展、上海博物馆的书画展和陶瓷展等。这类展览必须使用真品,并要以艺术品为中心,照明设计和展示道具设计都要以彰显艺术品为目的,一般较少甚至不利用辅助展品,不要求有严密的内容逻辑结构及其结构层次安排。

所谓叙事型展览,这类展览试图以讲故事的方式表达展示意图、达成教育目的。它们或是讲述一段历史或故事，一个人物或事件，一种自然现象或科学原理等，观众被引导并跟随展览所展开的故事的发展。这类展览往往有明确的主题思想统领，有严密的内容逻辑结构及其结构层次安排。一般要有故事线或剧本策划来发展主题，并且剧本要强调故事意识流，根据故事意识流选择和组织相互关联的展品，强调展示元素（实物、图文版和辅助展品）之间的联系。叙事性展览不同于单独物品呈现的文物艺术品展览，其最佳的表现方式是讲故事。对叙事型展览来说，展览剧本策划至关重要！

在这类展览中，文物标本成为故事的"主角"、"诉说者"或"物证"。为了有效地阐释展览的主题和内容，除了文物标本和图文版外，往往采用大量二维或三维的辅助艺术品以及数字媒体和科技装置，并强调四者的信息组团，相互映衬，共同说明一个故事，这个故事可能是人物的、事件的、地方历史的、行业历史的、自然生态的、科技知识的等。较之审美性艺术品展览，这类展览需要精心的内容剧本策划，例如深圳博物馆的《深圳改革开放史展览》、山西博物院的《晋魂》、邓小平故居的《邓小平生平展》、湖州博物馆的《吴兴赋》、浙江自然博物馆的《丰富奇异的生物世界》、杭州中国湿地博物馆的《中国湿地》、安徽马鞍山市的《马鞍山历史文化展》等。

但从各地的陈列展览情况看，我们往往混淆了这两种展览模式，把"叙事"和"审美"两类展览混为一谈。例如"某某省文明展"，虽然从标题看是叙事型主题展览，是讲述该省地域范围内的文明发展历程，但从展品及其表现看却似乎是文物艺术品展览。为了强调所谓"文物说话"，很多展览往往是大量文物的堆砌，很少甚至不用艺术的或科学的辅助品进行阐释。没有将"故事"（文明发展历程）叙述清楚，其结果是既不像叙事型展览，也不像审美型文物艺术品展览。

三、博物馆陈列展览模式的选择

从博物馆陈列展览的类型看，国际上博物馆陈列展览大致可分为两种模式，一种是以欧洲为代表的以审美为导向的文物艺术品展览模式，另一种是以美国为代表的叙事型主题展览模式。

欧洲博物馆大多是文物艺术品展览。博物馆展览在展示方式上一般采用传统的"文物艺术品加说明"的简单方式，很少有多余的辅助展品，强调文物艺术品本体的展览，例如法国卢浮宫博物馆和意大利佛罗伦萨乌菲齐博物馆的展览。

欧洲博物馆展览之所以以审美型文物艺术品展览为主,一方面与其悠久的历史、丰富精美的文物艺术品收藏有关,另一方面也与欧洲的文化传统和教育水平有关。从文化传统来看,欧洲人历来强调艺术教育,他们从小接受良好的艺术教育,所以往往具有良好的艺术欣赏能力,同时,全体国民的教育水平也较高,比较喜欢纯粹的文物艺术品展览。2004 年,笔者赴俄罗斯圣彼得堡市访问。据接待我们的该市文化委员会主席介绍,该市有 126 家艺术学校和数百家大大小小的博物馆(包括世界著名的艾尔米塔什博物馆),俄罗斯小孩从小接受各种各样的艺术教育,所以,参观博物馆艺术展览是该市市民特别是青少年生活的重要内容。

美国博物馆展览大多是叙事型主题展览,其展览强调故事性和情节性、趣味性和娱乐性,以及互动性和体验性。美国博物馆之所以以叙事型展览为主,一方面是由于美国历史比较短、文化积淀不够丰富,更与美国的文化有关。美国人崇尚实用主义,特别是 20 世纪 70 年代以后,受休闲文化和娱乐经济兴起的影响,美国博物馆展览越来越强调讲故事,强调展览要通俗、好看和有趣,强调展览要能够吸引普通观众。因此,其在展览表现方式上有别于欧洲模式的"文物艺术品加说明"的展示方法,而是有明确主题贯穿和统领,较多采用二维和三维辅助展品和信息传达装置,例如景箱、生态箱、模型、沙盘、场景、蜡像、壁画、历史画、油画、半景画、雕塑、多媒体、动画和影视等。这样的表现方式因其具有很好的视觉效果、阐释能力和现场感而深受欢迎,在配合公众的智性休闲和文化旅游方面有良好的效果。目前,日本、东南亚和中国博物馆开始越来越多地受到美国模式的影响。

虽然从国际上看,博物馆展览模式可分为上述两种模式,但这两种模式在欧美也不是绝对对立的。也就是说,在美国也有欧洲模式的展览,例如纽约大都会博物馆的展览;在欧洲也有美国模式的博物馆,例如瑞典斯德哥尔摩的人种学博物馆展览。对每个博物馆来说,采用哪种展览模式,要根据自己的实际情况而定。

当前正处在中国博物馆建设的高潮,各地博物馆展览应该采用哪种模式?笔者认为,这主要取决于每个博物馆的性质和收藏。对于艺术类博物馆以及有丰富精美文物艺术品收藏的博物馆,可以采用欧洲模式的文物艺术品展览,例如上海博物馆的展览、故宫博物院的展览、苏州博物馆的"吴中风雅"和"吴门书画"展览等。而对于那些非艺术类博物馆或文物艺术品收藏不够丰富的博物馆,例如地方历史博物馆、人物事件类博物馆以及自然科技类博物馆的展览,宜采用美国模式;也可以同时兼有两种模式。同时,还必须考虑到我国国民现阶段的文化教育水平。

除了省级以上大馆外,我国各地中小博物馆普遍收藏不够丰富和精美,而且藏品单一、同质化程度高。因此,如果采用欧洲模式的文物艺术品展览,那么一方面这样的展览因其没有足够丰富精美的文物艺术品支撑而不足以吸引观众,另一方面有可能出现严重的"千馆一面"的同质化现象。

因此,对我国大部分地方中小博物馆来说,目前更应该采用美国模式的叙事性展览,通过文物标本、图文版、二维和三维辅助艺术品以及多媒体和科技装置的组团演绎,讲述当地的历史文化故事。这样的展览,因其通俗易懂、富有个性,并有很好的视觉效果、阐释能力和现场感而深受普通观众的欢迎,特别适合现阶段文化教育水平和艺术鉴赏水平不高的普通百姓。

第三节　现代博物馆的展示理念

> 欲策划好一个博物馆陈列展览,我们必须了解作为非正规教育机构的博物馆展示教育的基本理念,熟悉现代博物馆展览的诠释模式和阐释方法。这是我们策划博物馆陈列展览的重要前提。

一、作为非正规教育的博物馆展示教育理念

博物馆不同于学校,它是非正规教育机构。非正规教育是指在正式教育体制之外、针对特定学习对象的有组织、有学习目标的教育活动。必须强调的是,所谓非正规教育,绝非是无学习目的、无学习计划的学习,它只是和传统的普通学校教育相区别而言的。与正规教育相比,它的学习内容更加多样广泛,学习方式更加灵活,更重视自主学习、自愿学习、体验学习和同伴群体学习。

博物馆参观学习是非正规教育的重要形式之一。美国国家科学基金会将非正规学习定义为:"自愿且主动引导的终身学习,主要因本身兴趣、好奇心、探索、操作、幻想、任务达成、与社群互动等受到激发。非正规学习通常

会牵涉到社群互动,尤其是与家庭成员和同伴团体的互动,其中更包含了玩耍这个因子。在博物馆中,非正规学习的发生主要透过计划性展示教育活动等方式。"①

作为非正规教育机构,博物馆服务国民教育具有独特的优势:一是教育对象具有广泛性,是整个社会的广大成员,无论男女老少,无论何种文化背景或受教育程度。二是以实物为载体,教育手段丰富多彩,强调亲身参与和互动体验,生动直观②。

因此,博物馆展示教育要有别于应试的、程序化的学校教学。但事实上,我国博物馆展示教育,无论从理念还是方法和手段看,离非正规教育的要求还很远。为了使博物馆成为名副其实的非正规教育机构,增强观众参观博物馆的兴趣和动力,我们必须按照如下非正规教育的理念、方式和方法来策划设计博物馆展览。

● 博物馆展览是学术、文化、思想与技术的集合。只有具有思想知识内涵、文化学术概念并符合当代人审美情趣的展览,才是成功的博物馆展览。用普通老百姓的话来讲,就是博物馆展览首先要看得懂,其次有意思并好看,最后要让观众留下印象和记忆。

● 博物馆展览是为普通大众而设计的(尽管事实上不少展览只为学者、专家和收藏者而设计),是一种面向受众的传媒,因此,要想让观众喜欢展览,展览的策划设计必须服从于受众的兴趣和需要(虽然事实上很多展览难以做到),必须把握住观众真正的关注点。观众期待博物馆展览提供给他们有特别意义的展示和体验。

● 博物馆展览是一种有关知识信息的传播媒介,因此,必须有明确的传播目的。任何博物馆展览的设计首先必须要明确传播目的——或是为了传播一种思想和观念,或是一段历史和一种文化,或是一个人物和事件,或是一种科学原理和知识。

● 知识性和教育性是博物馆展览的核心和目的。博物馆展览是一种知识文化的传播,旨在向受众传达观念和思想、信息和知识、文化和艺术,促进知识和文化的交流和传播。因此,对博物馆展览来说,科学性和真实性是前提,趣味性和娱乐性是手段,而知识性是核心和目的。

---

① Dr. Hugh H. Genoways & Lynne M. Ireland 著,林洁盈译:《博物馆行政》,第337—338页。
② 《国家文物局关于将博物馆纳入国民教育体系的调研报告》(内部资料),2010年。

● 博物馆展览是一种视觉和感观艺术。虽然展览传播的信息、知识和思想是理性的,但其表现的形式应该是感性的,要通过观众喜欢的视觉和感官元素与观众进行信息和知识的交流。除了娱乐性外,博物馆展览能给观众提供知识和信息,即要达到"感性进,理性出"的效果,让观众在轻松愉悦中接受知识和教育。

● 博物馆展览必须为观众创造愉快的体验,富有娱乐性是观众喜欢的博物馆体验。虽然知识性是博物馆展览的核心和目的,但不排斥博物馆展览的娱乐性。事实上,观众喜欢寓教于乐的博物馆展示,并且娱乐性往往占去观众博物馆体验的很大一部分。对普通观众来说,他们希望参观展览是一种愉快的体验,他们觉得怎么样与他们学习到什么一样重要。但博物馆不是迪士尼,其娱乐性必须建立在真实性、科学性之上。

● 观众喜欢故事型的博物馆展览。今天的观众获取知识、信息的方式与过去不同,他们已不再有耐心去接受所谓系统的、干巴巴的知识传授了,他们希望从故事和情节中去获得知识和信息。因此,博物馆展览要将"文物和史迹""知识和信息"融入情节性、故事性之中,用说故事的技术组织展览的内容,进而达到展览与观众之间知识、观点、信息、感觉和价值的沟通。

● 参与互动是观众喜欢的体验。过去静态的展示往往以教条式的标签与观众对话,参与互动展示则是与观众对话。博物馆展览要从只能"看"的被动学习方式过渡到参与互动,提供给观众多样的参与互动体验。参与互动展示可以起到启发观众、鼓励观众去实践和探索的作用。为此,博物馆展览要特别安排一系列参与互动设计,旨在为观众塑造一个生动活泼、参与性强的参观学习环境,引导观众"耳听、眼看、手动、心跳",赋予观众愉快的参观学习经验及更加宽广的想象空间。

● 观众喜欢从"动手做"中学习,喜欢探索式的展示。有别于学校教授式的教育,博物馆展览教育活动要让观众按照自己的意愿、依自己的方式去探索,要鼓励观众动手触摸、观察、操作,体验探索的乐趣,从而体验人文历史、传统技艺、生活形态、自然现象、科学原理,进而激发其想象与创作的潜力。好的展示是让观众用自己的方式去探索和发现。

● 观众喜欢博物馆的示范表演式展示。博物馆展览要设置示范表演类项目,通过博物馆老师的示范表演,达到为观众解释文化、历史、艺术、工艺的发展或自然现象、科学原理的教育目的。

● 观众喜欢临场逼真的体验。即在博物馆展览中,用"真实再现"的手段"有根据地还原、重构"展品的使用环境和背景,如三维空间的实物造景、电脑三维影像虚拟、情景塑造或遗址复原。或让文字记载影像化,让观众有身临其境般的感动和震撼,给观众"进入历史事件的感觉";或让遥远的人类历史或自然风貌得以重现,使观众有身临其境般的震撼与感动。

● 观众喜欢有高科技辅助手段阐释的博物馆展览。即在博物馆展览中,充分利用高科技手段增强展览的表现力度。例如,采用多媒体、3D动画、虚拟现实、影像处理等高科技辅助系统,使展示手段突破传统的文字图片加说明的做法,强化展览信息的传播和交流,增强展览的参与性、交互性和趣味性。

二、博物馆展示阐释模式和方法

博物馆展览策划(展示阐释)有其内在的规律。在长期的博物馆展览策划实践中,美国博物馆策展人探索和总结出一套被认为具有普遍指导意义的展览激励模式和阐释方法。它们对指导我们博物馆展览策划具有重要的参考价值。

1. 博物馆展览的激励模式

博物馆展览是一项集知识、文化、观念和情感为一体的大众传播工程。根据博物馆展览的规律,博物馆展览传播的一般激励模式如下图所示。

博物馆展览传播的一般激励模式

资料来源:John Chiodo,资深策划人员,Gallagher & Associates(旧金山分公司)。

上图中展览传播激励模式的意义是:

第一,一个优秀的展览对观众要有吸引力。即展览从主题、内容到表现形式都能激发观众对其产生好奇,引起关注,有参观兴趣,并且喜欢看。这是通向观众发现展览传播意义的第一步。老一辈博物馆展览专家费钦生先生很好地总结了博物馆展览的规律:一个好的展览要做到"龙头、凤尾、熊肚皮"。所谓"龙头",是说开篇要精彩,要能吸引住观众;"熊肚皮"是说展览要内容丰满、亮点闪烁;"凤尾"是说结尾要有高潮,要有回味。

第二,一个优秀的展览要能激发并保持观众持续参观的欲望。即展览要通过一系列亮点和兴奋点的安排,或好玩有趣的参与体验式活动的设计和安排,调动观众的各种多重感官体验包括视觉、听觉、运动、触觉等,持续保持观众的参观欲望。这是通向观众发现展览传播意义的第二步。

第三,一个优秀的展览要对观众有教育意义。即展览应当让观众得到学识与经验、知识与信息、情感与价值上的满足和收获。这是通向观众发现展览传播意义的第三步。

第四,一个优秀的展览要对观众产生观念和行为上的影响。即在吸引力和教育意义的基础上,能进一步引发观众的思考,影响观众的观点和思想,甚至实现超越,转变信念与态度,并且采取行动。最终实现博物馆展览的目的。

如果一个展览遵循以上展览传播激励模式来策划设计,或展览策划设计达到了上述展览传播激励模式的要求,那么,这个展览才可能成为一个优秀的博物馆展览。因此,在博物馆展览策划中,我们要依据这一展览传播激励模式来策划展览。

2. 博物馆展示阐释的四种模式

如果说展览传播激励模式相当于整个展览策划的技术路径,那么,展示阐释模式则是对于展览具体内容阐释和解读的思路。展示阐释是博物馆展览内容策划设计的主要内容。

美国国家阐释协会将"阐释"定义为"一种既能激发观众兴趣又能解释资源意义的情感与思想的交流过程"[1]。

就博物馆展览而言,所谓展示阐释,通俗地讲就是:展示策划人基于教育学和传播学的目的,根据展览的传播目的,在对展览学术资料进行分析研究的基础上,将学术资料转化为大众传播文化产品,旨在与观众进行观点和

---

[1] Lisa Brochu, *Interpretative Planning: the 5-M Model for Successful Planning Projects*, Interpress, 2003, p. 2.

思想、知识和信息、感觉和价值的沟通,满足观众的欣赏和知识需求。这是一个将学术问题通俗化、理性问题感性化、知识问题趣味化、复杂问题简单化的改变阐释过程。因此,展览策划者在展示阐释中,必须在阐释对象、阐释方法和观众需求之间找到契合点,建立最有效的阐释模式,这样才能达到预期的效果。

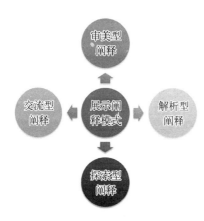

博物馆展示阐释模式

西方博物馆在长期的博物馆展示阐释实践和观众研究方面的成果表明,根据观众的体验需求,可以将阐释类型大致分为四种模式①(见左图)。

第一种:审美型阐释

这种模式主要用于艺术品展示,阐释方法遵从了就简原则,即尽量减少其他辅助信息,从而让观众将注意力集中于展品本身。每件艺术品的说明都有严格规定,为观众提供的信息仅仅有标题、作者、创作日期、材质、捐赠者等最基本的信息,其目的在于减少信息干扰。

第二种:解析型阐释

这种模式主要用于对展品相关的历史文化背景或自然环境的阐释,包括这件展品的构造、用途、空间位置以及其他相关的文化的、技术的和自然的意义,还包括与之相关的物品之间的关系等。通过一定的历史或自然环境的重构、说明、图示、展品标签等信息载体,向观众解释展品背后的故事以及展品之间的关系。不仅让观众了解这件展品背后的文化或自然意义,而且更重要的是要让观众在众多的展品之间找到其相关性。

第三种:探索型阐释

探索型阐释的最大特点是无序性与自由性,鼓励观众自己去探索、去发现。当然,博物馆可以帮助观众根据自身兴趣打造独一无二的探索之旅。这种模式主要建立在观众对展品相关信息有一定了解的基础之上。通过启

---

① Barry lord and Gail Dexter Lord eds., *The Manual of Museum Exhibitions*, AltaMira Press, 2001, p.19.

发、吸引和鼓励,激发观众探索和发现的欲望,鼓励观众动手触摸、观察、操作,达到体验人文历史、传统技艺、生活形态、自然现象、科学原理的目的。这种展示阐释模式往往通过展示现象—发现问题—引起思考—探索揭秘四个步骤来实现。探索型阐释能让参观者从被动的信息接受者转向主动探索,激发观众的主观能动性和思考,从而体验探索的快乐。

第四种:交流型阐释

交流型阐释被认为是最有效的博物馆理解模式。除了传统意义上的交互式展示外,现代博物馆展览最注重的核心问题是人与人之间的交流。而这种交流绝不仅限于观众与导览人员之间的对话,而是博物馆致力于搭建一个更为广泛的交流平台。其中,包括观众与专家学者之间的交流、观众与展览策划人员之间的交流,以及观众之间的相互交流。通过将大量的示范表演、专家对话、口述历史、视频采访等融入展览活动中,可以轻松实现上述的几种交流。经过人与人之间的对话,观众不仅可以通过一种更具亲和力的途径把握展览主题信息,也可以在交流过程中对相关问题进行更加深入的思考,从而达到知识和思想感情的升华,留下更加深刻的印象。

在博物馆展示阐释中,具体采用哪种展示阐释模式,要视展览的具体内容而定,不同的内容要选择不同的展示阐释模式。

3. 博物馆展示阐释的方法

展示阐释方法则是在展示阐释模式下对展示内容阐释的具体方法。根据前人的经验,常见的展示阐释方法主要有以下几种:

● 展品的美学价值展示法。艺术类展览往往强调展品的美学价值,所以展览设计要特别关注的焦点是展品的外貌——形状、颜色、装饰与质感。要思考以下问题:单独展示还是与其他展品一起展示?展品与其他展品及其周围空间如何相关联?展品的位置与光线如何处理?如果强调的是展品的外貌,那么展品应该在合适的光线下被看见,而且要有足够的空间让人舒适地观赏。

● 展品的结构或功能揭示展示法。要解释展品是怎样制造的、用什么材料做的、各部分是如何组成的、怎么用的,方法一般为:或解剖其组成部分,或用模型,或用绘图辅助,或鼓励观众来操作,来显示隐藏的元素。此外,功能往往存在于照片、图示、互动与电子媒体、参与活动中,所以功能展示可以采用上述方式实现。

● 展品的历史关联性展示方法。如果一个展览要展示物品在过去的技术的或设计的发展，一般要有一个时间序列来说明它的历史关联。这样观众可以感觉到该物品历史发展的链接和变化的轨迹，并比较出更多的不同来。

● 展品的历史背景关联性展示方法。如果想要展示一件展品特定的社会的、文化的、自然或历史的背景关联，那么环境的安置是最适合、最有诠释性的方法。其方法是通过模拟实景、情景塑造、栖息区群实景等，如果赋予声光电技术手段，能给观众带来身临其境般的感动和震撼。虽然这样的环境再造制造难度大、成本高，也占地大，但可以使静态的展示戏剧化、生动化，对观众的影响力和感染力是很大的，如动物栖息区群、居住环境、作坊等。

● 自然现象的展示方法。自然或科学博物馆往往要展示各种自然现象，自然现象展示的方法一般为：呈现现象（必须显示出自然现象的效果，例如电力、光线、声音、地心吸引力、波浪等）→文字解释和指导→让观众多角度参与操作互动。为此，设计人员要决定传达的效果→选择传达的技术→设计→实验。

● 科学发明的展示方法。科技博物馆往往有大量科学原理和科学发明的展示，科学发明的展示方法一般为：展示科学原理→追溯最初的发现或发明→展示一项发明由最初设想到最终实用化的技术发展步骤→说明大规模工业生产的技术→说明其社会效果和影响。

● 参与互动展示法。静态的展示往往以教条式的标签与观众对话，参与互动展示则是直接与观众对话。所谓参与互动展示是指观众可以对展示做动作，展示也对观众的行为做出反应。参与互动展示的方式简单的有——动手做、把东西挪开看有什么东西藏在里面、捉迷藏（藏起来让观众找），复杂的有——电脑与复杂的机械操作系统。参与式互动展示的规划原理一般为：显示现象→提供活动→让观众比较或对比，或呈现改变与说明过程。参与互动展示设计要点是：要有明确的沟通或传播目的——希望观众学到什么，要有清楚的沟通或传播概念，例如空气的流动、水的形成与变化，要清楚地阐述现象与原理之间的关系，例如用风车与空气动力的原理，参与式互动展示要容易使用和操作，要给观众提示如何使用和操作。观众往往对不知道或无法预期的事物感兴趣，好的展示是让观众用自己的方式去探索和发现。参与互动展示可以起到吸引观众、启发观众的兴趣、鼓励观众去实践和探索的作用，可以使博物馆展览更加生动活泼起来。目前，越来越多的博物馆展览采用参与互动展示。参与互动展示在儿童博物馆和科学博物馆使用广泛,但也可以使用在历史和艺术博物馆中。

第四节　博物馆陈列展览的展示媒介

> 博物馆陈列展览是通过形态各异的展示媒介及其组合来反映展示内容的,展示媒介是博物馆陈列展览的"语言"。因此,要做好陈列展览策划,必须了解各种展示媒介及其功能并进行合理应用。就如同电影编导必须懂得电影表现语言一样,博物馆策展人必须熟悉陈列展览"语言"。

一、博物馆陈列展览的展示媒介

除了文物标本外,博物馆陈列展览集合了各种各样的艺术的、科学的辅助媒介,看似纷繁复杂,但纵观当代各类博物馆的陈列展览,其展示媒介不外乎如下五大类。

1. 文物标本

这是博物馆陈列展览的主要展示媒介,是博物馆陈列展览的主角,是博物馆陈列展览区别于其他大众传媒的特点。任何辅助展品都不能替代文物标本的主导地位。如果离开了文物标本,博物馆陈列展览也就不能称之为博物馆陈列展览。

2. 文物标本复制品

这些复制品往往是博物馆陈列展览中的主要展示媒介之一。一般认为,在以审美为导向的文物艺术品展览中,强调用真品,不宜用复制品(如果用,必须注明),但在叙事型主题展览中,复制品作为一种有依据复制、还原和重构的展示媒介,主要起到信息传达媒介的作用,完全可以运用。

3. 图文版面

包括文字说明、照片、图表、图解及图片等。图文版面是博物馆陈列展览信息传达的主要媒介之一。

4. 辅助艺术品

包括灯箱、地图、模型、沙盘、景箱、场景、壁画、油画、漆画、半景画、雕塑、蜡像等。博物馆展示辅助艺术品与纯艺术创作不同，纯艺术创作更多的是艺术家思想、精神和情感的抒发，与艺术设计也不同，艺术设计多为环境设计。而博物馆展示辅助艺术品更多的则是一种知识、信息的传播媒介，因此，它们必须有扎实的学术支撑，是根据客观依据进行的再现、还原和重构。必须遵循"科学性和真实性是前提，知识性是核心和目的，趣味性和娱乐性是手段"的原则。

5. 新媒体和科技装置

包括多媒体、幻影成像、影片、视频、动画、声光电合成技术、仿真复原、观众参与装置等。新媒体和科技装置也是一种知识、信息的传播媒介，其演绎同样必须要有扎实的学术支撑，是有依据的再现、还原和重构；也必须遵循"科学性和真实性是前提，知识性是核心和目的，趣味性和娱乐性是手段"的原则。

在博物馆展览策划设计中，策展人必须熟悉各类展示媒介的特点和功能，合理巧妙地应用各类展示媒介，并为各种辅助展品的创作提出要求和提供创作依据。否则，展览内容文本将因其不可操作性而难以作为展览形式设计和制作的蓝本。

数字媒体技术目前已被广泛运用于各种展示中，以下予以重点介绍。

二、常用的博物馆展示数字媒体

随着信息技术和数字媒体技术的运用日益普及，近十几年来，数字媒体技术已被广泛地运用到历史博物馆、科技馆、自然历史馆、纪念馆、遗址公园、艺术馆、水族馆、动物园以及游客中心等主题内容阐释机构的展示设计，以营造全新的观众参观体验。

所谓数字媒体技术（Multimedia），是指利用计算机以数字化的方式将文本、动画、图形图像、音频和视频等多种媒体的优势集成在一起，从而使计算机具有表现、处理、存储多种媒体信息的综合能力，并且，能更为直观和快捷且不受时间和空间影响的全新的数字媒体也很快出现在人们面前。

数字媒体技术涉及计算机、图像处理、音频视频编辑、数字通信等多个领域。随着时代的进步和技术的不断发展，数字媒体技术在电子出版物、可视光盘、计算机集成制造系统、计算机辅助教育系统、数字媒体数据库、游戏等众多领域中都得到了广泛的应用。

自 20 世纪 90 年代以来，特别是进入 21 世纪以来，数字媒体技术在我国博物馆展示中的使用越来越广泛。作为面向参观者的展示媒体技术平台，主要用于展览内容诠释、图片、影视、音响和文字数据处理，互动体验设计，触摸屏信息传播，音效环境，舞台灯光效果，多功能剧院，无线手持式互动装置（PDA），互动游戏，导览系统，远程互动教育和博物馆网络等。

目前，应用于博物馆展览展示中的数字媒体技术主要有：音频技术、影像技术、数字媒体触摸屏技术、数字媒体场景合成技术、虚拟现实、全周全息幻像数字媒体、复合动态全息数字媒体、情景交互数字媒体、4D 动感影院数字媒体、天象动感穹幕数字媒体以及数字媒体网络技术等。

1. 音频技术

这是一种最基本的数字媒体技术，在博物馆中的应用很普遍。利用音效，不仅能为展示环境塑造特定的气氛，而且可以辅助和加强模拟场景的说服力。

2. 影像技术

即数字影像，包括静态和动态影像，作为博物馆展示中的一种辅助手段，可以起到弥补图文陈列中想象力不足的缺憾，加深观众的理解。

3. 数字媒体触摸屏技术

这是最简单、最有效的数字媒体人机交互手段。利用该技术，博物馆不仅可以为某个展项提供补充说明和详尽的资料，而且可以海量存储、集成、展示展览信息，观众可以根据需要进行浏览、查询、欣赏等。

4. 数字媒体场景合成技术

即把影像（动态和静态影像）这种数字媒体技术融入展览中，将影像与文物或复原场景合为一体。运用这种技术，可以真实地再现所要表达的环境、细节、人物以及历史事件等无法用文字和图片表达的内容。

5. 虚拟现实技术

英文缩写为 VR，就是通过数字三维对展示内容进行建模，制作成数字媒体动画，通过视频或立体视频的形式进行播放，让早已消逝或难得一见的历史、自然或科学影像得以显现，辅以现代化的投影放映技术，给受众一种身临其境的感觉，VR 技术具有强烈的"身临其境"的现场感。例如故宫博物院通过虚拟现实技术（VR），向观众展示了康乾盛世时期紫禁城建筑辉煌的景象。

6. 全周全息幻像数字媒体

通过文物激光三维扫描系统对真实文物进行三维数据扫描采集，数据采集后通过专门计算机系统处理,形成与真实文物完全一模一样的三维实体模型,将形成的文物三维实体模型通过全息幻像展示系统,观众会看到的将是与真实文物一模一样的实体展示,并且全息幻像所特有的神秘感效果将会深深吸引参观者的兴趣。对于博物馆中极其贵重的文物(出于文物保护的考虑,不可能一直放在展厅对公众展示的文物),采用全周全息幻像展示系统就很好地解决了"保护"和"展示"两方面的矛盾。

7. 复合动态全息数字媒体

其主要原理是采用复杂的多面全息成像技术来实现不用戴眼镜的立体三维展示效果。其特点:一是通过多角度光学全息透视成像原理,参观者无须佩戴立体眼镜即可体验到真实强烈的临场立体感效果。二是与在单一平面或弧面上产生的4D影院立体感效果比较而言,复合动态全息数字媒体展示技术因具备真实的内部立体进深空间舞台,其表现出的立体效果最具真实震撼的临场体验感。三是可实现多层次表现内容的复合动态展示,产生极其丰富多彩的视觉表现效果。

8. 情景交互数字媒体

情景交互数字媒体系统是近年来国际上新出现的应用在各种展览展示包括博物馆展览中的一种新型互动参与式的数字媒体展示形式。其最大的特点是能将展陈主题与观众的互动参与结合起来,参观者通过与系统的互动交流,进一步加深对展示主题内容的认识和了解,从而留下难忘的印象。情景交互数字媒体系统的应用相当广泛,完全可以结合不同的博物馆展示主题进行相应的互动展示内容设计。

9. 动感仿真交互数字媒体

动感仿真交互数字媒体是一种交互参与体验型数字媒体技术,对于博物馆、科技馆、规划馆中某些特定的展陈设计,能够起到有相当吸引度的展示效果,这种交互参与体验型数字媒体技术能够超越展示现场空间及环境的约束限制来表现出特定设计的展陈主题。

10. 4D动感影院数字媒体

4D影院结合了环幕电影技术、现场声光电特技、动感座椅技术、同步控制技术、电影技术、多声道环绕音响技术等,使影片放映能够达到形象逼真的效果,刺激观众的视觉、听觉、触觉各个感官,营造出使人身临其境的整体效果,完美地表现出影片主题所涉及的环境、环境内的各种细节,以及观众在特定环境内的感受。

11. 天象动感穹幕数字媒体

天象动感穹幕数字媒体是一种特殊的大型影院级数字媒体。这种数字媒体影院的观众厅为圆顶式结构，银幕布满整个半球，观众完全置身于整个球型银幕的包围之中，感觉银幕如同苍穹。影片播放时，整个画面视域范围可达180度，布满整个球体，在观众的视野范围内看不到银幕边缘。由于银幕影像大而清晰，自观众面前延至身后，且伴有立体声环音，使观众如同置身其间。如果再配合影片同步播放控制的动感平台，观众坐在动感平台上，随着影片播放到不同故事及不同场景情节时，感受到上下升降、左右倾斜、前俯后仰，就好似正搭乘着航天器遨游太空，正驾驶潜水器饱览海底世界的奇特景观。逼真的画面和平台载体的活动，让人不由自主地进入角色，造成十分真实和惊险刺激的特殊感觉。

12. 数字媒体网络展示技术

通过运用视频、音频以及强大的三维技术，将博物馆的馆藏以及研究、展示内容进行整合，配合各类学校的相关课程，制作成交互性的数字媒体演示系统等数字化教育资源，并通过网络或其他数字化手段传播给各类受众，突破传统的陈列方式，创造最大限度的观众的参与和主观能动性。远程教育是数字博物馆的一项主要功能。

三、数字媒体技术在博物馆展示中的功效

今天，数字媒体技术已成为现代博物馆展示中不可缺少的组成部分，合理巧妙地运用数字媒体技术，往往会起到事半功倍、画龙点睛的功效：

● 不仅能梳理博物馆展览中纷杂的信息，而且能生动直观地阐释展品、表现展示内容，更加形象有效地传播展示信息；

● 不仅能增强展示的表现力度，使展示手段突破传统的实物加文字、图片说明的做法，而且能强化信息的传播和交流；

● 不仅能让文物生动起来，让历史的故事再现出来，为展示注入活力，而且能制造悬念，激起观众的参观兴趣；

● 不仅能增强展示的生动性、参与性、交互性和趣味性，塑造一个生动活泼、参与性高的参观学习环境，而且能激发观众主动探索和学习，使观众的参观体验更加丰富多彩；

● 还能让博物馆走出围墙，进行远程传播，将博物馆展览和教育活动延

伸到更广阔的空间和更广泛的观众。

具体而言,数字媒体技术在博物馆展示中的功效有以下几个方面。

1. 利用媒体技术,全面展示展品信息

例如利用全周全息幻像数字媒体,即通过文物激光三维扫描系统对真实文物进行三维数据扫描采集,数据采集后通过专门计算机系统处理,形成与真实文物完全一模一样的三维实体模型,将形成的文物三维实体模型通过全息幻像展示系统,观众会看到的将是与真实文物一模一样的实体展示,并且全息幻像所特有的神秘感效果将会深深吸引参观者的兴趣,能让观众以全方位、多角度的方式观看展示内容。

2. 利用媒体技术,增强展示的细节表现

通过数字媒体技术虚拟解构大型文物,放大文物展品的特写部位,高清晰地展示书画作品的笔触、印鉴等细微特征,让观众清楚地看到展品的纹理、描绘、雕刻等细节,可以较好地弥补实物展出不便近距离观察、展厅照明不足、缺乏足够细节的缺陷。如故宫博物院网站的书画展示,将高清扫描的书画展品通过网络呈现给观众,可以任意放大展品的指定部位,不仅能1∶1地展现书画原貌,还能对画面进行数倍地放大,展示效果远胜于在展厅的实物展示,可以说很好地解决了文物保护与展示之间的矛盾。

3. 利用触摸屏,可海量存储和传递信息

传统展示中受展厅面积和空间局限无法或不便于展示的大量信息,可利用触摸屏海量存储和传递。同时,触摸屏提供灵活的方式帮助观众学习、浏览,使观众获得信息的方法更为直观简便。它的强大优势还在于能对观众的选择做出反应,从而能让观众积极地参与到展览中来。互动项目不仅要能够提供有深度的内容,同时必须保证观众在浏览屏幕的数秒内,触摸屏幕一两下以后就能清楚了解该项目所要表达的信息。触摸屏互动项目的设计可以满足儿童和成人的体验愿望。

4. 利用数字媒体技术,便于表现动态过程

数字媒体技术用来表现动态过程时具有明显、直观的特点。比如对工艺品工艺流程的展示,依靠文物和图版、模型很难清楚地表达制造过程,而利用数字媒体影像或三维动画则可以更好地实现传播目的,使观众一望可知。又如展示一些事物的变化过程(历史变化、生态变化、城市变迁等),都可以通过数字媒体技术得到更好的过程变化呈现。

5. 利用媒体技术,可帮助观众更加形象生动地获取传播信息

媒体技术可以帮助观众更加形象生动地获取传播信息,是现代博物馆展览设计师采用的最有效的展示方式之一。参观博物馆是一个耗费体力和脑力的体验过程,必须考虑观众在参观过程中的生理和心理状况变化规律。合理运用媒体展示技术可以减少观众的疲劳感,使展览生动有趣,更具节奏、韵律和戏剧效果,从而创造高质量的观众学习体验氛围。

6. 利用媒体解读展览主题

忠实于展览内容的媒体技术应用能使展览主题更明确,信息传播更有效,展览故事线更丰富,为参观者营造全方位、浸入式体验环境。

媒体在应用了影视、互动、动画、声效等动态元素后,往往能够比平面和静态场景表现更多层次的内容,展现更丰富的内涵。媒体技术还可以很好地解决诸如多语言环境、延伸观众参观前后的体验、对观众进行持续教育等问题。

7. 利用媒体创造多种感官的信息传播

与单一视觉传播的传统展示相比,采用数字媒体技术可以将原本较为单调、枯燥的展示信息,通过音频、视频、游戏等表现手法进行表现,通过视觉以外听觉、触觉、体感等其他感官来传达更丰富的展示信息,使展示不再仅仅局限于"看",而是一个可看、可听、可触摸、可感受的展示,从而创造多种感官的信息传播,达到寓教于乐的目的。

8. 利用音效为展览注入活力

环境音效能对观众的参观体验产生强大的震撼力。声音是重要的信息传递者,如果制作得当、使用合理,让音效主动与观众的行为产生互动,可以大大增强展览环境的感染力,激发观众的历史时空感,使故事再现,给观众如临其境的体验效果。

9. 通过影片讲述故事

博物馆影视节目可以创造意想不到的环境声效和视觉效果,使展览故事线更为生动形象、栩栩如生,观众可置身于活历史的氛围,增强展览的真实感。馆内的影院有封闭式、情景式和安排在游客参观路线上的开放式。成功的博物馆影视节目制作的首要前提是必须对内容进行充分的解读。

10. 利用剧院环境,丰富观众的参观体验

封闭式的剧院环境可以让观众坐下来,边休息边体验2D、3D、4D或者情景式影片这样的单向信息传播方式,非常方便地提升展览的广度和深度。

封闭剧院环境还可以利用其装备完善的舞台、灯光和声效,使观众仿佛置身于另外一个世界,相对于传统媒体展示中的仿真场景,剧院能给观众更加丰富、更加真实的观展体验,从而使参观者留下深刻的印象。例如在一个典型的4D影院中,观众可以得到视觉上的三维体验,同时移动的座椅又给了观众体感上的刺激,环绕立体声的现场音效结合画面把观众带入极其逼真的情境中,除此之外,喷水、吹风、扫腿等特效进一步增强了现场的真实感,传达给观众的丰富信息是传统媒体所无法比拟的。

11. 手持式互动装置(PDA),增强观众的体验感受

手持互动装置可以很方便地调用相关媒体出现在合适的互动装置上。这种方式给讲解员提供了一个强有力的工具,帮助他们为参观者提供更加亲切的体验感受。无线PDA也可以结合各种馆内影院环境,使得本来单向的影视播放变成互动的交流节目。

- 用PDA控制现场摄像机镜头;
- 用PDA辅助动物饲养员向游客讲解动物习性和故事;
- 展区巡视时通过PDA调用博物馆运营支撑系统数据;
- 在展区现场通过PDA调控灯光、声像效果……

12. 倾听观众心声

展览应该允许观众提出自己的看法,得出自己的结论。在互动亭设置录像装置,让观众录制自己的观点看法,他们对展览的评价会比纸质的问卷调查更加认真客观。

屏幕上可以提供软键盘,游客可以输入邮件地址,将参观过的感兴趣的内容发给好友或者自己。观众更愿意接收来自馆方的公告和展览信息,馆方借此延伸影响力,并达到持续教育的目的。

13. 运用互动游戏增强学习体验

寓教于乐是促进学习行之有效的方法,互动游戏在展览中起着越来越重要的作用。卡通人物和动漫容易引起观众尤其是孩子们的兴趣,激发他们的想象力和参与的热情。让各年龄段观众通过触摸屏同时参与互动游戏,鼓励集体参与和互动,实现观众与观众、观众与展品的对话交流。

14. 利用媒体技术管理展区

媒体技术可以有效地展示博物馆资助者的信息,同时还便于馆员对其进行及时更新。博物馆可在捐赠纪念墙上垂直排放一组大型触摸屏,滚动显示包括个人和组织捐赠者的名字、标志、地址、联系方式,甚至统一制作的

介绍短片，也可以提供链接，将观众引导到博物馆网站以获得更多相关捐赠者或捐赠机构的详细信息。在网站或展览中显示企业标志和相关信息，可以提升赞助单位的公益形象，激励企业和机构赞助。

此外，媒体技术还越来越多地起到导览的作用，比如博物馆内的方向指示、售（领）票和信息公告等。

15. 利用数字媒体和网络技术，延伸在线服务

网站可以在博物馆推广阶段起到很好的提升知名度的作用。预览博物馆建设规划不但可以提升其在网络社区中的认知度，还有可能筹集到个人和机构赞助。

博物馆对外开放后，网站还可以作为它的在线延伸。网站可以为学校提供方便，鼓励他们将博物馆作为课堂或远程教育的一部分，从而更深层次地发掘博物馆的教育功能，同时还能培养一批忠实观众。

通过网络还可以实现对参观者信息的收集整理，观众可以注册成为博物馆会员。馆方则可以通过博物馆在线新闻或其他电子形式，保持与观众的联系。

四、数字媒体技术在博物馆展示中的合理应用

博物馆展示中任何一种新技术的引入，都需要进行转化和适应，以符合展示的需要。就数字媒体技术而言，除了展示设计师要了解各种数字媒体技术的功能、表现能力和效果外，关键是要真正谙通数字媒体技术在博物馆展示中应用的基本原则和要求，这样才能将数字媒体技术恰好地融入展示中，发挥数字媒体技术对展览的辅助作用和阐释作用。

（1）任何数字媒体手段在博物馆展示中的应用都需要有充分的理由

数字媒体作为展示的一种辅助手段，不能取代文物展品的主导地位。只有在文物展品不能充分有效传达信息的时候，才可以考虑数字媒体手段。

（2）数字媒体技术的应用要恰当，要贯彻"功能第一"的原则

数字媒体手段多样，其表现能力和效果也各不相同。要根据特定的内容、对象、场合选择最恰当的数字媒体手段，恰当的才是最好的。所谓恰当，即要以最能表现或传播展示的内容为标准。数字媒体技术并非越先进、越昂贵就越好。

（3）数字媒体技术必须服务和服从于展览主题和内容传播的需要

数字媒体技术作为展示的一种形式表现手段，必须以内容解读为基础，要起到准确、完整和生动地传播展览主题和内容的作用，脱离展示内容的数字媒体技术应用往往会产生适得其反的效果，不能为技术而技术，不能以技术玩花架子。

（4）"数字媒体技术"不等于"高新科技"

事实上，许多数字媒体硬件设备和软件制作技巧都已经很成熟。不论是硬件产物（如触摸屏、投影仪或等离子屏）或软件产品（如互动软件、影片或声效），都要采用成熟的产品并进行合理的整合。数字媒体技术在博物馆展示中应用的关键是如何合理转化和应用，即要充分理解各种数字媒体技术的功能、表现能力、效果和运用法则，科学地应用数字媒体的软硬件。

（5）数字媒体展项的设计制作必须坚持科学严谨的原则，必须有客观真实的学术研究和形象资料作支撑

也就是说，展示的内容必须真实和科学，要准确、完整、生动地表达所要传播的知识，而不可臆造虚假。这是它与主题公园、游乐场、电影院的区别所在。博物馆展览是学术、文化、思想与技术的集合，学术研究资料和展品形象资料是设计、制作数字媒体展项的学术依据。数字媒体展项设计人员须与学术专家进行充分沟通交流，真正将科技手段和展览内容有机融合，而不能凭个人的想象任意演绎和创造。

（6）传播内容是数字媒体展项的核心

数字媒体技术的应用必须以内容解读为基础。博物馆展览传播的是经过筛选和加工过的知识，因此，数字媒体展项内容的取舍、编排和策划，既要满足展览传播的需要，又要适应观众的需求；既要考虑到展项内容必要的知识点和信息点，同时也要照顾到展项内容的系统性、通俗性、生动性和趣味性，以适应普通观众的参观习惯和审美情趣。脱离展示内容的数字媒体会造成截然相反的体验效果并造成"信息骚扰"。

（7）数字媒体展项的软件开发和制作要精细，兼顾展示的生动性、趣味性、参与性、互动性、体验性，充分发挥数字媒体的优势，为观众提供全方位的感官体验

形式表现要新奇，创意构思要新颖独特，展项的软件系统结构的设计和安排要巧妙合理。一方面要确保数字媒体展项有效传达展示的信息，方便普通观众操作利用；另一方面要具备趣味性、情节性和生动性，起到启示、吸引和鼓励普通观众参与的作用。

(8) 数字媒体展项的规划要与展示环境协调，要符合观众参观习惯

例如对展示中比较突兀的数字媒体设备外观应当做好隐蔽工程，对显示屏和触控屏的设置要合理，显示屏安装位置应当在目标观众的视平线上下，采取垂直或略微倾斜的角度直接面向观众；触控屏应该便于观众用手操作，安装位置应当在目标观众的腰部以上肩部以下便于用手操作的位置，采取水平放置或略向上倾斜的角度。在互动操作方式的设置上，应当采取比较通行的人机交互模式，在进行点击、滑动、拖拽等操作时，能够符合观众所预期的互动效果。

(9) 数字媒体展项的技术和设备要稳定、可靠、质优，维护方便经济

选择使用新媒体技术时，要确保其安全性、稳定性。新技术很容易吸引眼球，但最新的、未经实践证明的新技术往往存在较大的风险，不宜贸然使用。此外，各种设备、数据库、集成系统的维护、更新要相对便利和经济。

(10) 选择使用新媒体技术时必须注意与现有平台的兼容性，具备进一步更新、替换的能力

前期的软硬件构架必须考虑到适应未来的展示技术，提供必要的可扩展性，否则，经常会出现由于兼容性和通信协议的问题，在开通了新技术装置后导致其他设备整体"罢工"。此外，数字媒体平台要有一定的内容可扩充性，以满足适时更新与补充的需求。

(11) 数字媒体展示技术的使用，必须考虑综合成本以及博物馆方经济投入的承受力

数字媒体展示技术固然吸引观众眼球，但是过高的投入和维护成本会导致其他展项的预算大幅缩水，而且往往会给后期管理造成负担。因此，在数字媒体展示技术的选用上，要综合考虑性价比，应选择经久耐用的数字媒体装置。花费高昂的数字媒体展示技术未必是最佳的选择，何况媒体技术的更新换代非常快。

(12) 要确保展项使用中的安全性

例如设备使用中的强电、液压装置、动力系统、机械设备、观众防护设施（动感设备的安全带、安全杠等）要做到安全合理的设计与设置，并采取多重保护措施，消除观众人身安全的隐患。

在博物馆展示中，除了遵循上述数字媒体应用原则外，还要注意如下事项：

(1) 数字媒体展项设计开发要有充分的时间保证

博物馆数字媒体展项设计开发步骤繁杂，包括学术资料的研究、形象资

料搜集选择、内容策划、形式设计、软件开发、空间规划、论证、制作、安装、调试,往往需要较长时间。为了保障数字媒体展项的成功,必须要给数字媒体展项的设计开发以充分的时间保障。

(2) 数字媒体展项设计开发要有较充分的资金保证

作为技术和艺术的结合,数字媒体展项的造价,无论人力成本还是设备成本往往都比较高。要保障数字媒体展项的质量,必须要有较充分的资金保证。

(3) 要建立完备的保养维护体系

与传统展示不同,数字媒体展示设备需要经常进行维护保养。因此在设计中需要考虑吊装设备、隐蔽设备的日常检修途径。在有条件使用智能化中控系统的展览中,可利用中控系统生成系统工作日志、统计投影机灯泡的使用时间、实现设备远程检测及故障报警等功能。

(4) 数字媒体展示技术的使用必须考虑供应商的稳定性

持续的技术升级和可靠的后续服务应是选择供应商的主要标准之一。

五、主要数字媒体技术应用及其功效

(一) 显示屏或触控屏技术

1. 应用对象

应用对象主要是指博物馆展示中那些传统媒体不能达到信息传播的理想效果的文字和影像资料。主要有以下几种情况:

● 传统图版无法容纳的海量信息

当博物馆展示中需要向观众提供大量的深度信息而使用传统图文版会占用较大面积并影响展厅美观时,可利用数字媒体平台进行循环播放或由观众自主点播浏览。这既可节约展示空间,又实现了传播目的。

● 需要实时动态展示的内容

有些内容的展示是实时动态的,比如与展厅内的观众进行视频互动,或者实时传送其他画面。如上海科技馆的"动物世界"展示中,为了让观众了解到我国不同地域丰富多彩的动物资源,就通过摄像机实时将南汇和西双版纳等地的画面传送到显示屏上,便于观众了解。

● 动态内容的表达

在展示中经常需要用到视频资料或者是动画内容进行补充说明,而实物和图版一般不能展示动态的内容,因此可以通过各种影像系统进行展示。

● 需要观众参与互动

博物馆展示中,为了便于观众查询信息、获得观众的反馈、增强展示的趣味性,可以适当地设置交互式的查询系统、互动游戏或展项操控装置,让观众与展项进行互动。

2. 触控屏的使用

触控屏也是一种交互式的显示屏,其输入与输出都在同一块屏幕上完成,不需要额外的输入设备,比较直观易用。触控屏通过感应观众对显示屏的触摸、滑动等手势,来控制显示屏的显示内容。

目前常见的触控屏有三种:一是电阻式触控屏,二是红外触控屏,三是电容式触控屏。电阻式触控屏需要给予屏幕表面一定压力,且随使用时间增长而会逐渐产生偏差,一般用于简单的单点点击式交互。红外触控屏依靠屏幕边缘的红外感应设施来侦测输入,但解析度较差,并且因为在四边加装红外感应器使边框必须高于屏幕,影响展示美观。电容式触控屏可以支持精度较高的输入,因为近年苹果公司在其手持设备中的大量使用而得到大规模推广,其优点是支持较高的屏幕解析度和输入精度,触点无须校准,缺点是屏幕大小受到限制,很难做到像红外触控屏一样应用于大尺寸的显示器。

在具体展示中要根据展厅环境、展示内容、操作方式来选择使用哪一种触控屏,不可一概而论。

3. 显示屏的使用

显示屏是博物馆展示中最为常用的数字媒介,按其功能可分为交互式与非交互式的,其实现技术有 CRT、LCD、LED 等。

显示屏在展示中的使用可以部分替代展板和说明牌,可以提供深度信息发掘,可以演示动态画面,在特定条件下,还可以实现展示所需要的艺术效果。

CRT 显示屏使用阴极射线管技术,造价低廉,但体积相对较大,对展示空间有一定要求。LCD 显示屏使用液晶技术,体积小,重量轻,目前在博物馆展示中使用较为普遍。LED 显示屏使用发光二极管技术,显示清晰度和色彩远逊于前两者,一般用于文字内容的显示或者呈现艺术效果,如电子公告板等。在大面积展示中,LED 技术不受显示尺寸的限制,理论上可以满足任何大型室内展示的需求,如美国拉斯维加斯 FremontSt. 的天幕展示

VivaVision就使用了超过1 200万个LED发光二极管,显示区域覆盖了长达460米的街道范围。而CRT和LCD显示屏单屏尺寸目前最大不超过200英寸,也很难通过无缝拼接实现较大面积的展示需求。此外还有等离子显示屏、背投式显示屏等,但由于技术限制、造价等原因,在博物馆展示中很少使用,此不详述。

交互式显示屏是指显示屏外附加一个输入装置,如鼠标、按钮、红外侦测器、触摸膜、摄像头等设备,通过观众的操作或动作来控制显示的内容。博物馆展示中比较常见的有"电子翻书",即通过红外侦测器感应观众的翻书手势,控制屏幕上的书页翻动。

(二) 数字投影系统

1. 应用对象

应用对象主要是指博物馆展示中那些需要动态表达的内容、实时动态展示的内容。

● 博物馆展示中那些视频资料或者需要动画展示的内容,可以通过各种影像投影系统进行展示。

● 博物馆展示中那些需要实时传送的视频资料或与展厅内观众进行视频互动的内容,可以通过各种影像投影系统进行展示。

2. 投影系统种类和应用

投影系统种类繁多,根据反射表面的不同,可分为平面投影、沙盘投影、雾幕投影、纱幕投影、幻影成像(包括金字塔式幻影成像)、弧幕投影、穹幕投影、球幕投影(又分内球幕和外球幕)、折幕投影、地幕投影等,按成像方式的不同,又可分为二维投影、三维投影。

沙盘投影可以将动态的影像投射到地形沙盘之上,可以直观地表现地貌变迁、动态地理信息以及与地形有关的历史事件。

幻影成像技术可以利用镜面反射和观众的视错觉将影像投射到事先搭建的实景模型之中,静态的实景模型与动态的影像画面相结合,给观众以亦真亦幻的视觉体验。如宁波博物馆的宋元明州港展示中,在搭建的古代港口实景和塑像中,利用幻影成像技术将动态影像和实景相结合,生动地再现了古代明州港的繁华景象。

金字塔式幻影成像系统是用多个投影仪或其他显示设备投射到反射介质上所呈现的画面展示出立体效果的影像,观众可以从周围的各个角度进行观赏,一般用于单个物体的三维展示。

穹幕投影即以接近半球面的穹顶为投影面进行投影,比较适于展示太空、天空及天象有关的内容,如中国科技馆、上海科技馆、北京天文馆的穹幕影院,以及一些场馆中采用的小型穹幕投影。

三维投影一般使用两台(组)投影仪分别投影对应人左右眼看到的画面,观众通过偏振眼镜、红蓝眼镜观看,可以产生逼真的三维空间感。近年来随着技术发展,亦可以使用单个投影机的时序播放配合主动式快门眼镜来实现三维效果。

此外如弧幕投影、折幕投影、地幕投影都是通过投影技术的不同表现来实现不同的效果,弧幕和折幕一般可使用投影拼接方式来扩大影像的可视角度,增强沉浸感。地幕投影则直接将影像投射到地面,还可以结合影像侦测与观众的位置和运动发生互动。

(三) 全周全息幻像数字媒体

全周全息幻像展示系统是当前国际上广受欢迎的用于展览展示及博物馆展示的新型多媒体展示技术手段之一。

特别是对于那些极其贵重的文物展示来说,全周全息幻像展示系统是一种相当理想的展示手段。这是因为,博物馆中极其贵重的文物,出于文物保护的考虑是不可能一直放在展厅对公众展示的,"文物保护"和"公众展示"两者之间的矛盾常常使博物馆处于两难境地。而全周全息幻像展示系统这种新型多媒体展示手段则可以很好地解决"保护"和"展示"之间的矛盾,我们可以通过文物激光三维扫描系统对真实文物进行三维数据扫描采集,数据采集后通过专门计算机系统处理,形成与真实文物完全一模一样的三维实体模型,将形成的文物三维实体模型通过全息幻像展示系统展示,观众会看到的将是与真实文物一模一样的实体展示,并且全息幻像所特有的神秘感效果将会深深吸引参观者的兴趣。

全周全息幻像多媒体展示系统不仅运用于博物馆展示领域,在企业的产品形象宣传展示场合有着更广泛的应用。

(四) 复合动态全息数字媒体

复合动态全息多媒体展示技术是当今全球最先进的多媒体展示技术,其主要原理是采用复杂的多面全息成像技术来实现不用戴眼镜的立体三维展示效果,并且展示区域大小可根据现场环境做可大可小的灵活设置。它所具有的这些独特优点,使其成为当今全球最受欢迎的高新多媒体展示技术。世界500强企业、全球知名的科研机构、大型博物馆、科技馆、政府组织每年的大型展示活动中都广泛采用到这门技术。

● 通过多角度光学全息透视成像原理,参观者无须佩戴立体眼镜即可体验到真实强烈的临场立体感效果。

● 与在单一平面或弧面上产生的4D影院立体感效果比较而言,复合动态全息多媒体展示技术因具备真实的内部立体进深空间舞台,其表现出的立体效果最具真实震撼的临场体验感。

● 可实现多层次表现内容的复合动态展示,产生极其丰富多彩的视觉表现效果。例如我们可利用复合动态全息多媒体展示技术对郑和下西洋时的不同古船的构造在观众面前进行立体的360度全息动态细节展示,而与此同时相应的复合背景层则展现出郑和下西洋时的庞大船队在波澜壮阔的大海上远航的宏大场面,这种视觉展示效果使观众产生强烈的身临其境般的真实感受体验。

● 展示区域大小能够根据特殊空间环境进行相应的灵活设置,展示区域及展示成像大小不受限制。在空间大小满足条件的情况下,可实现更胜于4D影院效果的全息影院。

● 展示内容形式丰富多样,可配合不同的展陈主题做多种不同表现形式的内容展示,包括视频、照片、图纸、动画、效果图、影视特效等。同时展示外在形式可配合现场环境做到灵活巧妙的有机融合。

(五) 虚拟现实技术

1. 应用对象

应用对象主要是指博物馆展示中各种需要重构的历史场景或自然场景。在博物馆展示中往往需要对已经消失的历史或自然场景进行再现性的展示,但通常博物馆的藏品条件不足以再现历史或自然场景。比如自然博物馆中对某一历史时期生态景观的展现,可资利用的藏品只是动植物的化石标本,在漫长的历史演化进程中已经被固化到一块块石头的碎片之中。利用这些标本进行展示无法唤起观众对当时生态景观的直观认识。又如对某一历史场景的再现,博物馆的藏品往往只是当时遗留下来的部分物品,或者是反映当时场景的艺术作品,不能全面地反映历史原貌。为了增强展示的直观性、生动性、体验性,需要通过数字媒体技术来进行一定程度的复原与再现,使已经消失的场景能够栩栩如生地呈现在观众面前。

2. 虚拟现实技术的应用

虚拟现实技术(Virtual Reality)英文缩写为 VR,它是一种融合了数字图像处理、计算机图形学、数字媒体技术、传感器技术等多个信息技术为一体的技术。即通过数字三维对展示内容进行建模,制作成数字媒体动画,通过视频或立体视频的形式进行播放,让早已消逝或难得一见的历史、自然或科学影像得以显现,辅以现代化的投影放映技术,给受众一种身临其境的感觉,VR 技术具有强烈的"身临其境"临场感、友好亲切的人机交互性、引人想象的多感知性和虚拟现实世界的自主性。VR 技术分虚拟实境(景)技术(如虚拟游览实体博物馆)与虚拟虚境(景)技术(如复原生成阿房宫、圆明园等已经湮灭了的建筑,构建尚未发掘的秦始皇陵等)两大类。

(六) 情景交互数字媒体

1. 应用对象

在传统博物馆的展示中,往往通过独立的工坊提供给观众动手操作和体验,如陶瓷作坊、玻璃作坊等。但是这些作坊的工作环境往往与博物馆的展示环境不相协调,与文物和观众安全产生一定冲突。目前,情景交互数字媒体系统应用相当广泛,完全可以结合不同的博物馆展示主题进行相应的互动展示内容设计。例如使用情景交互数字媒体系统可以模拟考古发掘、文物修复、工艺品制造、古代生产生活等活动,使观众对这些活动的具体过程有全方位地了解,同时亲身参与的体验能给人留下深刻的印象,又增强了展示的趣味性。

2. 情景交互数字媒体系统应用

情景交互多媒体系统是近年来国际上新出现的应用在展览展示及博物馆展示中的一种新型互动参与式的数字多媒体展示形式,其最大特点是能将展陈主题与观众的互动参与结合起来,参观者通过与系统的互动交流,强烈吸引参观者的兴趣,进一步加深对展示主题内容的认识和了解,给参与者留下难忘的印象。同时,情景交互多媒体系统其内容本身完全可以配合博物馆及各类型的展览展示活动的不同展示主题而方便地进行相应的调整,具有广泛而灵活的适用性。

情景交互多媒体系统应用相当广泛,完全可以结合不同的博物馆展示主题进行相应的互动展示内容设计。

比如，结合某个考古文物，我们可以设计如下互动交互展示内容："一片广漠的沙漠，参观者从沙漠上走过，沙尘拂去，出现埋藏于沙漠中的文物宝藏。"

再如，对于远古自然环境展示，我们可以设计如下互动交互展示内容："在一片水中，参观者用手划水或用脚踏入水中，看到不同远古世纪的鱼类绕着游动。"

由于情景交互多媒体系统能方便而广泛地适用于多种不同的主题展示，其自出现以来就成为不同类型的展示活动及博物馆最受欢迎的新型多媒体展示形式之一。

（七）动感仿真交互数字媒体

1. 应用对象

动感仿真交互数字媒体是一种交互参与体验型数字媒体技术，适用于博物馆、科技馆、规划馆中那些特定的展陈设计——既有情景又能仿真互动的项目。

2. 动感仿真交互数字媒体应用

这种交互参与体验型数字媒体技术能够超越展示现场空间及环境的约束限制来表现出特定设计的展陈主题，能够起到有相当吸引力的展示效果。

例如中国科技馆的古代耧车展示，通过实物模型和图版的展示可以让观众了解耧车的外形、结构和使用方式，但是很难展现耧车的作用和实际操作的过程。通过这种技术的应用，可以让观众也亲身体会一下操作耧车的感觉，体验古代农民劳作的情景。

再如，对于郑和下西洋的历史展陈主题，在展陈现场，我们可仿制出郑和宝船，利用动感仿真交互数字媒体技术，还可以让观众沿着历史上郑和下西洋的路线如临其境地感受郑和下西洋的历史伟大壮举。

再如博物馆中的"动感轮船""动感矿车"，规划馆中的"未来城市漫游"，科技馆中的"太空遨游"、"深海探险"、列车的操控、探测车的驾驶、机械设备的使用等诸如此类的展陈主题，动感仿真交互数字媒体技术无疑是最为适合的展陈手段，这种展陈手段强烈吸引并调动起观众的参与兴趣，在互动的参与中使观众对展陈主题的内容留下深刻印象。

以下就以"未来城市开车漫游"为例，详细说明动感仿真交互多媒体技术可实现的效果：
- 可实现车行与飞行两种模拟游览效果
- 可真实模拟驾车游览的感受：

（1）方向盘左右转，相应的游览场景也左右转，感受如同真实驾车游览；

（2）踩油门模拟游览速度加快，感受如同真实驾车踩油门加速的感受；

（3）踩刹车模拟游览停止，感受如同真实驾车踩刹车停止的感受；

（4）可模拟真实驾车时不同挡位的驾车模式，高挡高速，低挡低速，还可实现倒挡倒车行驶；

（5）可模拟车行游览时的不同观看角度（抬头仰视等）。

- 可模拟从空中飞行游览的感受：

（1）可从陆地车行模拟状态改为飞行俯瞰游览状态，反之也可从飞行俯瞰游览状态改为陆地车行模拟状态；

（2）飞行模拟中可随意上升和下降高度；

（3）飞行模拟中可随意改变视角；

（4）飞行模拟中可随意改变游览速度。

- 可预先设置游览参数（速度、挡位、视角及背景音乐等）

（八）4D 影院

1. 应用对象

可用于演绎历史故事和自然现象。在传统媒体手段的展示中，博物馆只能用文物、图表、文字、画面、造型向观众传达历史遗留的点滴信息，而不能表现一次重要的历史事件、一个自然现象的动态的历史过程。而多功能影院能做到对一次历史故事和一种自然现象完整、丰富、生动的呈现。

2. 4D 影院功效

4D影院结合了环幕电影技术、现场声光电特技技术、动感座椅技术、同步控制技术、电影技术、多声道环绕音响技术等多种技术，使影片放映能够达到形象逼真的效果，刺激观众的视觉、听觉、触觉各个感官，营造出使人身临其境的整体效果，完美地表现出影片主题所涉及的环境、环境内的各种细节，以及观众在特定环境内的感觉，表现出动感。

4D影院是从传统的立体影院基础上发展而来的，相比较于其他类型影院，具有主题突出、科技含量高、效果逼真、画面冲击性强等特点和优势。随着影视娱乐技术的发展和娱乐市场的需求，人们不仅将震动、坠落、喷风、喷水、搔痒、扫腿等特技引入3D影院，还根据影片的情景精心设计出烟雾、雨、光电、气泡、气味等效果，形成了一种独特的体验，这就是当今十分流行的4D影院。由于观众在观看4D影片时能够获得视觉、听觉、触觉、嗅觉等全方位感受，近年来4D影院的发展非常迅猛。

4D影院中的所谓4D即是指在普通的电影基础上加上环境特效模拟仿真，在4D影院的环境特效模拟仿真中，主要分为两大类的环境模拟仿真：

一类是对自然环境的模拟仿真，即观众在看电影时，随着影视内容情节的变化，可实时感受到风暴、雷电、下雨、撞击、喷洒水雾等身边所发生的与影像对应的事件，环境模拟仿真是通过影院内安装有下雪、下雨、闪电、烟雾等特效设备配合影片情节的变化而营造一种与影片内容相一致的模拟环境。

另一类是动感特效仿真，即对影片中出现的自然界中的风、水等效果及生活中比较常见的震动、坠落等运动进行模拟，这些特技通过特殊控制系统与影片中的情节进行配合，使观众在观看影片时有身临其境的坠落、震动、吹风、淋雨等感受。

4D影院由银幕、影片、偏振光眼镜、4D特技座椅、数字音响系统、计算机控制系统等构成。因此，对建筑空间规划、银幕、影片、4D特技座椅、数字音响系统、计算机控制系统等都有严格要求。因其对建筑空间有严格的要求，必须在建筑设计时提出明确的任务需求，否则难以在既有空间中部署。影院设计的一般标准应该符合中华人民共和国建设部、中华人民共和国广播电影电视部《标准电影院建筑设计规范JGJ58-88》的要求，此不详述。

(九) 天象动感穹幕多媒体影院

1. 应用对象

这种天象动感穹幕数字媒体影院主要用于天文馆和科技馆。

穹幕的出现最早是用于天文天象模拟方面，众所周知，随着地球的公转，一年四季天上的星斗是在不停变化的，使得当时的天文学习及研究受到时间的局限。因此穹幕的出现完全是为了解决当时在天文研究方面的诸多不便而产生的，这也是为什么如今我们看到的穹幕几乎都出现在天文馆和科技馆中。传统穹幕影片制作受其本身所具有的拍摄和制作难度及成本高昂的局限，发展至今，其展示内容基本上还都仅局限于天文天象的内容展示方面，在其他方面还很难看到广泛的普及应用，这是由于传统穹幕影片制作具有的特殊难度所决定的。而穹幕本身高度沉浸的体验效果又吸引着博物馆、展览展示馆、教育培训、工业设计等机构，希望能将穹幕多媒体引入到它们自身的领域中并得到普及应用。

2. 天象动感穹幕影院功效

天象动感穹幕多媒体是一种特殊的大型影院级多媒体。这种多媒体影院的观众厅为圆顶式结构，银幕布满整个半球，观众完全置身于整个球型银幕的包围之中，感觉银幕如同苍穹。

影片播放时，整个画面视域范围可达180度，布满整个球体，在观众的视野范围内看不到银幕边缘。由于银幕影像大而清晰，自观众面前延至身后，且伴有立体声环音，使观众如置身其间。按照视觉理论，人的视域范围一旦超过150度，就会产生身临其境的错觉，因此，这种多媒体类型的沉浸效果非常强烈，并且可脱离立体眼镜和头盔，产生立体视觉。

如果再配合影片同步播放控制的动感平台，观众坐在动感平台上，随着影片播放到不同故事及不同场景情节时，感受到上下升降，左右倾斜，前俯后仰，就好似正搭乘着航天器遨游太空，正驾驶潜水器饱览海底世界的奇特景象。逼真的画面和平台载体的活动，让人不由自主地进入角色，造成十分真实和惊险刺激的特殊感受。

天象动感穹幕影院对建筑空间规划、银幕、影片、数字音响系统、计算机控制系统等都有严格要求，因其对建筑空间有严格的要求，必须在建筑设计时提出明确的任务需求，否则难以在既有空间中部署。影院设计的一般标准应该符合中华人民共和国建设部、中华人民共和国广播电影电视部《标准电影院建筑设计规范JGJ58-88》的要求，此不详述。

(十) 数字导览

1. 应用对象

应用于博物馆观众的自主参观导览。

2. 数字导览类型与应用

展示自助导览技术发展至今已有半个多世纪，随着科技的不断发展，导览技术与方式也推陈出新，经历了多次升级换代。但新技术的发明和推广并不一定意味着对原有技术的替代，根据展示特性和观众习惯，可以使用不同的导览技术。根据导览方式的不同，可以粗略地分为三个技术时代。

● 纯语音导览

从20世纪60年代开始,博物馆就尝试使用录音磁带与调频广播技术为观众提供语音导览服务。进入数字媒体时代后,博物馆普遍采用了数字方式存储(如mp3制式)的语音导览设备,使语音导览机更加轻巧,便于携带。上海博物馆的手持式语音导览器,使用了中、英、日、法等多国语言为观众详细介绍展厅中的展品,是目前博物馆中使用最普遍的一种方式。

● 多媒体导览

20世纪90年代,多媒体技术得到长足的进展,融合了音频、图像、文字、视频等多媒体内容的导览设备开始在博物馆得到应用。与纯语音导览相比,多媒体导览能够提供更为全面的信息,但是也分散了观众的视觉注意力,加之技术尚不完善,给观众的体验感较差,这种类型的导览并未能够形成规模。

● 交互式导览

最近几年,欧美一些博物馆已经开发出可以在通用移动计算平台(如智能手机、平板电脑)上使用的导览软件,使观众无须租赁专门的导览设备,即可使用自己的移动设备进行导览。观众还可以利用移动设备的地理定位和摄像头功能与展示进行交互,实现AR(增强现实)的效果,及时对展示进行反馈,或者与其他观众进行互动。如中国国家博物馆的手机导览,通过三星智能手机平台,提供展示的深度解读。又如美国国立9·11纪念馆,馆址位于纽约世贸中心大楼原址,目前场馆仍在建设中,但馆方已经推出了一款针对世贸中心原址的手机导览程序,该程序可以根据观众所处的地理位置,提供该位置的历史照片与相关资料,让观众对比9·11事件前的照片与现在眼前的景象,唤起对历史的记忆,抚今追昔,让人们在缅怀遇难者的同时,反思当今社会全球化与国际恐怖主义给人类文明带来的创伤。交互式导览目前已经成为展示导览的新趋势,具有广阔的发展前景。

第五节 博物馆展览策划的依据和条件

筹建一个博物馆陈列展览,固然需要多方面的条件保障,包括建设资金、展示空间、内容设计、形式设计与制作等,但最根本的条件是展览的学术研究成果和展品形象资料支撑。学术研究成果和展品形象资料是博物馆展览策划设计的基础,直接影响着展览的质量和水准。

一、博物馆展览策划设计的学术依据

展览内容文本是博物馆展览形式设计的蓝本,要保证博物馆展览的水平,首先必须做好展览内容文本的策划和撰写工作。而要做好博物馆展览内容文本策划和撰写工作,固然取决于展览文本策划师的水平和经验,但更重要的是要取决于展览筹建方(以下简称"甲方")为展览文本的策展人所提供的条件是否充分。如果甲方不能为策展人提供必要的、充分的条件,那么,即便是最高明的策展人,也难以策划出一个理想的展览文本来。因此,对甲方来说,在委托策展人策划展览文本之前,明白自己应该提早为展览文本策划准备什么,并提供完备的展览文本策划条件是一件很重要的工作。

根据博物馆展览文本策划的规律,结合近年来博物馆展览文本策划的实际,笔者认为,甲方应该为策展人提供如下条件(以历史文化类主题性展览为例):一是有关展览主题和内容的完整的学术研究资料,二是有关展览主题和内容的较完整的实物展品资料,三是展览文本策划的时间保障。

(一)有关展览主题的权威的学术研究资料的梳理与储备

学术研究资料包括与展览主题有关的学说理论、研究成果、历史文献资料、档案资料、口碑和调查资料以及其他故事情节材料等。

这不仅是博物馆展览的学术基础,也是展览文本策划的重要学术条件。学术研究成果对博物馆展览之所以重要,是因为以下几点:

首先,博物馆展览不同于商业展览,它是文化知识传播的媒体,旨在向观众传播文化、知识、艺术、观念和思想。因此,它所反映的内容都必须建立在客观、真实的学术研究的基础上。

其次,博物馆展览中提出或反映的概念、观点、思想以及展览主题的提炼都是建立在学术研究成果基础上的。学术研究资料能起到深化和揭示展览主题的重要作用。如果没有学术研究成果作为支撑,那么展览中的概念、观点、思想就成为无源之水、无本之木,展览的主题就难以提炼和深化。

第三,学术研究成果也是展览辅助展品创作的依据。展览固然是以实物为主角的,但仅靠实物是不够的。因为一方面展览所需的实物展品往往缺少,另一方面实物展品常常有局限性,外在表现力不强,往往不能与观众充分对话。因此,需要依据学术研究成果来制作科学的或艺术的辅助展品。

可见,学术研究资料对博物馆展览及其文本策划是何等的重要!

但是,在现实博物馆展览筹建中,经常出现的情况是:甲方并没有充分认识到学术研究资料的重要性,在这方面的准备严重不足,或没有进行学术资料积累,或没有对学术资料进行系统梳理。不少行业博物馆筹建之时,其学术资料的储备几乎是零,例如上海中国航海博物馆、杭州中国湿地博物馆。

为了做好博物馆展览内容文本的策划,在委托策展人策划展览文本之前,甲方应该组织专门的班子,收集、整理好一套完备的与展览主题和内容有关的学术研究资料。

(二) 有关展览主题和内容的较完整的实物展品资料

实物展品包括文物标本和史迹及其声像资料和图片资料。它不单单是文物标本和史迹资料的简单汇编,还应该整理分类,并研究清楚每件文物标本和每处史迹的时代背景和文化或自然意义等。

博物馆展览信息的传播主要依靠实物媒介来进行,靠实物"说话",通过实物揭示事物的本质,体现展览的主题思想,实物是展览的"主角"。因此,实物展品资料不仅是博物馆展览的物质基础,也是展览文本策划的重要依据。

实物展品的丰富程度和质量高低直接影响到展览传播的效果和质量。一般来说,实物展品越丰富就越有挑选的空间。某个展览展出的实物展品需100件,那么至少应该有150件以上的展品可供挑选,当然多多益善。这样,就能从丰富的实物展品中选出更多的最能揭示主题、最具典型性、最有外在表现力的实物做展品,就能更好地实现展览传播的目的。

但是在现实博物馆展览筹备中,甲方往往不重视实物展品的收集、储备、整理和研究工作,甚至认识不到实物展品的重要性。经常出现的情况是:甲方要么实物展品的储备严重不足,甚至一个展览中根本拿不出几件真正可用的实物展品;要么所提供的实物展品的背景和文化意义不清楚。这样的状况严重影响了展览文本的策划,影响了展览的质量。

为了不影响展览文本的策划,不影响展览的质量,甲方应该在展览筹备之前投入必要的人力、物力和财力,加强实物展品的收集、储备、整理和研究工作。

除了学术支撑外,展览文本策划的时间保障也是一个突出的问题。

即便具备了展览文本策划的全套学术研究资料和完备的实物展品资料,对展览文本策划师来讲,整个展览文本策划的过程也是一个不断推敲、对话、修改和完善的过程。好的展览内容文本(剧本)是磨出来的,而不是写出来的。我们常常不能给剧本创作以充足的投资和时间而草草开拍,以至于造成无尽的遗憾。

展览文本策划不同于展览的形式设计。展览的形式设计相对比较单一,只要根据展览文本思考展览的表现形式即可。而展览文本策划是一项比较复杂的学术研究活动、一项文化创意作业。策展人不仅要熟悉和研究实物展品资料,要充分掌握学术研究资料,还要结合展览主题和内容思考社会问题、思想问题和教育问题,研究展览传播的目的和使命,研究展览传播的对象。此外,还要研究博物馆展览的信息安排和传播问题,研究展览表述的基本方法和手段。在此基础上,撰写出一个类似电影剧本的可供展览形式设计和布展的分镜头脚本。

可见展览文本策划是一项集学术研究、文化创意和展览技术于一体的复杂智力作业,需要花费较大的时间和精力,并非一朝一夕能轻易完成。国外比较成功的一个中型展览的文本策划至少要花费几年甚至更长的时间,如日本的琵琶湖博物馆。在我国,就一个中型展览的文本策划来说,比较合理的时间至少应该在一年以上。

但是,在我国博物馆展览筹备的现实中,普遍的情况是:甲方在展览筹备前期往往不抓紧展览文本的策划,直到展览工程要开始了才想起请策展人策划展览文本,因此,留给文本策划师的时间往往严重不足,多则半年,少则几个月。由于没有充裕的时间保障,所以展览文本质量常常得不到保证。为了保证展览文本的质量,甲方在展览筹备之初,就应该委托策展人策划展览文本。

二、展览学术支撑薄弱是地方博物馆的通病

学术研究成果和展品形象资料好比是展览的两个支撑点,缺一不可。

如果没有比较成熟的学术研究成果和展品形象资料做支撑,要想做好展览是不可能的。但是,在各地地方博物馆展览筹建实践中,展览学术支撑薄弱是通病。由于提供给展览策划者的学术资料不准确、不完整、不权威,以至于在讨论展览内容设计方案时,专家们讨论或争论最多的不是展览内容设计问题,而是学术研究成果及其资料的问题,甚至将展览内容涉及的学术问题的责任错误地推给了不负主要责任的展览策划者。须知,展览策划者不承担展览内容涉及的学术研究问题,这是甲方和学术专家的事。展览策划者好比是厨师,他是根据东家提供的材料做菜,他没有义务也不擅长展览内容涉及的学术问题的研究。

大部分地方博物馆没有充分认识到地方历史文化挖掘研究的重要性,不曾对地方历史文献、经济档案、风土民俗资料、口碑资料、名人文化和地方掌故等进行系统地收集和整理,多数仅有几本地方志或简单的文史资料汇编,更谈不上对地方历史文化、经济发展、社会变迁、风土民俗等进行系统、全面、深入的研究,从而给地方博物馆展览建设造成了极大的困难。

以江苏淮安市为例,作为古代经济大动脉大运河的中枢,它是运河四大名镇之一,是南漕北运的重要枢纽,有"漕运中枢"之称;它也是明清时期全国盐业中心之一,是关系到古代王朝经济命脉的盐榷重关;它地处黄、淮、运三河交汇处,一直是治理黄、淮、运的关键之地,淮安的兴衰与水系变化和治水兴利有密切的关联。显然,漕运、盐榷、河务都是淮安地方历史文化中的亮点和重点。但是,淮安在这三个领域的历史资料的收集、整理和研究却非常薄弱,这严重影响了相关展览主题和内容的表达。

再如安徽马鞍山市,历史上是六朝之都南京的畿辅之地,史称其"锁钥东南""控据江山"。在三国两晋南北朝的动乱年代,这里不仅是群雄觊觎之地,更是畿辅军事驻防重地。丹阳城、牛渚城(采石)和姑孰城都以军事建置闻名。此外,随着政治中心的南迁,北方士族大量南下,这里又成为世家大族的安生之邦和魂栖之所,经济文化繁荣,良臣、名将和雅士云集,留下了许多千古风流佳话。但是,马鞍山市在这方面的历史资料收集、整理和研究同样十分薄弱。

由于地方博物馆长期以来忽视展品形象资料的收集、储备、整理和研究的重要性,以及在收藏对象上存在的认识误区,造成大部分地方博物馆普遍存在如下问题:实物展品的储备严重不足,与我国悠久的历史和当地丰富的历史文化极不相称;虽有一定数量藏品收藏,但门类单一或同质,多为青铜、钱币、陶瓷、书画、玉器等，全国地方博物馆收藏的雷同现象十分普遍；忽视地域文化资料收集，本该由地方博物馆重点收集的、反映地域历史文化的收藏很少，甚至没有收藏；忽视反映地方历史文化独特性和多样性的资料收藏，忽视本地风土民俗和非物质文化资料的收藏，忽视近当代物质资料的收集；忽视藏品的整理和研究，藏品的历史信息和文化内涵不清楚等。这种状况严重影响了地方博物馆展览的建设。

例如徽文化博物馆前身的黄山市博物馆，本该主要收藏反映徽州历史文化的藏品资料，但是在徽文化博物馆建立之前，黄山市博物馆收藏的有关徽文化的藏品资料却很少，而与徽文化关联不大的瓷器、钱币、玉器倒不少。

又如安徽宿州博物馆，宿州不仅是中国历史上第一次农民起义"大泽惊雷"的发生地，是秦末项羽和刘邦"楚汉相争"的主战场，也是隋、唐、宋时期沟通南北的通济渠的关津渡口。隋、唐、宋时期，这里曾经舟楫云集、商贸鼎盛。但是当地对反映这些重大历史事件和重要历史发展阶段的文物资料的收藏却十分匮乏。

再如浙江海盐县，其历史文化很有个性。这里曾经是古代中国重要的盐业生产中心之一，是宋以后东南沿海重要的通商港埠，是明清时期抗击外来侵略的海防重镇。此外，历史上海盐县的兴衰与抵抗海潮密切相关。但遗憾的是，当地对这些极具地域特点的文物资料却缺乏收集和整理。

综上所述，学术研究不足和展品形象资料收藏基础薄弱是我国地方历史博物馆的通病，这种状况严重影响了地方博物馆展览的建设。如果不改变这种状况，要提高我国地方博物馆展览的水平是不可能的。

三、加强博物馆展览学术支撑体系建设

为了做好博物馆的展览，保证博物馆建设的成功，任何博物馆在新馆及其展览建设之前，必须加强对展览学术支撑体系的建设，为博物馆展览的建设奠定坚实的学术基础。

以我国地方历史博物馆来说，学术支撑不足是各个地方历史博物馆的通病。因此，要做好地方历史博物馆展览，首先必须加强学术支撑体系建设。

众所周知，地方博物馆的收藏和展示与国家级和省级博物馆是不同的。地方博物馆是展示一个相对独立的文化地理单元的独特的自然、历史、经济、文化和风土人情的重要平台，是人们了解一方自然、历史、经济、文化和

民俗风情的窗口。其常设展览主要反映自古以来这片土地上人们的生活环境以及面对生存环境而产生的生存智慧,即反映人们的生产、生活及其文化创造。因此,地方博物馆要有别于国家级和省级博物馆,要重点做好地域自然和文化资源的挖掘研究工作。这包括:自然的,如矿产资源、动植物资源、自然遗产、物产、生态资源等;历史的,如地方历史沿革、政治变革、历史事件、历史人物等;经济的,如地方农业、水利、手工业、生产活动、商品经济等;文教的,如宗教、民间文化、民间艺术、民间文学、工艺、戏曲、教育等;风俗的,如饮食、丧葬、节庆、时令、信仰、服饰、游艺等。不仅要对这些领域的资料进行系统的收集、梳理工作,还要对其进行全面系统的研究,弄清其发展概况、文化内涵、个性和特点等。

在挖掘地域自然和历史文化资源方面,特别需要把握以下几个原则:

● "地域性"原则。地方博物馆展览主题和内容要突出地域性,要反映具有浓郁地方特点的自然和历史文化,要讲述富有个性的地方自然和历史文化故事。而且,越有地域个性和差异性的东西,往往越能吸引观众,越有展示价值。因此,地方博物馆必须紧扣"地域性"挖掘本地的地域自然和历史文化资源。

● "优势性"原则。每个地方在长期的社会历史发展过程中,不论是自然环境、历史文化还是社会经济发展都有自己的优势。地方博物馆展览不可能也没必要面面俱到地反映地方自然环境和历史文化,重要的是要把地方自然环境、历史文化和社会经济发展中最有优势,或最有影响的,或观众可能感兴趣的东西传达给观众。

● "文化多样性"原则。"文化只有发展阶段的不同,发展快慢的不同,而没有优劣之分……在全球化趋势不断强化的背景下,我们尤其应重视保存人类文化的多样性,加强不同文化间的沟通。"[①]"今天,承认和尊重文化多样性,把它作为社会凝聚力、可持续发展和稳定的因素,已经成为国家和国际政治考虑的核心。"[②]文化多样性正是存在于地方之中。在全球化趋势不断强化的背景下,保护文化多样性越来越成为全世界关注的重点。因此,保护和弘扬文化多样性,不仅是地方博物馆工作的新领域,更是地方博物馆义不容辞的使命。

---

① 江蓝生:《序一》,徐嵩龄等:《文化遗产的保护与经营》,社会科学文献出版社,2003年。
② 联合国教科文组织:《世界文化多样性宣言》,2001年11月2日第二十次全体会议通过。

● "重视非物质文化"原则。非物质文化作为传统文化的重要载体,是各地人民智慧的结晶和创造力的体现,具有重要的文化价值、精神价值、教育价值和审美价值。保护和展示非物质文化遗产,有益于弘扬传承优秀文化传统和民族精神,促进中华民族共有精神家园的建设。非物质文化遗产往往具有很强的地域性,我国各地丰富多样的非物质文化遗产无疑应该是地方博物馆重点保护和展示的内容。

地方博物馆是反映地域环境资源、历史文化、经济社会发展和风土人情的窗口。这种功能定位决定了其收藏和展览不能简单模仿国家级或省级博物馆文物艺术品的收藏和展览模式,而要强调地域自然和历史文化,突出地域自然和历史文化的特点和优势。因此,地方博物馆在藏品科学体系构建上,应特别重视以下几个方面:

● 重视反映地域历史文化的藏品及形象资料的收集。要改变只有陶瓷、铜器、钱币、玉器、字画等才是博物馆藏品的错误认识,要从自己的地域文化出发,从多元文化的角度收集反映有关地域文化的藏品及形象资料。我国土地幅员广大,各地地域文化不仅都有自己的个性,而且丰富多样。除了考古文物和传世文物外,其他关于本地的历史事件、历史人物、传统经济、生活方式、科教文化、风土民俗、宗教活动、民间艺术等的藏品形象资料都在地方博物馆收藏的范围,各种反映地域文化的生产工具、生活用具、商品、民间工艺品、宗教物品、方志、宗谱、族谱、碑文、题词、匾额、楹联、诗词、歌赋、书画、民谣、手稿等都应该是地方博物馆收集的对象。

● 重视非物质文化遗产及形象资料的收集。要改变过去只有"物"才是博物馆藏品的狭隘认识,把非物质文化遗产纳入到博物馆收藏的范围中来。因此,要重视收藏具有地方特色和文化多样性的口头记忆、表演艺术、民俗节令、庆典仪礼、传统手艺等,收藏与当地人传统生活形态、方式、技艺、技能等密切相关的非物质性资料。这些非物质文化遗产既有"有形"的物质载体,又有"无形"的传承载体。因此,不仅要收藏其物质载体,如工具、制品、服装、乐器、道具、稿本、剧本、曲谱、插图、文献、祭品、祭文、庆典场所等,也要通过新的技术手段和方式收集其"无形"的内容,例如影音资料、文字记述、创作构思、操作手法、表达方式、记诵方法、传授模式、行业规矩、信仰禁忌等。

● 重视近现代文物资料的收集。近现代历史是我国历史重要的组成部分,近150多年是我国历史发生巨大变革的时代,特别是改革开放以来,中国社会发生了翻天覆地的变化,这150多年将在中国历史上占有极其重要的地位。在这种大变革的背景下,我国各地过去曾经几百年、上千年保持相对稳定的地方传统生产方式和生活方式都发生了重大改变,例如生产技术、生活用具、建筑住宅、服饰穿戴、风俗习惯、文化艺术等。记录、保存和展示这些反映各地生产方式和生活方式变化的历史资料是地方博物馆义不容辞的任务。因此,地方博物馆要改变只有古代文物才是博物馆藏品的错误认识,重视反映近现代地方历史发展和社会变化的文物资料的收集。

● 重视藏品的背景或环境资料的收集。博物馆收藏的终极目的是为了满足科学研究特别是展览教育的需要。为了更好地服务于展览教育普及的需要,博物馆的收藏必须完整科学,即不能只收藏实物本身,还应该包括相关的背景和环境资料,科学的博物馆藏品概念应该是"实物+背景资料"。举一个能说明问题的例子,如蝴蝶标本的收藏,不仅要收集蝴蝶的成虫,还要包括蛹、幼虫和卵三个生命阶段,还要收集蝴蝶的生态环境质量和活动影像资料,这样才能展示蝴蝶生命的全过程,才能向观众展示真实、科学和生动的有关蝴蝶的信息。其他博物馆藏品的收藏也是如此。总之,只有收藏完整科学的藏品资料,博物馆展览才能全面、系统地反映事物发展的客观过程,才能给观众完整、真实的信息和知识。因此,为了做好地方博物馆的展览,地方博物馆收藏要改变只收藏实物本身而忽视相关背景和环境资料的简单做法。

● 重视藏品的历史信息和文化内涵的揭示研究。我国地方博物馆藏品研究往往侧重于从器物学和考证学的角度对藏品的时代、尺寸、类别等作简单的描述,而对藏品背后的历史信息、使用信息、相关信息等的揭示研究严重不足。这种状况严重制约了藏品作为展览信息传播媒介的作用。众所周知,博物馆的收藏主要是为了满足展示传播的需要,作为展示意义上的藏品,它是一种信息传播媒介。要使博物馆藏品真正成为展览的信息传播媒介,必须对藏品蕴含的历史信息和文化内涵进行揭示和阐释,这样才能发挥其作为展览信息传播载体的作用。因此,地方博物馆要改变仅仅从器物学和考证学的角度研究藏品的简单做法,加强对藏品的历史信息和文化内涵的揭示研究。这样方能发挥藏品作为展览媒介和特殊语言的作用,达到藏品形象反映展览的主题和内容的目的。

第六节 博物馆展览策划设计的三个环节

> 根据博物馆陈列展览策划设计的规律,博物馆陈列展览从内容策划到形式设计必须经历三项转换(三个相互衔接的环节),三项转换各有任务和目标,并分别应由不同的专家或设计机构来承担。

一、博物馆展览策划设计的三个转换

博物馆展览策划设计是一项集学术、文化、思想、创意与技术于一体的作业,是一项复杂的创作活动。博物馆展览策划设计一般要经过三个环节:展览学术资料的搜集和梳理→展览内容的策划设计→展览及其展品展项的形式设计。

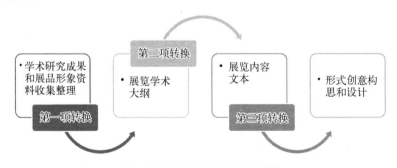

博物馆展览策划设计的三个转换

1. 第一项转换:从学术研究成果和展品形象资料收集整理到展览学术大纲的编写

众所周知,博物馆展览不同于商业会展,它是学术、文化、思想与技术的集合。其宗旨是向观众传授文化、知识、艺术、观念和思想,促进文化交流和传播。因此,它所反映的观点、思想和内容都是建立在客观、真实的学术研究基础上的。展览必须建立在全面研究的基础上,必须以最精确的研究结论与最前沿的研究信息作为学术支撑。

学术研究成果和展品形象资料不仅是展览提炼概念、观点和思想的基础，起到深化和揭示展览主题的重要作用，而且也是制作科学或艺术的辅助展品的基本依据。可见，学术研究成果和展品形象资料的收集整理对博物馆展览的策划设计十分重要，是展览内容文本策划的重要学术依据和基础。

学术研究资料包括与展览主题有关的学说理论、思想观点、研究成果、历史文献资料、档案资料、口碑和调查资料以及其他故事情节材料等。展品形象资料不仅仅是指文物标本及其背景和文化意义，也包括声像资料和图片资料。

收集、整理与展览相关的学术研究成果和展品形象资料并将其编写成展览学术大纲，这项工作应该由与展览选题有关的学术专家承担，因为他们是本领域的学者，最熟悉相关的学术资料和展品形象资料，最能把握相关的学术概念、观点和思想。

例如，无锡鸿山遗址博物馆展览学术大纲分别由南京博物院考古所和复旦大学的考古专家担纲。反之，让展览内容文本设计师来做就不合适。

再如，杭州中国湿地博物馆将这项工作推给某展览内容文本设计师就不合适，因为该设计师不是湿地专家，不熟悉与湿地相关的学术资料和展品形象资料，并且很难把握与湿地相关的学术概念、观点和思想。

总之，博物馆陈列展览涉及的学术资料的搜集以及学术观点、概念、知识的把关应由学术专家负责。

2. 第二项转换：从展览学术大纲到展览内容文本

展览学术大纲不等于展览内容文本，只是系统化的学术研究成果和分类化的展品形象资料的汇编，尚不足以作为展览形式设计的依据。按照博物馆展览策划设计的流程，从展览学术大纲过渡到形式设计，之间必须经过一个类似于电影分镜头剧本的展览内容文本策划设计环节。展览内容文本才是可供展览形式设计和创作的蓝本。

所谓展览内容文本的策划设计，是指在展览学术大纲（包括学术研究资料和展品形象资料）的基础上，遵照博物馆展览的传播目的和受众需求分析，按照博物馆展览表现的规律及其表现方法，进行二度改编和创作，将前期的学术资料、展品形象资料转化为可供展览形象设计和创作的展览内容剧本，这是一项基于传播学和教育学的设计。概括地讲，这是将学术问题通俗化、理性问题感性化、知识问题趣味化、复杂问题简单化的过程。展览内容策划设计包括展览传播目的的研究、展览主题和副主题的提炼和演绎、展览内容逻辑结构策划、展示内容取舍安排、前言和单元以及小组说明撰写、展品组合及其分镜头策划、辅助展品设计依据及创作要求、展览传播信息层次思考，以及形式设计初步规划等。

博物馆展览内容文本的策划设计是一项集合学术、文化、思想与技术的作业。展览内容文本策划设计专家应该是通才，不仅要有开放的思想，要懂得博物馆学和观众研究，还要熟悉与展览主题和内容有关的各种专业知识，更要懂得博物馆展览信息传播的规律，懂得展览形式设计"形而上"的知识和展览表述的基本方法和手段。此外，还要思考展览的社会问题、思想问题和教育问题。这就是为什么学术专家和展览形式设计师不能替代展览内容文本策划师的基本理由。

一个高水平的展览内容文本是确保博物馆展览形式设计成功的基本前提。反之，缺失这一环节就会严重影响博物馆展览的质量。例如，中国航海博物馆和上海世博会主题馆初期形式设计之所以不成功，就是因为缺失了展览内容文本策划设计这一重要环节。

需要特别指出的是，在各地博物馆展览内容文本的策划实践中，一些博物馆展览建设方和学术专家往往将展览学术专家和展览内容策划专家的角色和作用混为一谈。

一种情况是，博物馆展览建设方将展览内容文本策划交由不熟悉展览表现规律和方法的学术专家来承担，结果是学术专家撰写的展览内容文本就像是一部学术著作或学术资料汇编，让展览形式设计师感到无从入手；另一种情况是，学术专家认为自己是本领域的专家，是展览内容策划的当然承担者，于是往往对专业策展人策划的展览文本进行情绪化的指责，让展览内容策划人感到很无奈。

因此，为了消除学术专家和专业策展人两者之间的误会，加强两者之间的理解和合作，必须明确两者的责任边界：凡是展览涉及的学术观点和学术材料方面的问题，主要听取学术专家的意见；凡是展览内容、展览结构、表现方法等方面的问题，应尊重专业策展人的意见。

3. 第三项转换：从展览内容文本到形式创意构思和设计

博物馆展览是要通过实物、造型艺术和信息装置等艺术形象来表述的，因此，展览内容文本要进一步过渡到形式设计。形式设计是展览内容设计的"物化"，是对展览主题和内容准确、完整和生动的表达。也就是说，展览形式设计人员需要根据现有的展品和形象资料以及展览内容文本，将内容文本转化为可供布展的形式设计和施工制作工程方案。展览形式设计是一个再创作的过程,即在对展览主题和内容、文物展品及展览特定空间研究的基础上,运用形象思维,对展品和材料进行取舍、补充、加工和组合,塑造出能鲜明、准确地表达主题思想和内容的陈列艺术形象系列。形式设计是对展览内容深入、具体和形象化的设计,主要要落实所有展品(包括实物展品和辅助展品、立体展品和平面展品以及高科技装置)在展示空间的布局与展品之间的组合关系。它包括展厅空间规划、观众参观动线安排、展厅环境氛围营造、展示家具和道具设计、辅助展品设计、展示灯光设计、版面设计、多媒体规划、互动展示装置规划等。好的形式设计不仅能完整、准确地表达展览思想和内容,而且还能增强展览的趣味性、娱乐性,吸引更多的观众。

显然,这项工作应该由擅长博物馆展示形式设计的专家或机构来承担。

综上所述,一个优秀的展览设计方案的形成,是不同专家集体劳动和智慧的产物,它要经过三个转换:从学术研究和展品形象资料收集整理到展览学术大纲编写,从展览学术大纲到展览内容文本,从展览内容文本到展览形式创意构思和设计。三个转换必须依次进行,任何一个环节都不能缺失。并且,博物馆展览设计转换的三个环节应该由不同的专家分别担纲,展览学术大纲应该由学术专家来担纲,展览内容文本应由擅长博物馆展览文本策划的专家担当此责,展览形式设计应由展览形式设计师来承担,各个角色不能替代和错位。

但目前,在我国各地博物馆展览筹建实践中,我们经常看到这样的奇怪现象:

博物馆展览筹建方在没有提供与展览主题有关的充分的学术研究和展品形象资料的前提下,就委托展览内容设计方去做展览内容文本设计;或在仅仅提供几页纸的展览大纲和少量展品和图片的情况下就让形式设计机构去做展览形式设计和制作;更有甚者,将学术研究和展品形象资料收集,以及展览内容设计全部委托给从事艺术设计的形式设计和制作机构去完成。这些不科学、不规范的操作必然严重影响博物馆展览的设计水平。

二、2010年上海世博会主题馆展览策划设计中的错误

如前所述,一个优秀的展览设计方案的形成,必须要依次经过三个转换,并且,博物馆展览策划的设计转换的三个环节应该由不同的专家分别担

纲。但是，在各地博物馆展览策划的设计实践中，许多博物馆并没有按照这样的规律行事，甚至2010年筹建上海世博会五大主题馆时，在展览策划设计中也曾经走过弯路。

2007年11月，笔者参加了上海世博会"主题馆"形式设计招标评审，遗憾地发现参评方案不理想，普遍存在的问题是：重形式缺内容，并且各馆（"城市人""城市生命""城市星球""城市未来"和"城市文明与艺术"）之间内容边界混乱，你中有我，我中有你。如按这样的方案实施下去，就可能一步错，步步错，结果将不堪设想，更遑论达到世博会预期的"成功、精彩、难忘"效果。

而造成这一后果的重要原因，就是世博局没有遵照"展览设计转换的三个环节"来处理展览设计工作。具体地说，就是没有向形式设计单位提供规范的展览内容文本，而仅仅是几页纸的展馆命题和概念描述，如"城市人"馆的展览内容文本：

"城市人"馆内容框架

"人们来到城市，是为了生活，人们留在城市，是为了更好地生活"（亚里士多德）。生活质量意味着什么？首先是温饱和安全，其次是获得尊重、友情和爱，最后是自我实现、自我超越。本馆将以这三种需求为主线，探讨城市如何满足人的需求、塑造人的生活，讲述城市中"人的故事"。

第一部分：融入

这一部分将观众的视线引向城市化进程中大量流入城市的农村人，伴随城市化过程的是大量农村人口的城市化。城市居民中有相当一部分是新入城的农村人和祖上来自农村的人口。对于那些想改善生活、为子女创造更美好未来的农村人来说，城市是希望之土，充满了机会和可能。农村人进入城市后，物质生活率先发生改善，而观念和风俗的改变往往滞后一步——新入城的人们在从农村人向城市人的转化过程中，他们的心理、生活方式和价值观面临着挑战。农村人安土重迁，相对保守，而城市人更乐意接受新事物，对变革更为开放；农村重视血缘和地缘，而城市人以职业和团体相互维系；农村人以群体为单位思考和行动，而城市人更凸显个人价值……融入城市意味着双重的蜕变，即由传统社会向现代社会过渡，以及由乡村文化向都市文化的过渡。

与此同时,"新城市人"融入城市的过程不仅是被动的改变,更是主动的进取和奋斗,改变生活和命运的强烈愿望驱使着一代又一代的农村移民在城市中挥洒热汗、勤奋工作。"新城市人"的开拓进取精神和安身立命的强大动力造就了城市的繁荣。"新城市人"传奇也正是一座座城市发展壮大的传奇。

第二部分:生存

这个部分关注的是城市人的基本的物质需求。

作为人类创造的先进的物质和文化容器,城市为人们创造了更为优越的生存环境,人们在城市享受丰富的物质生活,无论是衣食住行还是生老病死都得到更完善的呵护。城市也给了人们更安全有序的生活,在这里,人们能更为有效地抵御恶劣的自然状况。为人们提供更好的生活,这是城市的使命和优势所在。

然而一直以来,在城市中也同时存在着一些人类社会中最为窘困和不堪的生存状况。在过去的50年中,全球居住在贫民窟的人口已从3.5亿增至10亿。今天全球每三名城市居民中就有一人居住在贫民窟。联合国人居组织在其《千年宣言》中提出了建设"无贫民窟城市"的目标,力争在2020年使世界城市中的1亿贫民区居民的生活获得重大改善。

发展中国家每年6 000万人迁入城市,这个迁移速度将在未来30年内持续下去。在非洲和亚洲的城市中,将近半数的居民没有清洁的水和卫生条件,造成每年150万人死亡。面临急速膨胀的人口,从水、食品、卫生、住宅、就业机会,到人身安全,城市管理者需要发掘城市的潜力,建设安定有序的城市,让人们免遭贫困、疾病、动荡和灾害的困扰。

第三部分:交往

这个部分主要关注城市中人与人之间的关系,关注城市人的"社会需求"和"尊重需求"。

在城市中,各种文化背景、教育背景和收入阶层的人们聚居在一起。人和人发生频繁的交往,文化间发生频繁的碰撞、交流和融合,造就了独特的城市生活场景和魅力。公共生活领域的健全和发达,是城市区别于农村的重要标志。城市公共空间是人们聚集和交流的地方,在此,信息和能量集聚作用放大了几倍甚至几十倍。安全和富有包容性的公共空间、活跃的公共空间,将城市社区维系在一起,增强了城市居民的归属感和凝聚力。

与此相悖的是,城市中的人际关系常常充满了冷漠与隔阂。城市中社会分工细致,讲究效率,追求实用,城市社区日益复杂化,城市居民间的关系日益表面化和短暂化。"目前,现代大城市的社会问题在于它又一次失去了城市生活的基本特征……城市在整体上日益变成一个难以透视的热带丛林,而城市人口也随之日趋遁入其私人空间。"(哈贝马斯)

全球化和网络技术一方面可能加深了城市中多元文化冲突和人际隔离,另一方面我们也应该看到全球化带来了多重文化交流,使得城市人对于互助、爱和相互尊重的呼声日益高涨,网络技术使人际交往更平等、更自由。这些都为重振公共领域带来了良好的机遇。

第四部分:自我实现

此部分作为前几个部分的自然延伸,关注的是城市如何满足人的较高层次的需求,即对于自我实现的需求。

城市以其相对充足的教育资源、文化资源、就业和创业机会,为人的成长和自我超越创造了良好的环境。当人的基本需求得到满足之后,实现人生价值就成为城市人的首要目标。而人们不断突破自我,发挥自身潜力和创造力的过程,也是城市积累财富和蓄积能量的过程。

城市应该为人们接受教育、培训创造充分的机会,也应该为人们提供丰富的精神生活和娱乐经历。一个文化融洽、鼓励竞争、激励创造、容忍失败的城市,才能最大地激发人的创造力,才是最有潜力的城市。人的可持续发展最终将成就城市的可持续发展。

显然,在缺失规范的展览内容脚本的前提下,仅凭上述简单的学术大纲,展览形式设计师是难以设计出合格的展览设计方案来的。"城市生命"馆、"城市星球"馆、"城市未来"馆、"城市足迹"(城市文明与艺术)馆的内容框架莫不如此。这种在没有提供完整规范的展览内容脚本的条件下让展览形式设计单位设计展览的方案,就如同在没有电影剧本的前提下让导演和演员演戏,是十分荒谬滑稽的。

针对世博会五大主题馆筹建中的技术错误,笔者曾给时任上海市市委书记俞正声、市长韩正及世博局领导写信,指出五大主题馆的策划设计应该按照如下技术路径进行：

第一步，主要由研究城市发展的专家按照世博会主题"城市让生活更美好"编写展览学术大纲，阐明基本的概念、观点、思想和内容结构，并提出支撑展览的形象资料，包括实物、声像和图片资料等。

第二步，由熟悉展览表现方法、擅长展览内容脚本策划的专家（类似电影编剧）对展览学术大纲进行二度创作和改编，形成展览内容脚本（类似电影剧本）。其任务包括传播目的的确定、主题和副主题的提炼、内容逻辑结构及其层次的安排、展示内容的演绎、主要信息传播点的规划、展品组合策划、辅助展品设计依据的撰写等。

第三步，由形式设计师依据展览内容脚本进行展览形式创意构思和设计。形式设计是展览内容脚本的物化。其任务包括展厅空间规划、展览内容点线面的规划、观众参观动线安排、重点和亮点设计、图文版面设计、辅助展品设计、观众体验参与互动装置研发、展厅氛围营造、展示道具设计、灯光设计、多媒体规划等。

上述三个环节须依次转换，不能缺失，且由不同的专家分别担纲。

世博会"主题馆"展览筹建正是缺失了前面两个环节，从一个抽象的命题（例如"城市人"）及简单的概念描述直接过渡到展览形式设计阶段。在这种缺乏设计依据和基础的情况下，显然难以指望仅擅长艺术设计的展览形式设计机构设计出优秀的展览。

这些现象反映出我国博物馆展览筹划操作中存在的严重技术错误：陈列展览筹建作业流程不清楚、工作环节缺失和承担者角色错位。错误的认识必然造成错误的做法，错误的做法必然导致错误的结果。其结果必然严重影响到博物馆展览的质量，各地不少新建展览之所以质量低下，与这种错误的操作方法不无关系。因此，为了保障博物馆展览设计的水平，必须按照上述博物馆展览策划设计的规律行事。

三、科学的博物馆策展团队的组成

博物馆陈列展览是一项基于传播学和教育学的，集学术文化、思想知识和审美于一体的，面向大众的知识、信息、文化和艺术的传播载体。因此，博物馆陈列展览策划团队应该包括四个方面的人才——内容策划人、相关学术专家、展示形式设计师、博物馆教育工作者。成功的博物馆陈列展览策划是他们集体努力的结果,他们将各自的特定知识和技能融入集体,各自在博物馆陈列展览策划中发挥不可替代的作用。

其中,展览内容策划人类似于影视剧的编剧,熟悉博物馆陈列展览的表现规律和表现手法,擅长研究展览的主题及其主题提炼、准确设定传播目的、合理规划展示内容的逻辑结构(展示故事线)、研究和确定主要信息传播点、巧妙组合展览的展品、负责展览的阐释以及编写展示说明文字等。

相关学术专家类似于历史剧的学术顾问,他们往往是历史学家、考古学家或科学家。他们熟悉展览相关的学术资料和学术问题(研究成果和文物标本),为展览的学术性、科学性和真实性把关。

展示形式设计师往往精通展览的 2D 和 3D 的形态表达,其责任是准确、完整和生动地表现展览的内容,包括展览的空间规划与设计、图文版面设计、展品展项设计、多媒体规划与设计、展柜和展示道具设计、照明设计、展览的色彩和氛围设计等。

特别需要指出的是,一个科学完整的展览策划设计团队还应该包括博物馆教育工作者[①]。在展览策划设计的全过程中,要多听取博物馆教育部门及其专家的意见。因为教育部门是博物馆最重要的部门之一,它是各馆联结公众的纽带,以推进公众教育为主要使命,并负责一系列教育活动的规划与实施。"教育工作者"最了解博物馆的观众,擅长指导非正规环境下的学习并帮助思考展览教育的学习目标和方法。具体而言,博物馆教育工作者的作用包括:帮助考虑本展览的目标观众需求,与展览策划设计专家共同规划展览学习内容及其阐释方法,展览内容任务与学校教育相连接,共同规划互动展项和游客体验,共同编写展览文字说明,编写分众化的讲解说明书,处理展览物理上(人体工程学和参观习惯)的"可达性",处理展览智力上的"可达性",提供处理观众认知障碍、阅读困难、专业或语言困难的方案。总之,博物馆教育工作者的特定知识和技能对展览成功很关键。同时,教育工作者了解策展过程,熟悉展览内容,将使展览教育工作更富有成效。

---

① 郑奕:《论教育工作者在博物馆策展团队中的作用》,《东南文化》2013 年第 5 期。

第二章
博物馆陈列展览内容策划

内容文本策划是博物馆陈列展览筹建的关键环节。只有首先具备一个好的展览内容文本,形式设计和制作师才能创造出一个优秀的博物馆展览。而陈列展览内容策划是一项集学术、文化、思想、创意与技术于一体的作业,是一项复杂的创作活动。本章将从展览内容策划的流程、展览选题的拟定、传播目的的设定、展览主题的提炼及其结构的演绎、展览重点亮点的规划、陈列展览信息组团、陈列展览文本格式等方面探讨博物馆陈列展览内容策划的一般规律、基本方法和技巧。

第一节 博物馆展览内容策划的作业流程

> 展览内容策划是博物馆展览策划设计的核心环节。要学会博物馆展览内容策划,必须了解陈列大纲与展览文本的区别,必须熟悉展览内容策划的一般流程及其任务。这是学会博物馆展览内容策划的重要前提。

一、博物馆展览内容策划的重要性

博物馆是一个通过举办展览向观众传播科学文化知识的机构,因此,陈列展览是博物馆的一项十分重要的工作。只有推出既具有思想性、科学性、知识性,又具有艺术感染力的精品展览,博物馆才能在传播科学文化知识、丰富民众精神文化生活和促进文化交流方面真正发挥重要的作用。

自1998年国家文物局实施第一届"全国博物馆十大精品陈列"评选以来,全国博物馆积极举办陈列展览,努力创新展示教育的内容、形式和手段,并取得了长足的进步。首先是展览数量增长快,2009年文物系统博物馆举办陈列展览达9 204个,2012年以来,全国每年举办博物馆陈列展览约2万个;其次是陈列展览题材和内容更加丰富多彩,展览内容的学术和文化含量有了明显提高;第三是展示手段和表现形式日趋多样,舞美、声光电和新媒体等新技术、新工艺、新材料得到普遍应用,展览的科技含量和艺术感染力都有较大提高。第四是精品陈列展览开始增多。博物馆正日渐成为传播先进文化、普及科学知识、弘扬社会正气和塑造美好心灵的重要课堂。

但另一方面,我们必须清醒地认识到,除少量博物馆陈列展览外,我国大部分博物馆陈列展览依然面临吸引不了观众的尴尬境地。究其原因,还是因为我国博物馆陈列展览的总体水平依然不高,突出表现在:展览选题缺乏新意,似曾相识、千馆一面现象严重,多为文物陈列或学科教科书的翻版,与普通观众的关注点和兴趣不相契合,与观众的生活有较大距离,不能吸引广大观众的眼球,难以激发观众参观的欲望;展览内容解读和阐述过于理性,通俗性不足,学究气太浓,枯燥乏味,展示内容逻辑清晰度不强,平铺直叙,面面俱到,观众看不懂或看得很累;展览形式表现依然陈旧,理性有余,感性不足,多为图文版面加文物说明标签,互动性、趣味性、观赏性和参与性不足,视觉冲击力和艺术感染力不强,难以保持观众参观的欲望;过分追求展览的外在装饰华丽,过度追求声、光、电和新媒体等技术秀,忽视展览内容的思想性、知识性、教育性和科学性,为"秀"而秀。

造成我国博物馆展览总体水平普遍不高的一个关键原因在于:在博物馆陈列布展工程管理中普遍不重视展览文本的策划和撰写工作。

多数博物馆的展览文本仅仅是一个简单粗糙的展览文字大纲或展品清单,或是一个学术著作或教科书式的学术资料汇编。

更有一些博物馆连一个简单的展览文字大纲也没有,将原本应由当地博物馆研究人员或委托博物馆展览策划专家撰写的展览文本编写任务推给了从事展览形式设计和制作的专业布展公司,任由不擅长展览文本策划的专业布展公司自由发挥。

也有一些博物馆虽然委托博物馆展览文本策划专家撰写展览文本,但所提供的展览文本策划依据非常不充分,要么有关展览选题的学术资料不完整,要么展览选题所需的展品资料储备不足,要么给予博物馆文本策划专家展览文本策划的时间很少,在这种情况下,"巧妇难为无米之炊",展览文本策划专家也无能为力。

还有一些博物馆错误地把学术专家与展览文本策划专家混为一谈,把展览策划交给学术专家承担。学术专家固然熟悉本展览的学术问题,但他不一定懂得博物馆展览的表现规律和表现方法。正因为如此,他所做成的展览文本往往是一个学术体系而非展览体系。面对这样的文本,展览形式设计师往往无所适从。

总之,我国博物馆展览建设普遍不重视展览文本的策划和撰写工作。

博物馆建设的核心是展览,建筑是舞台,展览才是中心。只有展览建设成功了,方能说博物馆建设是成功的。博物馆展览的制作类似于电影的制作。在电影制作中,首先是剧本的策划和编写,然后导演和演员依据剧本进行二度创作和表现。显然,在电影制作中,剧本是第一位的因素,我们很难想象没有一个好的电影剧本,导演和演员怎能创造出一部优秀的电影来!同样,博物馆展览成功与否首先取决于展览文本的水准。只有首先具备一个好的展览文本,形式设计和制作师才能创造出一个优秀的博物馆展览。反之,面对一个简单粗糙的展览文本,即使是最优秀的展览形式设计和制作大师,也难以创造出一个有吸引力、感染力的展览。

日本滋贺县境内的琵琶湖博物馆,虽然建设至今已经 10 年了,但现在看来,其展览水平仍然堪称一流。在该博物馆展览建设过程中,该博物馆展览文本策划者不仅集中了一个高水平的展览内容策划团队,而且花了四五年时间,经过反复讨论、推敲和精雕细琢才最终形成展览文本。可见,好的展览文本是"磨"出来的,不是一蹴而就的。相比之下,我国有哪个博物馆能如此重视展览文本的策划。

我国博物馆普遍不重视展览文本的策划设计,还表现在不重视展览文本策划的投入上。在各地博物馆建设中,我们宁愿花上几个亿甚至十几个亿在建筑和展览制作上,但就是不愿在关键的展览内容策划上花钱。尽管较之国际上博物馆展览的形式设计取费,我国博物馆展览形式设计取费很低,一般在 4%—8%之间(国际上一般在 10%以上,高的甚至达 20%),但内容文本策划比形式设计取费还要低很多。这种现象显然是不合理、不正常的。因为展览形式设计往往是相通的,今天这种手段搬到这里,明天可以搬到那里,只是如何合理应用的问题。而每个博物馆的内容策划面对的主题和内容都是不同的,要阅读和消化大量与展览相关的展品形象资料和学术研究资料并创造性地策划展览内容文本,显然是一项需要花费大量复杂智力劳动的艰苦工作。展览成功的关键是展览内容的策划,如果不改变展览内容策划上投入不足的现象,要想提高我国博物馆展览的水平,显然是不可能的。

博物馆展览文本的策划是一项集成学术、文化、思想与技术的作业,是一项复杂的智力劳动。博物馆展览策划人才应该是通才,他们不仅要熟悉与展览主题和内容有关的各种专业知识,研究和思考学术和文化,同时也要懂得教育学、传播学、认知学、心理学和美学,要关注社会、现实、民生和观众。博物馆展览策划也是一项文化创意活动,要有开放的思想和意识,要有较高的博物馆学修养和人文涵养,要有生活常识和阅历,要有宽广的视野和丰富的文化想象力,善于把握观众的需求,善于从平凡、常见或普通的素材中发掘出令观众感兴趣的内容和话题,找到富有新意的切入点。博物馆展览策划也是一项技能作业。展览文本策划师不仅要熟悉博物馆展览信息传播的规律,还要懂得展览形式设计等"形而上"的知识,熟悉博物馆展览表述的基本方法和手段。

综上所述,展览文本是博物馆展览的基础,而要做好展览文本,必须重视展览文本的策划设计工作:一要做好展览文本策划设计的学术基础准备工作,二要选准擅长博物馆展览文本策划的专家,三要保障展览文本策划的时间,四要在展览文本策划上投入合理的资金。

二、陈列大纲不等于展览文本

在各地新馆建设或展览筹建的会议上,常常听到一些博物馆界同行用"陈列大纲"来称呼博物馆展览文本(展览内容设计方案)。其实,这是一种不正确的认识。将博物馆展览的陈列大纲等同于展览文本,并以此为展览蓝本让专业展览公司进行形式设计和制作布展,是我国博物馆展览筹建工程管理中存在的一个严重误区。

陈列大纲仅仅是展览内容的大纲或基本构架,即陈列的纲目,它不等于展览的内容脚本。常见的陈列大纲内容仅仅包括展览的主题(前言)、结构框架、基本内容及其主要陈列品等,类似于一本著作的篇章结构。常见的陈列大纲大致有两类——文字型和图表型。

1. 文字型

如"中国青铜器的铸造技术"陈列大纲①：

  主题思想（略）
  第一组 陶范法铸造技术
    1. 铜矿的开采
    2. 铸造青铜器的燃料和器材
    3. 商周采用陶范法铸造青铜器
    4. 春秋战国之际陶范铸造技术的新改进
  第二组 铸造青铜器的合金比例
    1. 商代青铜器的合金比例
    2. 商到战国兵器合金比例的变化
    3. 东周剑合金比例的变化
    4. 汉唐青铜器的合金比例
  第三组 青铜器铸造技术的新发展
    1. 不同硬度的青铜嵌铸兵器
    2. 铜铁合铸兵器

再如太湖博物馆展览大纲

  序厅 走进太湖
  第一单元 自然太湖：生命摇篮
    一、太湖是怎么形成的
    二、太湖流域及其水系
      苕溪水系、南河水系、洮滆水系、黄浦江水系、沿江水系、沿长江口、杭州湾水系
    三、太湖及其流域的自然条件
      地形、地貌、水、土壤、气候、水文
    四、太湖动植物资源
      自然栖息地、动物、植物
    五、太湖的生态系统
      太湖湿地生态系统

---

① 王宏钧：《中国博物馆学基础》，上海古籍出版社，1990年4月第1版，第270—271页。

太湖湿地生态系统演变

第二单元　人文太湖：文化之源

　　一、早期文明

　　　　三山文化、马家浜文化、崧泽文化、良渚文化

　　　　太湖文明对中华文明的贡献

　　二、吴越文化

　　三、稻作农业

　　四、渔业文化

　　五、丝绸文化

　　六、茶叶文化

　　七、居住文化

　　八、饮食文化

第三单元　功能太湖：当代太湖的功能价值

　　一、供给功能：提供人类各种必需品（生活和工农业用水、物产、矿物等）

　　二、支持功能：支持生命繁衍与地球生态系统水文与营养循环（生物基因库、净化水质）

　　三、调节功能：为环太湖地区社会发展提供重要的生态屏障（抵御洪水、调节气候等）

　　四、文化功能：人类社会的发展的精神支柱和文化源泉（旅游、科研等）

第四单元　危机太湖：遭受破坏的太湖及其面临的生态危机

　　一、水体污染加剧

　　二、生物资源过度利用

　　三、水资源过度利用

　　四、泥沙淤积

　　五、网围养殖

第五单元　和谐太湖：太湖的可持续利用

　　一、太湖保护立法

　　二、太湖保护机构

　　三、太湖综合保护

　　四、生态修复举措及成效

五、社会各界参与太湖保护
　　　六、太湖可持续利用发展模式
　尾厅　太湖的明天更美好
　　　未来太湖可持续发展的美丽画卷

2. 图表型

如美国博物馆界通行的陈列大纲，见下表。

表1　美国博物馆界通行的陈列大纲编写格式（摘译）

主　　题	展　品	展览方法
Ⅰ 自然环境		
1. 地理位置 生态环境：北方的森林，沙漠，草原等 城镇区域规模 自然特征：平坦的，多丘陵的，多山的；一个地区和邻近地区自然形成的山路	地图，照片，空中摄影，地形图	展板
2. 气候 每年的降雨和/或降雪量 季节变化的长度		
3. 土壤 种类和特质 与植被的关系和对农业的影响（例如平原和大草原——相对容易清理；多石土壤——难以耕作；森林——必须砍去树木）		
4. 植物	经干燥后的植物，经压制的花标本，排列 从书、照片、水彩画中用雕版复制成的图画、图案	展板，小型浅进深的展柜
	幻灯片	自动幻灯放映机（旋转式传送带或小型的）

(续　表)

主　　题	展　品	展览方法
5. 动物 (哺乳类动物,鱼类,两栖动物,爬行动物,鸟类)	照片,图样,图画,缩小的模型,固定好的标本	展板,缩微景观箱,中心展台,落地展柜,带有展板的台座
6. 矿物	矿物标本,旧矿的照片,矿的内部的照片	带有小套箱的展板,浅进深的挂墙柜,中心展柜
II 史前的和早期历史上的居民		
1. 当地美国文化		
食物:怎样获得,准备,贮藏 庇护处:需要,怎样建造以及用什么材料建造,受生活方式的影响(游牧部落的,半游牧部落的,定居的)	经干燥的谷物,豆类,照片,图样,按比例制成的模型 照片,图样,房屋类型的模型,按实物大小的(美洲印第安人的)兽皮或树皮帐篷,(印第安人的)椭圆形茅棚,(美洲易洛魁人和其他印第安部落的)议事厅等	浅进深的展柜,展板 展板,内部地面空间或户外空地上建立实物大小的房屋
衣服:怎样制作以及用什么材料制作	纤维裙,衬衫,毛皮裙,衬衫(皮或坚牢之布制成的)护胫,(北美印第安人所穿的)鹿皮鞋,草鞋,帽子	展柜,立地的和靠墙的(在防护栏后面),服饰模特
工具和武器	石箭,梭镖喷射器和梭镖,弓和箭,刀,枪,石刮器,金属刮器,大木槌,锥子,篮子,陶器,生皮革制品,木盒,兽皮贮藏箱,树皮贮藏箱,小袋	展柜
2. 美国原始遗址 土堆,宿营地,村庄遗址石刻和绘画	地图,照片,能置于桌面的缩小的模型,拓印(原始人石刻)	展板和展柜
III 探究		
1. 探究的意图	标题标签	展板或墙

(续　表)

主　题	展　品	展览方法
2. 由谁在年内什么时候进行(年跨度,季节),军队,为获取动物的皮毛而设陷阱诱捕野兽的人,商人	照片,图样,绘画,钢雕版印成的图画、图案,用蚀刻板印成的图画	展板
3. 困难：气候,人的个性,设备故障	标签	展板或嵌入式展柜
4. 所遵循的路线：天然屏障,遭遇美国当地人,其他欧洲人	平面地图,地形图(立体地图)	展柜或墙上展板,中心立座
5. 交通工具：脚,骑马,驮兽,四轮运货马(牛)车,船	用来驮物的动物(用于运输供给物),驮鞍,鞍囊,皮划艇,树皮船,木船,雪橇	展柜或在捕获的动物背上,地面空间(用于台座)
6. 设备的类型	枪,角制火药桶,刀,指南针,六分仪(用以测量太阳等之高度以决定船的位置等的仪器)日志,地图,衣服	展板和展柜(标签可以从日志中取得),模特儿
IV 第一批欧洲-美洲的殖民者		
1. 他们是谁：他们从哪里来,为什么? 特征和构成 出生时的国籍和父母亲的国籍(由此带到这个地区的传统) 比他们早一点来到的殖民者的家；从旧家到新家所循的路线； 引领他们来到的动机； 殖民者居住旧家到新家的行为相比较； 早期殖民者的特征； 不同民族集团之间的关系(种族间的和民族间的)(例如,印第安人/白种人,黑人/白人,东方人(尤指中国人和日本人)/白种人,法国人/英国人/荷兰人,等等)	照片,显示进入这一地区路线的地图；最早移民者带来的个人信息	展板,展柜

（续　表）

主　题	展　品	展览方法
2. 把这个地方弄得像家一样的条件 印第安人：当殖民时已离开或仍留在当地 开始：在殖民早期印第安人和白种人的关系 土地：沙漠，平原，大草原，多树木的森林 运输：困难或相对容易 收入来源：直接的或有待发展的 市场：附近或很远；货品运输方式	照片，日记	复制和放大日记的一部分制成展板
3. 杰出的开拓者的人物传记小品 创立者 他们主要的支持者和顾问		

资料来源：Arminta Neal, *Exhibits for the Small Museum*. 朱鸢摘译。

须知，陈列大纲只是大纲，拿这样的陈列大纲做展览形式设计和制作布展的蓝本，严重缺乏可操作性。即便是美国博物馆通行的陈列大纲，也依然缺乏可操作性，需要进一步深化发展为可供展览形式设计和实施的详细的展览内容文本。

但是，各地博物馆在筹建展览时，不论是地方史展览、自然史展览，还是人物和事件类展览，作为展览形式设计和制作布展依据的蓝本，普遍都是这样简单的陈列纲目——文字说明加陈列品清单罗列。显然，让形式设计师以这样的陈列大纲为蓝本进行展览形式设计和制作，会令他们感到很困惑，这就好比是让导演和演员拿着一本小说提纲来拍戏，也就很难期待他们能设计和制作出优秀的展览来。

多年来，我国博物馆展览水平之所以普遍不高，或者说比较普通和平庸，一个关键的因素是把陈列大纲误认为展览内容文本，以为这样的陈列大纲就可以支撑展览的形式设计和制作，没有进一步将陈列大纲深化设计为具体的展览内容脚本。忽视展览内容文本的策划是制约我国博物馆展览水平提高的一个瓶颈。

展览内容文本，特别是叙事型主题展览的内容文本，作为展览形式设计和制作的蓝本,应该是一个详细的展览内容脚本。它至少要包括:展览的前言、序厅的规划、展览主题的提炼、展览内容的三级主题结构(故事线)、各部分和单元的传播目的设定、各部分(单元、组合、小组)及展品展项的说明文字设计、各部分或单元的重点和亮点提示、展品组合说明、辅助展品的设计要求及其创作依据等。

总之,展览内容文本作为展览形式设计和制作的蓝本,一定要操作性强,便于形式设计和制作布展,不能仅仅是一个简单的文字说明加陈列品清单罗列,而应该类似于电影的文学剧本、导演剧本和分镜头剧本。虽然在我国各地博物馆展览筹建中,展览内容脚本的策划和设计往往被忽视,但它却是一个展览成败的关键,因此,值得展览建设方高度重视。

三、博物馆展览文本策划的流程

如果将博物馆展览设计、布展工作与电影制作进行比较的话,那么,博物馆的展厅就像是表演的舞台,展览文本就如电影的剧本,形式设计和布展就好比是导演,展品就如同演员。在电影制作中,电影剧本的重要作用是不言而喻的;同样,在博物馆展览布展工作中,展览内容文本的作用也是举足轻重的。

按照博物馆展览的设计和制作流程,首先由展览内容策划师创作展览内容文本,再由专业形式设计师根据展览内容文本进行二度创作。展览内容文本是博物馆展览形式设计的前提和依据。展览成功与否首先取决于展览内容文本的水准。只有首先具备一个好的展览内容文本,形式设计和制作师才有可能制造出一个优秀的博物馆展览。

所谓展览内容策划,是指策展团队遵循博物馆展览的表现规律和方法,依据博物馆展品形象资料和学术研究成果所进行的研究、策划展览内容文本的过程。博物馆展览内容文本策划是一项集学术、文化、思想、创意和技术于一体的作业。只有具有思想知识内涵、文化学术概念并符合当代人审美情趣的展览策划,才是成功的博物馆展览策划。

以往,我国博物馆界往往不重视展览文本策划的重要性。近年来,在各地举办博物馆展览的实践中,博物馆界有识之士愈来愈认识到展览文本的重要性。

怎样做好博物馆展览文本的策划？博物馆展览文本策划有其内在的规律。结合近年来从事博物馆展览文本策划的经验和思考，以叙事类历史展览文本策划为例，笔者认为，一般来说，其策划作业的基本流程为：

展览选题研究→实物展品研究→含化学术资料→确立展览传播目的→提炼展览的总主题→确定展览的基本内容→规划展览的基本结构→安排展览的结构层次→凝练展览的分主题→研究展览每部分或单元内容的重点和亮点→选择和安排展览的素材→研究展品组合和组团→编写展览的文字大纲→提示展览的表述方式→"说戏"即与形式设计师对话（如下图所示）。

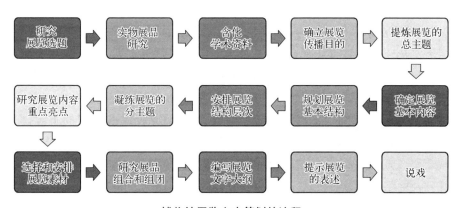

博物馆展览文本策划的流程

其他叙事型展览，例如人物类展览、科技类展览、自然历史类展览等，其展览文本策划作业的流程也基本如此。

第二节 展览选题及其学术支撑体系研究

所有的展览都由选题而来，策划一个博物馆展览，首先要对展览选题进行思考和评估，确定该选题对观众是否有意义；其次要思考是否有足够的学术支撑——展品形象资料以及学术研究资料。

一、研究展览选题

选题研究是指根据本地或本行业历史文化的特点或优势,以观众需求调查为前提,拟定出最能反映本地或本行业历史文化特点、最受观众欢迎的展览选题。成功的展览选题往往是有新意和创意并符合观众兴趣的选题。

好的选题是博物馆展览成功的关键因素。为了形成一个好的选题,在筹备一个展览前,博物馆必须对展览选题进行认真的评估。展览选题评估主要包括两个方面,一是观众需求研究,二是展览资源研究。

首先是对观众需求进行调查。展览好比是提供给观众的"产品","产品"要让观众感兴趣,就必须根据观众的需求来思考展览的选题和内容,弄清展览选题是否对观众有意义,是否与他们的生活有关系,开展观众研究,能够帮助博物馆了解观众及其参观模式,从而有的放矢地策划举办观众喜欢的展览。观众调查包括两个方面,一是目标观众的了解,即哪些观众会对本展览感兴趣?他们的背景和特征如何?二是观众需求和态度的了解,即他们的参观动机、兴趣和预期是什么?这需要进行统计数据支撑。一般的观众调查方法主要有:发放问卷调查、重点关注人群调查(学生和家庭等)、邮件及网络调查、观众留言簿调查。观众调查的结果还将告诉博物馆该如何选择展览选题,如何策划设计展览。

其次是展览资源研究。展览资源研究主要包括如下内容:博物馆是否有足够的材料或收藏做展览?是否有扎实的学术研究成果做展览的学术支撑?是否有足够的资金做展览?是否有合适的可利用的空间?展览从策划到实施是否有充分的时间保障?谁胜任展览的学术顾问?谁胜任本展览的内容策划?谁胜任展览的形式设计?

选题研究是博物馆展览策划设计的第一步,也是关键的一步。只有认真做好上述两个方面的研究评估,方能确定一个可能成功的展览选题。

二、研究展品形象资料

展品形象资料是博物馆展览的主要展示媒介,是博物馆展览的"主角"。博物馆展览的观点和思想、知识和信息的传播主要依靠展品形象资料来进行,要靠展品形象资料"说话",通过展品形象资料揭示事物的本质,体现展览的主题思想。展品形象资料的质量直接影响到展览传播的质量。

展品形象资料一般包括文物标本、户外文物史迹、图片声像资料、档案资料等,它们是展览文本策划的重要物质基础。研究展品形象资料是博物馆展览策划的重要基础工作。

展品形象资料研究的主要任务是：对展品形象资料进行系统梳理和研究,弄清每件展品形象资料的名称、时代、使用背景和文化意义等。再根据展览传播的目的,以及展览主题和内容表现的需要,从大量的展品形象资料中选出那些最能揭示主题、最具典型性、最有外在表现力的实物做展品。

不同的展览对展品有不同的选择,在以审美为导向的艺术品展览中,欣赏实物展品的美是观众的主要参观动机。为此,我们主要从艺术性的角度考察这件展品的展示价值,要选择那些精致、美观的实物做展品,以满足观众审美的需求。

但在叙事型主题展览中,展品作为一种信息传播媒介,它是围绕主题和故事线展开的。因此,我们主要从历史和自然信息载体的角度考察这件展品的展示价值,考察其与展览主题、传播目的的关联性,在展览传播目的中所扮演的角色和作用。只要这件展品与展览要表现的主题和内容、观点和思想、知识和信息、人和事有密切关系,能够很好地表达展览的主题和内容,那它就可能被作为展品纳入展览之中,而不管其造型是否精美,甚至是一些很不起眼但很能说明问题的展品。反之,即便这件展品造型很美,具有很高的审美价值,但与展览表达的主题和内容无关,那它也不可能被作为展品纳入展览之中。合理巧妙地选择、利用展品形象资料,往往能够起到事半功倍的作用。

三、含化学术研究资料

学术研究资料是博物馆展览的另一个重要学术支撑。它包括各种与展览主题有关的学说理论、专业研究成果、历史文献和档案资料,以及其他故事情节材料。特别对叙事型博物馆展览来说,它显得更加重要,因为在叙事型展览的叙事过程中,仅靠实物展品是远远不够的。

一方面,我们需要依靠学术资料来提炼、揭示和深化展览的主题,构建展览的主题内容框架,提出展览的基本概念、观点、思想,谋划展览要表达的内容等。例如博物馆的前言和结语、各部分或单元的说明文字、展品展项的说明文字的编写都是基于展览学术研究成果编写的。显然,如果没有扎实的学术研究做基础,博物馆展览提出的主题、内容、概念、观点、思想就会成为无本之木,博物馆的各级文字说明的编写就成为无源之水。

另一方面,博物馆需要依靠学术资料创作辅助展品。博物馆收藏的实物展品往往有其局限性,要么与展览主题和内容相关的实物展品严重缺少,要么现有的实物展品外在表现力不强,不能充分地揭示展览的主题或表达展览的内容。如此,仅靠实物展品难以承担叙事型主题展览故事叙述的责任,难以表现历史或自然的现象,难以再现历史的过程、自然的变化和技术的发展等。这就需要借助艺术的或科学的辅助展品,例如图表、沙盘、模型、雕塑、绘画、场景、动画、信息装置等。

而博物馆辅助展品的创作不同于普通的艺术创作,必须要有充分的学术支撑,是有依据的还原和重构。博物馆展览中所有辅助展品的创作都是建立在学术研究基础之上的。例如某地一个古生态环境的还原,它必须建立在对出土动物骨骼、植物孢粉、古地理和古地质状况学术研究的基础之上。

在叙事型主题展览中,只有通过实物展品和辅助展品的相互配合和补允,才能构建一个较完整的故事叙述系统,较为准确、完整、生动地讲述一段历史、一个事件、一个人物,或表现一种自然现象、一个科学原理。

因此,在博物馆展览内容策划设计中,必须对与展览主题有关的学术资料进行全面、系统和深入的分析和研究,从而为展览主题的提炼、展览概念和观点的提出、展览说明文字的编写、辅助展品的创作等奠定扎实的学术基础。

所谓"含化学术研究资料",是指展览策划者必须认真阅读与展览主题有关的全部学术资料,并进行深入的分析研究,在此基础上真正把握和理解学术资料的意义和精髓。

例如,在策划深圳博物馆改革开放史展览时,我们发现每个阶段都有"国有企业改革"的问题。如果笼统地讲企业改革,观众不仅可能会有雷同的感觉,而且根本体会不到各个阶段企业改革的特点和发展变化的轨迹。为此,我们阅读了几十本相关著作并请教了相关专家,最终弄清楚各个阶段企业改革的特点及其发展变化的轨迹:

第一阶段企业改革的特点是"放权",即企业有权根据市场的需求生产产品,而不是像以前那样只能根据上级部门分配的生产计划生产。

第二阶段企业改革的特点是"承包制",即企业负责人承包企业,根据承包业绩获得奖金,比如企业负责人销售额达到2 000万,可获得5%的奖金。这固然提高了企业负责人的积极性,但由于制度设计存在的问题,结果造成企业消费资金不断增加(一度出现工厂大量发各种福利)而发展资金严重不足,企业发展原地踏步。

第三阶段企业改革的特点是"股份制",即为了改变承包制的弊端,让企业主要经营者及其成员持有股份,如此不仅调动了企业经营者的积极性,而且还促进了企业的可持续发展。

第四阶段企业改革的特点是"现代企业制度",即实行比股份制更先进的现代企业制度。

可见,只有吃透了上述内容,我们才能准确地展示深圳各个阶段"国有企业改革"的特点和发展变化轨迹。并且,为了让观众清楚地领会这种特点和发展变化轨迹,各个阶段"国有企业改革"的展览标题不再是笼统的"国有企业改革",而是以"放权""承包制""股份制"和"现代企业制度"等直接点题。

第三节 展览传播目的研究

> 展览传播目的是博物馆展览策划设计的第一要务,是博物馆展览策划、设计和表现的出发点和归宿。只有准确设立博物馆展览传播目的,并按展览传播目的来组织和规划展览,博物馆展览才可能成功;否则,博物馆展览内容的组织和表现将会无的放矢,不可能达到展览传播的应有效应。

一、"传播目的"是展览内容策划的第一要务

博物馆展览是一种观点、思想、知识和信息的传播。所谓展览"传播目的",是指展览的宗旨,或展览教育或传播要达到的目的,它们或是教育的,或是政治的,或是宣传的,或是文化的,或是商业的等。总之,任何展览都首先必须明确自己的传播目的,即展览想告诉观众什么。影响观众

什么。

展览传播的目的是展览的灵魂,是贯穿于展览建设始终的基本指导思想,是博物馆展览策划、设计和表现的出发点和归宿,它贯穿于展览策划设计和表现的全过程。传播目的不仅是展览内容策划的指导原则,而且也是展览形式表现的指导原则,展览内容的选择、取舍、编排以及展览结构的安排都必须服从和服务于展览的传播目的,展览形式表现手段的选择、辅助展品的创作、展品的组合、信息的组团、展项的系统组织等也都必须服从和服务于展览的传播目的。

展览传播目的不仅是博物馆为展览设定的目标和方向,也是判断展览成效的依据。"当判断展览策划的质量时,我们会考察它的传播目的的设定是否中肯准确;当判断设计方案时,我们会考察它是否忠实地表达了传播目的;当开展展览评估时,我们会考察展览是否有效地实现了传播目的。可以说,有了传播目的,我们的各项工作就有了统一的目标和标准。从受众的角度看,由于具有明确的传播目的,展览所欲传播的信息将以一种清晰与自觉的方式组织起来,展览的各项目也以一种有序的方式得到整合,从而大大增加观众对展览的理解。同时,通过比较展览的传播目的与观众实际获得的印象和信息,我们就能对观众的实际受益情况,对展览的传播效应,形成中肯的判断。"[①]

在当前各地博物馆展览策划设计实践中,大部分展览传播目的意识不强、传播目的不明确,这是直接影响我国博物馆展览传播效应和质量的关键因素。之所以有些展览许多观众看完后不知所云,根本的原因就在于,在展览内容策划、形式表现中,策展人和形式设计师没有意识到展览传播目的的重要性,没有认真地研究展览的传播目的,因而没有准确地设定传播目的,或没有按照传播目的来系统组织、规划和设计展览,从而使展览内容的策划组织或形式表现缺乏明确的传播导向,沦为各种展览内容和要素的无目的拼凑和混合,沦为各种艺术形式的无目的作秀,最后必然造成观众看完展览后不知所云的尴尬局面。

例如,2010年世博会中国国家主题馆就是一个传播目的不清的典型案例。2010年世博会中国国家主题馆展览的主题是"城市发展中的中华智

---

① 严建强:《"传播目的":博物馆展览的一个核心概念》,《中国文物报》2011年6月29日第6版。

慧"。按理,国家主题馆的传播目的是:宣传和展示中国城市发展进程中(包括创造、选址、规划、建设和管理等)那些对世界城市发展具有普世价值的东西。

但遗憾的是,由于展览策划者没有准确地设定和把握国家主题馆展览的传播目的,也没有按照国家主题馆展览主题("城市发展中的中华智慧")规定的传播目的来系统组织、规划展览内容,从而使展览内容的组织缺乏明确的传播导向,沦为各种中国文化内容和元素的无目的拼凑和大杂烩。最后造成观众看完展览后不知所云的尴尬局面——根本感觉不到中国城市发展中有什么中华智慧,大部分观众只记住了《清明上河图》这一多媒体秀。

2010年世博会中国国家主题馆展示内容框架如下:

一、自强不息:动与静/物质形式、文化观念
 1. 解题
 2. 个案举例
城的形态:土木与营造法式
　　个案1　秦砖汉瓦与斗拱木柱
　　个案2　西安的城市区划和功能构成
城市律动:晨钟暮鼓与日中为市
　　个案3　北京钟鼓楼——上海海关钟楼
　　个案4　世界最早的商业印刷广告——儒商——老字号
　　个案5　货币、票号与现代金融体系
城市动脉:从桥驿、运河到星空
　　个案6　赵州桥——长江大桥——东海大桥
　　个案7　云南茶马古道——川藏公路——青藏铁路
　　个案8　大运河与沿岸城市的兴衰
　　个案9　"嫦娥奔月"与天际漫游
城市族群:个体与家园
　　个案10　百家姓、家谱与家园
　　个案11　节庆中的亲情
文化基因:汉字与汉语
　　个案12　汉字的演变:从兽骨到光电
　　个案13　汉语的发展:方言和普通话、白话和文言文

生生不息：城市的再生与新生
    个案 14　开封的七层考古遗址
    个案 15　从新唐山到未来的汶川

二、师法自然：心与物/物质形态、文化形态
  1. 解题
  2. 个案举例

风之清浊：引风、避风和听风
    个案 1　引风向阳：古都洛阳
    个案 2　呼风唤雨：跨河穿堂
    个案 3　避风聚气：四合院
    个案 4　听风：松涛竹吟　凤尾森森

光之明暗：采光、遮阴和弄影
    个案 5　采光：江南民居之天井
    个案 6　遮阴：喀什古城
    个案 7　弄影：米友仁《潇湘烟雨图》
    个案 8　弄影：人间仙境——三潭印月

水之刚柔：驭水与亲水
    个案 9　驭水：坎儿井　都江堰　收集天然雨水的北海公园团城
    个案 10　亲水 1：水乡乌镇　云南丽江
    个案 11　亲水 2：苏州沧浪亭　曲水流觞

地之师法：师地与法地
    个案 12　师地：虎踞龙盘建康城
    个案 13　法地：北京故宫中"化家为国"的基本规划模式

神之意蕴：外仰之神和内悟之灵
    个案 14　万众敬仰：西藏布达拉宫
    个案 15　千神云集：甘肃天水麦积山
    个案 16　九天阊阖：北京天坛
    个案 17　冥想神思：写意盆景和诗情园林
    个案 18　梅、兰、竹、菊和玉石的人格化
    个案 19　五禽太极和世界最早的气功体操团

三、和而不同：己与群/物质形态、文化观念
  1. 解题

2. 个案举例

物之精华：衣食器物

  个案1　满汉全席

  个案2　绚丽华服

  个案3　明清家具

  个案4　中华瑰宝：中药

公共空间：从街坊到广播

  个案5　中国的城市公共空间：胡同、弄堂与石库门

  个案6　公园、广场与广场文化

节庆风俗：社交与娱乐

  个案7　逛庙会

  个案8　闹元宵

寺观神坛：多元信仰的和平共处

  个案9　城隍庙

  个案10　青龙洞与青岩镇

城乡的和谐发展：城中村与村中城

  个案11　城中村的改造

  个案12　新农村与农家乐

和之以礼：长幼有序，行必有礼

  个案13　中国传统敬老制度

  个案14　中国礼仪

四、厚德载物：取与予/物质形态、文化观念

 1. 解题

 2. 个案举例

日用生活：丝绸织就的物质文明

  个案1　丝绸—时装

  个案2　茶叶—咖啡

  个案3　瓷器—玻璃

  个案4　葡萄酒—白酒

  个案5　马铃薯—超级水稻

科技与文化：文明的交融和进步

  个案6　算盘—电子计算机

    个案 7 印刷术的输出与输入
    个案 8 私塾—近代学校—孔子学院
  宗教与艺术：心灵与情感的交汇
    个案 9 玄奘取经—遣唐使—鉴真东渡
    个案 10 利玛窦与传教士来华
    个案 11 欧洲珍奇和中国风
  和谐世界：全球化进程中的中国
    个案 12 外国人社区
    个案 13 创意家园
    个案 14 地球村落
  结语

  可见，确立准确的博物馆展览传播目的是博物馆展览策划设计的第一要务。在展览内容策划阶段，我们首先必须研究和准确设立博物馆展览的传播目的；同样，在形式设计阶段，设计师首先必须深入和充分理解展览的传播目的，然后通过视觉形象语言将展览的传播目的表达出来。一个优秀的展览，必定是一个有着明确传播目的的展览，反之，没有明确传播目的的展览必定是一个不成功的展览。

二、展览总传播目的的设定

  展览内容策划，首先要明确展览总的传播目的，例如台湾世界宗教博物馆展览设定的传播目的——"宣扬宗教的真善美以及对爱与和平的祝愿"。展览总传播目的是展览传播的总目标，其定位准确与否，会从根本上影响展览传播的方向和效益，因此，展览总传播目的的准确定位十分重要。以下举例说明。

  （一）中国湿地博物馆展览传播目的

  现代博物馆展览不仅是观点和思想、知识和信息的传播，也是与观众感觉、情感的交流，因此，除了认知传播目的外，还包括情感与体验。

  2008 年建设的杭州中国湿地博物馆是一座以湿地为主题，集展示、宣传、教育和收藏、研究为一体的国家级专题博物馆。通过湿地科学知识、世界湿地及其保护行动、中国湿地资源状况和价值、中国湿地与我国生态安全及经济社会可持续发展关系、中国政府为保护和可持续利用湿地所做的努力及取得的成就,以及首个国家湿地公园——西溪国家湿地公园等的展示,旨在向观众普及湿地知识,宣传湿地保护的重大意义,以及人与自然和谐发展的科学发展观,增强观众的生态保护意识,促进我国经济、社会、文化和环境的和谐发展。该馆主要发挥如下功能:

● 向社会大众普及和传播湿地科学知识,弘扬湿地文化,帮助社会大众了解和认识湿地,增强大众对湿地保护重要性的认识,引导他们自觉地去爱惜和维护宝贵的湿地资源;

● 宣传、引导、培养和增强人们"人与自然和谐发展"的科学发展观,增强观众的环境保护意识;

● 促进杭州城市文化建设,提升杭州城市的文化品位,丰富人民群众的精神文化和休闲娱乐生活;

● 增强杭州国际旅游城市的魅力,进一步推动杭州城市旅游经济发展和繁荣。

根据上述功能定位,可确定中国湿地博物馆的传播目的如下:

认知目标

● 让观众学习湿地科学和人文历史知识。

● 让观众了解人类与湿地的密切关系。

● 让观众意识到湿地生态系统的重要性。

● 让观众认识到经济发展和湿地保护之间的平衡关系。

情感目标

● 激发观众的好奇心和求知欲。

● 使观众产生对湿地的珍爱之情。

● 唤起观众对湿地保护与发展的责任感。

体验目标

● 鼓励观众参与湿地互动体验活动。

● 让观众在湿地保护和决策中实现角色转换。

基于上述传播目的,在展览策划设计中有意识地安排了一系列激发观众情感和增强观众体验的项目,例如情景再现、互动体验、角色扮演等。情感和体验传播目的的设定,对丰富博物馆观众的参观和学习体验具有十分重要的意义。

(二) 上海科技馆彩虹儿童科技天地传播目的

2009年，我们配合美国盖勒格展示设计公司（Gallagher & Associates）策划设计了上海科技馆彩虹儿童科技天地展览项目。

本展览目标观众定位为3—6岁的学前儿童。我们确定本展览确立的教育理念是"感知，探索，合作，欢乐"，旨在通过提供儿童精神上、情感上、行为上的参与性展示项目，激发和提高儿童对自然现象的好奇心，培养他们的探索兴趣，从而启发儿童在感官、情感、艺术和社会化等方面的潜能。

根据瑞士心理学家皮亚杰的理论，儿童对客观世界的认识是以活动，特别是探究式的活动为中介的。美国著名的幼儿教育专家英格丽·查鲁福和凯伦·沃斯在她们的"小小科学家"系列丛书中认为，早期幼儿主动的科学探究活动对幼儿认知世界能力的提高有极大帮助。幼儿对自然界的好奇心和与生俱来的求知欲是科学教育的基础。对自然的探究，无论对3岁或6岁的幼儿来说，都是一个科学探究的过程，尽管这可能是一个杂乱无序的过程，但它启动了幼儿与自然现象的直接互动。这种开放式的探究活动为探索者或调查者提供了体验自然的机会，对自然现象发出惊叹，提出疑问并渐渐理解。当他们主动探究自然，对自然现象进行好奇发问时，如假定、推理、预测、估计等，科学素养之核心逻辑推理技能就能得到锻炼；当他们表达自己的观察发现，参加讨论，和讲述自己的经验时，他们的重要的语言和读写技能就得到锻炼；当他们算数、测量、分类和比较自然中的动植物时，他们的基本数学技能就得到锻炼。

我们认为，顺应孩子的好奇心，鼓励孩子去思考和探索，儿童的科学精神和科学思想就会萌发。

根据以上幼儿心理学和教育学理论，3—6岁儿童五大发展领域为：（1）逻辑推理；（2）好奇心；（3）社会化；（4）数学运算；（5）读写和语言能力。

综上所述，我们设定儿童科技天地展览的传播目标（教育目标）如下：

认知目标
- 学会如何就认知的事物发问
- 锻炼推理和判断思维
- 理解事物的因果关系
- 提高数学计算能力

- 提高读写能力
- 提高父母对孩子学前教育进程的理解

情感 & 行为目标
- 增强好奇心
- 增强个人成就和自我表达的满足感和愉悦感
- 增强自我赋予/培养能力，提高技能
- 增强亲子互动
- 提升感官能动
- 提升与他人的友好合作互动

体能发展目标
- 运动技能
- 身体协调
- 视觉机能

本展览以儿童发展五大领域以及上述教育目标构筑观众体验的基石，针对他们特有的心理、行为特点和教育方式，策划并设计符合儿童身体和心理特征的展示。在设计具体的展项时，力求明确每个展项的主要学习目标，侧重该年龄段儿童特定技能的锻炼，从而最大程度上保证教育目标的实现。

围绕上述传播目的，规划如下展示内容：

  1.00 创意花园
    1.01.00 彩虹科技乐园入口
    1.01.01 入口体验
    1.01.02 注册站

    1.02.00 创意花园通道
    1.02.01 空气的力量
    1.02.02 三维印象
    1.02.03 磁毛球
    1.02.04 纸花飞舞
    1.02.05 浸入式万花筒
    1.02.06 巨型泡泡墙

    1.03.00 用声音创造
    1.03.01 小小指挥家

1.03.02　八音盒

　　1.04.00　用图像创造

　　1.04.01　神奇的圆点

　　1.04.02　能画画的镜子

　　1.04.03　光线涂鸦

　　1.04.04　神奇的刷子

　　1.05.00　用身体创造

　　1.05.01　镜子迷宫

　　1.06.00　小小演播室

　　1.06.01　小小演播室

2.00　美丽的光与色

　　2.01.00　光屋子

　　2.01.01　发光球

　　2.01.02　七彩水母

　　2.01.03　看透自己

　　2.01.04　美妙的发光墙

　　2.01.05　闪亮的互动墙

　　2.01.06　闪耀的小熊

　　2.01.07　荧光棒拼图

　　2.02.00　光塔东翼——光的性质

　　2.02.01　彩色的木偶影子

　　2.02.02　制造七色光

　　2.02.03　热冷管

　　2.02.04　红外眼镜

　　2.02.05　光动风车（克鲁克斯辐射计）

　　2.03.00　西翼的视觉——视觉 & 感觉

　　2.03.01　卡通的奥妙

　　2.03.02　百丈深渊

　　2.03.03　滴水奇观帘

　　2.03.04　隐藏的图案

2.04.00 庭院——起因和作用
2.04.01 发光珠帘
2.04.02 彩色旋转木马
2.04.03 激光触摸板
2.04.04 全息图像
2.04.05 色块
2.04.06 盒子里面的图像

3.00 绚丽的大自然
3.01.00 发现精彩的足迹
3.01.01 次要入口介绍
3.01.02 动物眼中的世界
3.01.03 看脚印识动物
3.01.04 伪装——找找我在哪
3.01.05 动物的声音
3.01.06 匹配动物

3.02.00 在草地发现精彩
3.02.01 踩地鼠
3.02.02 兔子的家
3.02.03 随你行动
3.02.04 草的根系
3.02.05 奇妙的向日葵/花儿时钟
3.02.06 神奇的阳光
3.02.07 趣味花朵
3.02.08 寻找萤火虫
3.02.09 拔萝卜
3.02.10 现场鸡蛋孵化

3.03.00 在森林里发现精彩
3.03.01 树屋绳网
3.03.02 大树潜望镜
3.03.03 树桩板凳
3.03.04 不倒蛋

3.03.05 季节树

3.04.00 在溪流中发现精彩

3.04.01 发光的植物

3.04.02 放大的微生物

3.04.03 水流

3.04.04 独木桥

3.04.05 小乌龟

3.04.06 轻轻地抚摸

3.05.00 彩虹喷泉

3.05.01 LED珠帘

3.05.02 交互式光纤喷泉

3.05.03 不可思议的春天

4.00 彩虹之家

4.01.00 管道翻斗乐

4.01.01 管道

4.01.02 通风管

4.01.03 电子系统

4.02.00 搭建彩虹屋

4.02.01 供应和卡车运输区

4.02.02 起重机传动机装载区

4.02.03 框架安装区

4.02.04 墙壁安装区

4.03.00 建设彩虹街

4.03.01 管道墙

4.03.02 建筑物横断面

4.03.03 螺帽、螺栓 & 螺丝

4.04.00 搭建自己的建筑

4.04.01 自己动手——建筑块

4.04.02 自己动手——建筑板区

4.04.03 自己动手——稳定的结构

4.04.04 自己动手——卡片房子
4.04.05 自己动手——磁性建筑
4.04.06 自己动手——磁性外表

(三) 深圳博物馆"深圳改革开放史展览"传播目的

再以 2001—2003 年我们策划的深圳博物馆"深圳改革开放史展览"为例，通过对深圳改革开放史的研究，我们认为，深圳的改革开放是在我国改革开放的大背景下进行并展开的，深圳是中国改革开放的"试验场和窗口"，是我国改革开放以来实现历史性巨变和取得伟大成就的一个精彩缩影和生动反映，而且她的成功实践对全国的改革开放和中国特色的社会主义建设提供了重要的启迪和借鉴作用，并对全国各地产生过重要影响和辐射作用。

因此，我们确定本展览的宗旨——以中国改革开放为大背景，以"深圳这样一个贫瘠落后的边陲小镇一跃成为一座美丽的现代化城市，综合实力位居国内大城市前列，其伟大成就举世瞩目，被称为'中国奇迹'"为切入点，回溯深圳的改革开放历程，准确、真实、直观地展示深圳20多年以来改革开放所取得的伟大成就、重要影响和历史贡献。

根据这一宗旨，我们最后确定该展览的传播目的——深圳改革开放的伟大成就是什么？深圳奇迹是如何创造的？深圳历史性巨变靠的是什么？其大胆实践和成功经验对中国社会产生了怎样的巨大影响？借此，从一个典型侧面表现改革开放以来我国实现的历史性巨变和取得的伟大成就，向观众宣传中国的改革开放政策和社会主义现代化建设成就，对观众进行社会主义和爱国主义教育，并激励今人和后人在新的世纪里再创辉煌。

为实现这一传播目的，在展览内容策划上，我们重点突出了深圳经济特区的作用和成就，突出了深圳在我国改革开放进程中的历史地位和历史贡献，即：深圳经济特区在我国由过去计划经济向社会主义市场经济转变的历史进程中发挥了怎样的试验场作用？在我国实行对外开放的历史进程中发挥了怎样的窗口和基地作用？在我国各地共同发展的历史进程中发挥了怎样的示范、辐射和带动作用？在完成祖国统一大业的历史进程中对香港、澳门的顺利回归并保持繁荣稳定发挥了怎样的促进作用？

(四) 四川乐山大佛展览传播目的

2006年,我们曾受四川省乐山市委托,策划乐山大佛展览的陈列大纲。根据我们对乐山大佛历史文化内涵以及观众参观心理的分析和研究,确定本展览总的传播目的(本展览应该回答或告诉观众问题)为:
- 为什么要建这样的大佛?
- 大佛为什么要建在此地此处?
- 大佛是谁修建的?
- 大佛是如何修建起来的?
- 为什么选择弥勒佛为大佛的形象而不是其他神?
- 大佛究竟具有什么样的意义与价值?
- 大佛是如何保存至今的?

如果观众参观本展览后,能够明白上述问题,那么本展览就达到了它传播的基本目的。展览切忌大而全,或面面俱到。须知,对观众来说,在短时间内要接受庞大的信息既是不可能的,也是不必要的。重要的是要把最重要的或观众最想要的信息传达给他们。

(五) 绍兴市博物馆展览的总传播目的

绍兴有着2500年的建城历史,是我国首批国家级历史文化名城之一。绍兴素有"历史文物之邦,名人荟萃之地"的盛誉,历史文化积淀甲江南。秦汉以后,绍兴一直为我国东南重镇,经济繁荣,文化昌盛,人才辈出。作为地方历史文化博物馆,绍兴市博物馆主要反映绍兴的城市历史文化,包括城市的变迁史、城市物质文明和精神文明历史及其辉煌成就。绍兴市博物馆作为反映绍兴地域历史文化的地方博物馆,其主要发挥如下功能:
- 作为乡土教育的重要基地,帮助绍兴市人民更好地了解家乡的历史文化和传统,增强绍兴人民以及客居他乡的绍兴人的文化认同感和爱国爱乡的情怀;
- 作为对外宣传交流的窗口,向外来游客宣传绍兴的历史文化和经济社会发展,提升绍兴市的城市文化品位,增强绍兴市的文化魅力,吸引海内外游客来绍兴观光旅游、合作交流;
- 作为"第二课堂"和"终身教育学校",向社会大众特别是青少年传播历史文化知识和自然生态知识;

●作为文化休闲设施,满足人民群众不断增长的精神文化需求,丰富人民群众的休闲娱乐生活;

●作为重要的旅游设施,有助于增强绍兴作为国家重要旅游城市的魅力,进一步促进绍兴城市旅游经济的发展和繁荣;

●作为文化遗产的保管和研究中心,起到收集、整理、保管、研究和继承绍兴地域历史文化遗产的作用。

根据上述功能定位,结合绍兴历史文化的研究,我们确定绍兴博物馆历史陈列"历史名城 文化之邦"的传播目的如下:

本展览将以绍兴历史文化地理为地域范围,以绍兴城市历史发展为脉络,以绍兴建置变革以及绍兴城市发展的重要历史时期为节点,重点表现绍兴城市建造及发展历程,兼及历史时期绍兴地区的物质文明和精神文明成就,并在突出绍兴地方历史文化特点和优势的基础上,系统展示绍兴这片美丽土地上人类的生产、生活及其文化创造。通过展示,旨在彰显绍兴城市地域历史文化的特点和个性——历史名城,东南重镇,经济繁荣,人文荟萃,文化之邦,人才辈出。

(六) 中国(诸暨市)香榧博物馆传播目的

2015年筹建的中国香榧博物馆是一座以香榧为主题的集展示、教育、研究、商贸、旅游于一体的多功能专题博物馆。建成后的香榧博物馆主要发挥如下功能:

●作为香榧科普知识的教育场所。通过对香榧的自然历史、种类、分布、特性和价值,以及与人类生活环境和生活品质之间的密切关系的展示,普及香榧科普知识和农业生物多样性知识,让观众认识香榧、珍爱香榧。

●作为人与自然和谐发展的生态教育基地。通过向民众介绍会稽山先民创造的融水土保持、林果生产为一体的人与自然和谐发展的农林复合系统,以及香榧遗传资源在生物多样性上的重大意义的展示,增强民众生态保护的意识。

●作为乡土历史文化的教育基地。通过对绍兴会稽山区2000年来的香榧人工栽培历史以及作为世界农业文化遗产的价值,让绍兴人民更好地了解家乡在世界农业文明中的杰出创造和贡献,增强他们的文化认同感和爱乡爱国的情怀。

●作为香榧资源的保育、保护和研究中心。全面收集、整理、研究有关会稽山区香榧资源的标本资料和科学数据,与全国和世界开展香榧保护和开发、培育和加工方面的研究交流活动,促进香榧资源的保护和可持续开发利用。

● 作为香榧产业商贸交流中心。通过举办各种有关香榧栽培、加工、销售的商贸洽谈会以及品牌推广活动等,提升自己企业产品的价值和知名度,增加效益,促进香榧产业的发展和壮大。

● 作为文化休闲及旅游设施。有助于促进诸暨市的文化建设,提升城市的文化品位,起到满足民众精神文化需求、丰富民众和游客的休闲娱乐生活的作用,并促进诸暨旅游产业的发展和繁荣。

根据香榧博物馆的功能定位,确定该博物馆展览"守望香榧——中国香榧之乡"的传播目的如下:

通过对中国(以会稽山区为中心)香榧遗传资源状况、人工栽培历史、文化传承、经济价值、生态价值、香榧产业,以及政府为保护香榧遗传资源的努力及取得的成就等的展示,旨在展示香榧魅力,让观众认识香榧、喜爱香榧,宣传香榧资源保护的意义,促进古香榧的保护和可持续利用,推动香榧产业的发展,传承和弘扬香榧文化。

围绕展览传播目的,规划三大部分内容:《自然香榧》《人文香榧》和《香榧之乡》(香榧产业)。

三、展览各部分、单元的传播目的的设定

除了整个博物馆展览必须明确总的传播目的外,其实博物馆展览的每一级——各部分、单元、组甚至展项都有一个传播目的的问题。并且,每一级传播目的都必须服从和服务于上一级传播目的,是对上一级传播目的的具体化。因此,在博物馆展览各部分、单元、组的内容策划中,都必须明确自己的传播目的。以下举例说明。

(一)"上海禁毒教育馆展览"部分或单元传播目的设定

以我们策划的"上海禁毒教育馆展览"为例,我们首先确定展览总传播目的——"对青少年进行毒品防范教育,增强他们自觉抵制毒品的意识和能力,让他们远离毒品,珍爱生命"。具体传播目的包括:

(1)帮助青少年辨识毒品及其种类;

(2)帮助青少年充分认识到毒品的严重危害;

（3）帮助青少年提高防范和拒绝毒品的能力；
（4）告诉染毒青少年：戒毒是唯一的出路；
（5）帮助青少年树立正确的人生观，珍爱生命；
（6）介绍我国政府的禁毒政策和法律，让观众特别是青少年积极参与到禁毒斗争中来。

根据展览总的传播目的，各单元传播目的规划如下：

● 第一单元 "识毒"传播目的

通过生动形象的展示，帮助观众特别是青少年辨识毒品，认清危害；纠正毒品认识上的种种误区；并警示观众：毒品就在你我身边，千万不要有第一口。

● 第二单元 "省毒"传播目的

通过真实感人的展示，激发观众特别是青少年反思毒品对身心、家庭和社会带来的严重危害，明白"毒品是罪恶之源"，从而增强他们对毒品的抵御意识和能力。

● 第三单元 "禁毒"传播目的

向观众展示中国百年禁毒历史以及全球和中国的毒情，特别是中国政府和人民对禁毒的坚强决心以及在禁毒斗争中取得的辉煌成就。同时警示观众，中国的禁毒工作依然面临严峻的形势，任重而道远！

● 第四单元 "戒毒"传播目的

主要向观众介绍毒品因何令人难以自拔及其致毒原理，特别要告诉观众，如何帮助吸毒者戒毒，告诉吸毒者戒毒是唯一出路！

● 第五单元 "防毒"传播目的

向观众介绍青少年染上毒瘾的原因，揭露毒贩引诱青少年吸毒的伎俩，懂得如何预防毒品侵害，"千万不要有第一口"。

总之，不仅是展览的部分或单元，下一级的组、小组、每个展项和图文版，都应该有明确清晰的传播目的。并且，下一级的传播目的都要服务和服从上一级的传播目的，所有各级传播目的最终都要服务和服从于展览总的传播目的。

(二) 中国湿地博物馆展览部分或单元传播目的设定

中国湿地博物馆展览主要由"湿地与人类""中国湿地"和"西溪国家湿地公园"三个展厅组成。

- 第一展厅 "湿地与人类"传播目的

本部分主要向观众介绍湿地的基础知识,相当于概论。内容包括什么是湿地及其类型、湿地生态系统及其生物资源、湿地与人类文明起源、湿地的功能及与人类的关系、国际湿地公约与国家湿地保护行动等,旨在向观众普及湿地的基础知识,让观众认识湿地、关注湿地、重视湿地,明白为什么要保护湿地的道理。

- 第二展厅 "中国湿地"传播目的

本部分是展览的核心。主要向观众介绍中国湿地资源状况及其特征,湿地与中国生态安全及经济社会可持续发展的关系,以及中国政府为保护湿地所做的不遗余力的努力及取得的成就,旨在让观众了解我国湿地资源的基本国情及面临的问题,警示观众中国湿地面临的威胁及湿地破坏产生的严峻后果,号召全民重视湿地、爱护湿地,树立人与自然和谐的科学发展观,积极参与到保护湿地的行动中来。

- 第三展厅 "西溪国家湿地公园"传播目的

本部分将聚焦首个国家湿地公园——西溪国家湿地公园。重点向观众介绍在国家林业局和浙江省领导的大力支持和指导下,杭州市委和市政府为了恢复和保护西溪湿地生态,在湿地可持续利用方面所做的艰苦努力以及取得的卓越成就和成功经验。特别是要宣传杭州市政府对次生湿地积极保护的理念,即以保护为目的和出发点,以合理利用为手段,以不破坏湿地生态系统特征和服务功能为前提来实现真正的保护。西溪湿地保护工程不仅对提高杭州城市整体环境质量意义深远,对提升杭州城市综合竞争力贡献卓著,而且对我国湿地保护具有重要示范作用,是我国湿地保护治理和可持续利用的光辉典范。

(三)绍兴市博物馆基本陈列"历史名城 文化之邦"各部分传播目的

该展览由六部分组成,分述如下:

- 第一部分 "史前绍兴"传播目的

本部分主要展示绍兴地区源远流长的早期文明。通过对绍兴境内新石器时代代表性遗址以及传说时代舜、禹两帝的传说及其遗迹的展示,体现绍兴地区史脉久远且具地域特色的历史。

- 第二部分 "越国春秋"传播目的

本部分全面展示越国历史、古都、经济和越族文化,通过介绍绍兴城的源起——大越城的建造背景、大越城作为越国都城兴衰荣辱的历史,以及於越民族在建筑、水利、青铜、造船及制陶等方面的卓越成就,旨在充分体现古越文化的特色,使观众了解春秋战国时期越国的兴衰沉浮和於越民族迎难而上、奋发图强、励精图治、开拓创新的宝贵精神。

● 第三部分 "会稽郡地"传播目的

本部分主要展示秦汉至南朝时期会稽郡(绍兴)的城市发展以及政治、经济、文化的发展及其成就,即会稽郡从人稀地广萧索之地发展为人文荟萃、民物殷阜、繁华富庶之地的嬗变过程,让观众领略被冠以"昔之关中,今之会稽"美誉的浙东中心经济繁荣、文化昌明、商贾云集、名流荟萃的鼎盛景象。

● 第四部分 "越州州地"传播目的

本部分主要展现隋唐时期越州治下繁荣、名流汇聚的景象,展示越州地区步入了鼎盛时期以后的历史。当时它不仅是隋唐、五代的浙东上府,而且在绍兴城市发展史上占据重要地位,对后世绍兴的城市发展产生了持续的影响;同时突出展示唐代鼎盛时期越瓷、越绸、越纸等绍兴物产;精神文明方面则重点表现唐诗之路,使观众领略隋唐五代北宋时期绍兴经济、社会、文化方面持续发展的优越地位。

● 第五部分 "绍兴府地"传播目的

本部分主要展示宋、元、明、清绍兴城市的发展历史,特别是曾两度成为南宋陪都的情况以及南宋宋城的建设、元明清绍兴水城水系的发展以及街景建筑风貌,并透过经济、社会、文化领域中的新生事物,突出反映新经济因素的萌芽发展对绍兴历史的影响。

● 第六部分 "近代绍兴"传播目的

本部分主要通过展示辛亥革命前后及新文化运动期间为推翻封建统治、宣扬新民风气而涌现出的一批绍兴仁人志士,从而在观众心中描绘出一幅跌宕起伏、名人辈出的近代绍兴画卷。

(四)浙江桐乡市博物馆"凤栖梧桐:桐乡市历史文化陈列"部分传播目的设定

本展览将以现在桐乡市行政区划为基础,以其历史文化地理为地域范围,从社会史的角度,按照从远古到近代的历史发展脉络,并以重要历史发展时期为节点,以地方历史文化特点和优势为重点,系统展示这片美丽土地上人类的生产、生活及其文化创造,旨在彰显桐乡地域历史文化的特点和个性——历史悠久,人文荟萃,自古以来就是繁华富庶之地,被誉为"鱼米之乡、丝绸之府、百花地面、文化之邦"。除序厅"凤栖梧桐"、尾厅"今日桐乡"外,其余各部分传播目的如下:

- 第一部分 "文明之源"传播目的

主要展示桐乡源远流长的历史和瑰丽灿烂的早期文明。通过对桐乡境内丰富的马家浜文化、崧泽文化、良渚文化等代表性遗址的展示,揭示桐乡地区作为江南文明的发源地之一的独特地位。

- 第二部分 "历史之脉"传播目的

以历史发展为脉络,并以重要历史发展时期为节点,展示桐乡各个重要历史时期的历史特点和社会成就,展示这片美丽土地上人类的生产、生活以及文化创造。

- 第三部分 "鱼米之乡"传播目的

集中展示桐乡发达的稻作农业、淡水渔业、蚕桑经济,以及丰富的地方经济特产,体现桐乡得天独厚、物产丰饶的景象。

- 第四部分 "文化之邦"传播目的

通过展示桐乡历代的风流人物、书院文化、藏书文化、方志文化以及各代遗存珍物,旨在告诉观众,桐乡钟灵毓秀,历史悠久,人文荟萃,人才辈出,素有"文化之邦"的美誉。

第四节　展览主题提炼及主题结构演绎

> 主题是博物馆展览的灵魂和核心,贯穿于展览的全过程。展览主题提炼愈充分,立意就愈高,展览的思想性、时代性和教育意义就愈强。因此,在博物馆展览策划设计中,必须高度重视展览主题的提炼及主题演绎。

一、提炼展览的总主题

主题是展览的灵魂,贯穿于展览的全过程。主题提炼的任务是要在对大量与选题有关的学术资料和藏品资料研究和含化的基础上,进行从现象到本质、从事实到概念、从具体到一般的高度概括、抽象和升华,进而从教育学和传播学的角度提炼出一个能统领整个展览的、个性鲜明的、具有高度思想性的展览主题。主题提炼和立意的高度和深度直接关系到展览传播的思想水准。展览主题提炼愈充分,立意就愈高,展览的意义、思想性和教育性就愈强,切忌平铺直叙、就事论事。

主题提炼的结果往往反映在展览标题(名称)上,标题是展览主题的集中表现,被誉为展览的"眼睛"或"灵魂"。展览标题不仅要做到宏观提炼、高度概括、形象点题,更要给观众强烈的第一印象,一个展览能否吸引观众,标题往往起着关键性的作用。例如美国国家历史博物馆"总统厅"和"战争厅"展览的主题提炼就非常精妙。其中,"战争厅"内容包括九大部分:(1)独立战争(美国人 VS 英国人);(2)领土扩张战争(美国人与印第安人战争、美西战争争夺殖民地等);(3)国内战争/南北战争(1861—1865年);(4)一战;(5)二战;(6)冷战;(7)越战;(8)1989年至今,包括1989年柏林墙倒塌、1991年海湾战争、2001年"911"事件、2001年阿富汗战争、2003年伊拉克战争;(9)荣誉勋章(表彰人与精神)。策展人将其主题提炼为"自由的代价——战争中的美国人(The Price of Freedom — Americans at War)"。"总统厅"内容也包括九大部分:(1)创设总统制(版面蓝色);(2)庆祝就职(版面蓝色);(3)总统角色(版面蓝色);(4)作为总统的标志和家的白宫(版面棕色);(5)总统权力的限制(版面蓝色);(6)刺杀与哀悼(版面黑色);(7)民众想象中的总统(版面橙色);(8)总统制后的生活(版面蓝色);(9)至高权力(强调在公众手上,投出关键的一票)(版面橙色)。策展人将其主题提炼为"光荣的负担(A Glorious Burden)"。

以下举例具体说明。

(一)温州市博物馆历史文化陈列主题提炼

2001年,在筹建温州市博物馆历史文化陈列时,专家们就展览宗旨和主题进行了讨论。

在展览宗旨方面,大家认为,温州博物馆首先要让温州人了解家乡的历史文化,从而增强温州老百姓爱国爱乡的情怀;其次让外地人(包括国际游客)了解为何温州人在20世纪末能够创造民营经济的奇迹,为何与众不同。

在展览主题方面,大家认为,从历史上讲,温州是个边陲小镇,这里人多地少，交通不便，虽然近代开埠较早，但新中国成立后至改革开放前温州依然是个不发达地区。从历史文化的角度看，这里远远没有内陆地区城市的文化底蕴那样深厚，显然，按常规做温州地方历史陈列会感到非常困难。但是，经过对温州历史文化的深入分析，我们发现温州历史文化有自己的个性和特色。温州历史文化的高潮和亮点是在当代，就是改革开放以来所取得的辉煌成就。资源匮乏、国家投入少、经济基础差的温州缘何能创造出经济奇迹，成为中国民营经济发展最迅猛、最具活力的地区？其实这是由特殊的历史基因和地理环境因素所决定的。

从历史上移民文化的角度看，温州地处沿海，历史上属于荒僻之地，人烟稀少。三国时期和南宋时期的战乱导致中原地区的人民大量逃亡南迁，他们历经周折迁徙到温州一带。居无定所的动荡生活，自然使他们形成了无拘无束、独立思考、敢冒风险和不满足现状的性格。

从历史文化的视角分析，历史上，温州地域文化受"浙东学派"影响较大。南宋永嘉人薛季宣、陈傅良、叶适和永康人陈亮等"浙东学派"代表人物主张"功利之学"，强调"义利双行""农商并举""道不离物"。这种理论与"儒家学派"的"君子喻于义，小人喻于利"，"程朱学派"的"穷天理，去人欲""重农轻商、重义轻利"的儒家主流观点直接相悖。温州是叶适治学之地，"义利双行"的理论长期影响了温州人的思维方式、思想观念和行为方式。

从人类生存地理环境看，温州八山一水一分田，人均不足3分地，而且是贫瘠土地。这种恶劣的生存环境，致使温州人不像中原人民那样对土地依恋，不可能"固守田园"，他们又始终背负求生存、求温饱的压力，贫穷培养了他们冒险、创新、自力更生的创业精神和特别能吃苦耐劳的精神。

此外，近代开埠以后，外国商品的大量进入以及随之而来的文化浸透，既刺激了温州商品经济的发展，也冲击了温州人的思想观念。在内忧外患的冲击和中西文化的碰撞过程中，温州形成了一股新的社会文化思潮，并产生了深远的影响。

"一方水土养一方人。"任何地方一种精神和文化的形成，都离不开它的历史和现实条件，"温州精神"是温州特殊的文化传统、特殊的社会人群、特殊的生存环境孕育出来的。这些历史基因和地理环境造就了温州独特的历史文化。当这些"历史基因"和精神文化遇到改革开放的东风，自然就迸发出一种强大的力量，从而造就了当代温州的经济、社会和文化的辉煌成就。

基于对温州历史文化的上述分析，最后将温州历史文化展览的主题确定为："温州人和温州精神：一个生存与开拓的故事"。整个展览由"东瓯王国""中央王朝下的东瓯""开埠以后""今日温州"四大单元组成，其中前三个单元是过程和铺垫，最后一个单元是结果和高潮。

（二）邓小平故居陈列主题提炼

为纪念邓小平诞生100周年，2004年8月13日，邓小平故居陈列馆于四川省广安市广安区协兴镇牌坊村开馆。陈列馆位于邓小平故居旁，是国内唯一一家以纪念邓小平为专题的博物馆。邓小平故居陈列根据邓小平一生三个方面的杰出贡献——为中华民族独立、人民解放和新中国诞生立下赫赫战功，为中国社会主义制度的建立、巩固和发展进行艰苦探索，为成功开辟建设中国特色的社会主义道路和改革开放建立不朽功勋，提炼出本展览的主题——"我是中国人民的儿子"（邓小平语录"我是中国人民的儿子，我深情地爱着我的祖国和人民！"），生动形象地展现了邓小平同志为中国革命、建设和改革开放事业不懈奋斗的光辉一生。

（三）西柏坡纪念馆陈列主题提炼

河北省平山县西柏坡村是解放战争后期中国共产党中央和中国人民解放军总部所在地，是解放全中国的最后一个农村指挥所。西柏坡陈列馆开放于1978年5月26日纪念中共中央移驻西柏坡30周年之际，后经过三次较大规模的修改完善。2002年12月，胡锦涛总书记在西柏坡考察期间明确指示西柏坡纪念馆的展览要与时俱进，抓紧改陈，提高教育效果。2003年，西柏坡纪念馆改陈开放。

西柏坡纪念馆的基本陈列，根据西柏坡时期（1947年至1949年）党在西柏坡的伟大革命实践——"全国土地会议""指挥三大战役"和"召开党的七届二中全会"等重大历史事件，提炼出"新中国从这里走来"这一重大主题。

（四）长春伪满皇宫博物院"溥仪的一生"主题提炼

伪满皇宫博物院是建立在伪满皇宫旧址上的宫廷遗址博物馆。伪满皇宫是中国清朝末代皇帝爱新觉罗·溥仪充当伪满洲国皇帝时居住的宫殿，是日本帝国主义武力侵占中国东北，推行法西斯殖民统治的历史见证。

爱新觉罗·溥仪是中国封建社会的末代皇帝，也是清朝最后一位皇帝。他一生曾三次当皇帝，又三次下台。既做过末代皇帝、复辟皇帝，也做过傀儡皇帝，曾做过囚犯，也做过公民，经历了中国近代社会转型的不同时期。尤其在充当伪满洲国皇帝期间，在日本关东军的操纵下，他出卖民族利益，伙同日本军国主义在东北推行血腥殖民统治，给东北人民带来了深重灾难，成为民族的罪人。但中国共产党和中国政府没有将他推上断头台，而是采取惩办与宽大、劳动改造与思想教育相结合的政策，对其进行改造，使他脱胎换骨、悔过自新，后半生成为对国家和民族有用之人。

博物院基本陈列根据溥仪的人生节点——"末代皇帝""天津寓公""伪满皇帝""特殊战犯""共和国公民"，提炼出"从皇帝到公民——溥仪的一生"这一个性鲜明的主题。

（五）无锡博物院革命史基本陈列"肩负民族复兴期望的无锡人"主题提炼

2007年10月新建成的无锡博物院由原无锡博物馆、无锡革命陈列馆和无锡科普馆"三馆合一"组建而成。当初，在策划设计革命史基本陈列时，如何选定和提炼无锡革命史基本陈列主题，是困扰展览策划设计的一个难题。因为较之江西、湖南等革命老区的城市，无锡市革命史并没有出彩的亮点。但通过研究，我们发现无锡革命史有与其他革命城市不同的特色，即在近现代风雷激荡的民族解放事业和波澜壮阔的新中国建设事业中，无锡涌现出了一批肩负起民族复兴历史使命的仁人志士，他们在政治、经济、科技、文教等各个领域对中华民族解放和国家复兴做出了杰出贡献，他们是炎黄子孙的杰出代表，是中华民族的脊梁，更是无锡人的骄傲。

基于这样的思考和分析，最终将无锡革命史基本陈列主题定位为"肩负民族复兴期望的无锡人"。该展览选定陆定一、潘汉年、王昆仑、陈翰笙、荣毅仁、蒋南翔、薛暮桥、孙冶方、王选等13位在中国政治、经济、科技、文教各个领域做出杰出贡献、在中国革命史和新中国建设史上有重大影响的无锡籍杰出人物作为展览的主体，突出杰出人物在革命史中的亮点，采用"以人带史"的方式，以无锡籍杰出人物的重要作用来凸显无锡在中华民族复兴过程中的重要地位。这种"以人带史"的方式，开创了革命史陈展的新思路，取得了良好的社会反响。

（六）上海历史博物馆革命史部分展览的主题"上海：近代中国革命的中心舞台"

为了提升上海革命历史展览的立意，突出上海在近代中国革命中的地位，将上海作为一个整体置于中国革命的大背景之中，采用以点穿线、以点带面的方式，主要展示其在近代风云激荡的中国革命中，如清末反对外来列强中的上海、辛亥革命中的上海、五四新文化运动中的上海、中共创建时期的上海、国共合作北伐时期的上海、抗日战争中的上海、解放战争时期的上海，上海作为近代中国革命的中心舞台之一，曾做出过重大的历史贡献。如此，就能更加突出上海在近代中华民族抵御外来侵略、争取中华民族独立和人民解放的革命斗争中发挥的重要作用。

如果不这样做，一有可能将革命史做成上海地方革命史，容易降低上海在近代中国革命中的地位；二是容易做成教科书式的面面俱到的上海地方革命史。

在展馆总体布局中，上海革命史展览之所以要独立成篇（展），是因为以下三个方面原因：一是根据市领导历史博物馆和革命史博物馆"两馆一体"的布局要求；二是上海作为近代中国革命圣地，革命史内容非常丰富，完全可以独立成篇（展），而且可以更加彰显上海革命史的辉煌，彰显上海作为革命圣地的重要地位；三是如果将革命史融入近代城市史中，就可能形成"对冲"效应——革命史被城市史冲淡或淹没，城市史被革命史干扰。

尽管这些年涌现出一些主题提炼精妙的展览，但从总体上讲，主题提炼能力不强、水平不高是我国博物馆陈列展览策划普遍存在的问题。以"2015年国家文物局展览季活动项目"各地推荐参评的 407 个展览为例，在展览主题提炼方面普遍存在以下四个突出的问题：

一是展览标题不通，词不达意，令人费解。例如"我的满族人生：路径式文化体验展""咨询委越剧艺术家越剧成就资料展览""黄显声将军故居展""2015 年雪花古建筑光影：中国斗拱"等。

二是展览标题冗长，主题不突出，缺乏吸引力。例如"抗战时期国立剧专主题展暨曹禺与抗战戏剧史料收藏展""文明的刻度　服装的精髓：应大皮衣博物馆主题巡展""光辉的旗帜：学习周恩来同志，做'三严三实'好干部专题展"等。

三是展览标题大而空，严重缺乏展品和内容支撑。例如某县博物馆的"伟大的胜利：纪念中国人民抗日战争胜利70周年"，内容分为千年回首、日本野心、东北沦陷、滔天罪行、局部抗战、统一战线、举国上下、战略相持、走向胜利、铭记历史十个部分；再如某县博物馆的"伟大的胜利：纪念抗日战争胜利70周年专题展"，内容包括中国抗战简史、迁安抗战简史、迁安地区英雄人物三部分。

四是盲目拔高地方历史文化，存在明显学术问题。例如"海上丝绸之路北起点：海丰镇出土文物展""开滦：中国路矿之源""三国文化之源：中国·涿州"等。

展览主题提炼水平低下，从一个典型侧面暴露出我国博物馆普遍存在展览内容策划能力低下的问题。

二、凝练展览的分主题

展览总主题需要通过一系列展览分主题来支撑。除了展览的总主题外，展览内容策划还要根据展览总主题来凝练展览的分主题，即展览每部分或单元的主题。主题提炼的结果就是展览每部分或单元的标题。以下举例说明。

（一）武汉市博物馆"武汉古代历史陈列"分主题

2003年获得"全国博物馆十大精品奖"的武汉市博物馆"武汉古代历史陈列"，主题是武汉古代历史，该展览真实、清晰地展现了武汉地区从史前时期逐步发展成为明清时期繁荣的商贸城市的历史进程，充分展示了武汉在各个重要历史时期的历史文化，该展览依次由以下五个分主题组成：

第一部分　江汉曙光（史前时代）

二三百万年前，人类起源。至少五万至一万年前，武汉地区已有人类活动。一万至四千年前，人们用磨制石器为生产工具，被称为新石器时代。武汉地区已发现新石器时代文化遗址数十处。这是一种由众多氏族或部落共同创造的文化。在莽莽洪荒之中，不同风格特征的文化交汇融合，勾画出一幅英雄时代的壮阔图景。

第二部分　商风周韵(夏商周时期)

历史的脚步跨出新石器时代,迎来了以青铜文化为表征、等级森严的奴隶制王朝。尽管夏人的踪影有待进一步寻找,但商代的盘龙城,已成为武汉地区城邑文明的端绪,周代的"汉阳诸姬"与南方楚人一同在时空中消长。"汉之广矣,不可泳思。江之永矣,不可方思"。可敬的先民,伴和着汉水与长江雄浑的涛声,发出了响彻云霄的吟唱。

第三部分　军事要津(秦汉魏晋南北朝)

公元前221年,秦始皇统一天下,中国进入一个新的发展时期。继后的汉王朝持续近四百年的统一局面,使武汉地区有了相应的物质基础,政治、经济地位日益提高。汉末至南北朝,诸侯纷争,群雄竞起,武汉顿成为逐鹿之所。"折戟沉沙铁未销,自将磨洗认前朝。"却月城、夏口城、鲁山城及黄鹤楼、铁门关等众多胜迹,铸就了那一特殊历史阶段龟蛇锁江的赫赫威名。

第四部分　水陆双城(隋唐宋元时期)

唐代文豪李白"万舸此中流,连帆过扬州",咏的是长江中首尾相衔穿梭鱼贯的船队;宋代诗人胡寅"平时十万户,鸳瓦百贾区",叹的是龟蛇旁吞吐集散车水马龙的港市;而范成大"烛天灯火三更市,摇月旌旗万里舟"的诗句,则激情难抑地给当时武昌与汉阳的商贸盛况以全景式的描绘。隋唐宋元时期,武汉有一个较长的和平发展阶段,政治地位提高,经济迅速发展,无可争议地成为荆楚地区最重要的商业都会与手工业城市。

第五部分　九省通衢(明清至近代开埠)

"人烟数十里,贾户数千家……千樯万舶之所归,货宝奇珍之所聚,洵为九州名镇。"这是清人范锴在《汉口丛谈》中描绘的汉口景象。明清时期汉口的崛起,标志着武汉以长江、汉水自然分割的三镇鼎立格局完全形成。这大大拓展了武汉城市的空间,增强了它的经济实力,进一步显示出它在长江中游的枢纽作用,使之成为名副其实的"九省通衢",华中政治、经济、文化中心。

(二) 山西省博物院历史基本陈列分主题

2005年被评为"全国博物馆十大精品奖"的山西省博物院历史基本陈列,以"晋魂"为主题,该展览由七个分主题构成:

第一部分　文明摇篮

以山西最具代表性的史前文化遗存,展示远古人类的生存和发展,揭示文明和国家的形成进程。

第二部分　夏商踪迹

展示山西地区夏、商两代近千年的风貌。既可见中原古文化的灿烂辉煌,更可看到别具魅力的北方"方国"文化。

第三部分　晋国霸业

反映了从"桐叶封弟"到"三家分晋",三晋大地上800年的风云变幻,以及两周时期青铜艺术的华彩。

第四部分　民族熔炉

展示了自汉至隋800余年多民族文化碰撞融汇的艺术凝华,标志着生机勃勃的中华文化正在一步步走向巅峰。

第五部分　佛风遗韵

展示了自北朝至明清1 500余年间佛教艺术在中国的发展历程,不但见证了佛教艺术的发展,更映射出古代造型艺术家的审美追求。

第六部分　戏曲故乡

以山西南部出土的各种戏曲和舞蹈砖雕为主要内容,展现了战国至明清戏曲艺术滥觞、发展并不断成熟的过程,彰显了山西在中国戏曲史上的重要贡献和地位。

第七部分　明清晋商

展示了明清晋商风行天下,创立票号,一度执中国金融之牛耳的辉煌历史。

(三) 上海农垦博物馆"青春年华馆"展览分主题

2005年我们策划的上海农垦博物馆"青春年华馆"展览由以下分主题组成:

序曲　难忘岁月

从1968年到1978年,上海有37万十七八岁左右的城市青年响应政府的号召,怀着将青春献给社会主义建设事业的抱负,踊跃报名,奔赴上海各个国营农场,从事农业、林业和工业生产活动,留下了他们青春的年轮、生活的踪迹、情感的回忆和理想的追梦,将人生中最宝贵的青春年华无私地奉献给了上海的农垦事业。虽然几十年过去了,但对每个农场知青来说,这却是一段难以忘却的经历,是一个刻骨铭心、挥之不去的情结。

第一单元　人生历练

从繁华舒适的大城市到陌生、贫瘠的农林场,对风华正茂、天真烂漫的城市青年来说,无疑是人生的重大改变。他们身处艰苦的生活环境,从事繁重的劳动生产活动,过着窘困的物质生活,经历了人生道路上从未有过的困难。在这里,他们学会了干各种农业和林业生产活动;在这里,他们学会了独立生活和适应艰苦环境;在这里,他们通过艰苦奋斗,磨砺了自己的坚韧意志,培养了超过一般人的承受能力;在这里,他们懂得了创造和奉献的价值,实践了自己无悔的青春。

第二单元　火红青春

虽然在那艰苦的环境中,有悲伤、有眼泪,但是大部分知青们依然充满朝气、理想和激情,依然保持着一种乐观向上的心态。他们心怀理想,积极进取,蓬勃向上;敢作敢为,不怕困难,不怕牺牲;相互帮助,互相勉励,团结友爱;朝气蓬勃,自娱自乐,丰富生活。用他们自己的话来说,就是"苦中有乐,虽苦也乐"。

第三单元　春华秋实

广大农场知青用他们的青春、血汗和智慧推动了上海农垦事业的巨大进步。不仅在农业生产方面取得了巨大的成绩,而且适应经济发展的需要,大胆进行农场经济结构的调整,推动农场经济由封闭向开放转变,由农业经济向工业和商业多种经济转变,为今日上海"农工商集团"经济的发展奠定了雄厚的基础。农场知青对上海农垦经济的贡献是功不可没的!

第四单元　成就人生

农场艰苦生活的磨砺,不仅使知青们从稚嫩走向成熟,也使他们懂得了生活的意义;不仅打造了他们吃苦耐劳的意志、脚踏实地的作风和自强不息的精神,也练就了一般人不具有的心理承受能力;不仅增强了他们的集体主义观念,也培养了他们对社会的责任感和奉献精神。有了这样的生活积淀,他们能坚韧地应对今后人生道路上的各种挑战和困难。如今,在各行各业的中坚力量中,都有当年的知青,有的成为共和国的领导者,有的成为企业家,有的成为科学家,有的成为艺术家,有的成为劳动模范,有的成为再就业的标兵……

第五单元　战友情深

尽管70年代末后,当年农场的几百个连队曲终人散,大部分知青们先后离开了农场,奔赴不同的工作岗位。尽管此后人生的道路各有不同,境遇也各有差异,地位有高低之分,但是,年轻时期在农场朝夕相处、同吃同住、同甘共苦、出生入死、荣辱与共、一起奋斗的经历,不仅成为知青们一生最难忘的记忆,而且使知青们结下了难以割舍的情谊。虽然几十年过去了,但这份浓浓的战友之情常常驱使共同经历过农场岁月的知青们聚在一起,忆往事,叙友情。我们相信,不管再过多少年,这份弥足珍贵的友谊将依然纯洁醇浓。

尾声

时光无痕,岁月悠悠。虽然知青在农场的奋斗故事已经过去几十年了,但是当年知青们在农场的艰苦奋斗的经历应该永远值得人们怀念和铭记;他们对理想的真诚和甘为社会奉献的精神,应该得到人们的尊重和理解;他们为上海农垦事业做出的历史贡献,应该得到人们的承认和肯定;他们吃苦耐劳的品德、脚踏实地的作风和自强不息的精神,应该永远受到人们的敬佩和学习!

(四) 淮安市博物馆基本陈列"历史文化名城淮安"展览分主题

淮安,地处淮河下游江淮平原中部,是国务院1986年公布的全国历史文化名城。淮安历史悠久,文化积淀深厚。历史上,淮安以其独特的地理位置在我国古代政治、经济、文化等诸多方面扮演了极其重要的角色。2005年,我们根据淮安地方历史文化的特点和优势提炼了如下分主题,旨在将淮安历史发展中最突出、最有影响力的东西传达给观众:

第一单元　楚韵汉风

战国秦汉时期是淮安历史发展的重要时期。战国时,淮安先属吴越,后归楚,有"古楚淮阴"之称,受楚文化影响深刻。秦汉时期,这里是汉文化的主要发祥地,涌现出一批以韩信为代表的文臣武将。在汉代700余年间,淮安的社会经济和文化得到了长足的发展,创造了辉煌灿烂的物质文化与精神文化。

第二单元　南北锁钥

淮安作为淮泗通津,作为南北水陆交通的咽喉和枢纽,是历代路州郡县的治所,历来是"南必得而后进取有资,北必得而后饷运无阻"的兵家必争的军事重镇。历史上这里长时间处于战争和对峙的前沿,上演过数以百起的战争活剧。淮安古城堡密集,在今市区运河两岸,从古泗口到末口,就有泗口城、秦汉淮阴故城、甘罗城、韩信城、清江城以及淮安三城遗址等。受到战争的影响,淮安的经济和文化曾遭到严重破坏,几度起落。

第三单元　漕运中枢

淮安地处贯通我国南北、作为古代经济大动脉的大运河中枢,历来是南漕北运的要津。其独特的漕运地位与封建王朝的经济和政治命脉密切相关。同时,漕运业的繁荣也带动和促进了淮安经济、社会和文化的发展与兴旺。隋凿大运河,沟通了黄河、淮河、长江三大水系,使这里迅速成为隋唐时期南漕北运的重要通道,来往漕运船只千帆相接,四时不断,人流物流空前活跃,带动了楚州和泗州等城市的兴起与繁荣。宋元时期淮安的漕运经济继续兴旺。明清两代更一跃而为漕运中枢,是"漕政通乎七省"的漕运总督驻节之地,成为当时中国城市经济、文化最发达的地区之一,与运河沿岸的扬州、苏州、杭州并称"四大都市"。

第四单元　盐榷重关

淮安是淮北盐的集散中心,是中国古代特别是明清时期全国最大的盐业中心之一,是与封建王朝经济命脉相关的盐运要冲和榷税重关,具有特别重要的地位。不仅如此,盐运和榷关对淮安经济、社会和文化的发展与繁荣产生了重要的影响。它们不仅是明清时期淮安城市经济和社会发展与繁荣的重要基础,也是淮安城市文化鼎盛的重要条件。

第五单元　河务关键

淮安的兴衰与水系变化、治水兴利有密切关联。宋以前,淮水和泗水清水荡漾,畅通无阻,借水利之便,经济逐步繁荣。自公元1194年黄河夺淮以来,这里屡遭水患,灾难渐重,与水相依、抗争成为此后淮安人民的重要活动。淮安作为黄、淮、运三河交汇处,一直是治理黄、淮、运的关键之地,也是明清的河务中心和河道总督所在地。治水兴利不仅维系着淮安昔日的繁荣,而且也关乎着周邻地区的安危。

(五) 黄山市徽文化博物馆展览分主题

徽州文化博物馆是一座展示以古徽州"一府六县"为中心的徽文化为主题的传统历史文化博物馆。黄山市的前身是徽州,她历史悠久,文化灿烂,人杰地灵,人文底蕴深厚,社会经济与文化曾经高度繁荣,在中国历史上曾经占有重要的地位和产生过重大的影响。基于上述分析,徽文化博物馆展览的分主题确定为:

第一部分　天下徽商

徽商是中国明清两代最有势力和最具影响的商帮,有"无徽不成镇"的美誉,曾经在中国商界叱咤风云 300 余年。而且,徽商是徽州社会历史全面高度发展的重要支点和徽文化崛起和繁荣的重要基础。

第二部分　人文望郡

明清时期,徽州被誉为"东南邹鲁",这里"人文郁起,为海内之望,郁郁乎盛矣",社会风气崇文好儒。不仅文教昌盛,文化灿烂,人杰地灵,而且在科技、艺术和戏剧等众多领域都有非凡的成就。

第三部分　礼仪之邦

徽州是我国宗族文化的重要实践地,是宋以来中国理学的重要源头。中国传统儒学文化和传统伦理不仅对这里的社会生活产生了深刻的影响,而且还对周边地区乃至全国都产生了深远的影响。

第四部分　徽州建筑

徽州建筑不仅是徽文化的重要载体和徽商雄厚实力的象征,也是中国古建筑中独树一帜的乡土建筑,是集建筑、书画和雕刻艺术为一体的综合艺术,具有极高的科学、历史和审美价值。

第五部分　儒雅艺术

重视儒学的人文氛围和精致儒雅的生活孕育出徽州享誉全国的儒雅艺术和工艺品,如文房四宝、徽州四雕、新安画派、徽派版画、篆刻艺术等。这些艺术和工艺品不仅是徽文化的重要载体,而且具有很高的历史和审美价值。

第六部分　徽州科技

明清时期,徽州科技进入空前发展的阶段,人才济济,群星辈出,涌现了一大批科技名流和能工巧匠,科技著作猛增,发明创造层出不穷。

内容涉及医学、数学、天文学、地学、物理学、农学、生物学和工程学等领域，取得了一大批领先全国的科技成果。

三、展览内容主题结构规划

所谓展览内容主题结构，是指依据展览传播目的和展览主题对展览内容逻辑结构的合理安排，或是展览内容叙事的逻辑合理度，类似一本书的目录框架。

展览内容主题结构的逻辑清晰度是展览设计最基本的要求，它直接关系到观众对展览内容的认知与感受，关系到展览信息传播的效果。科学、合理地安排展览内容主题基本结构，对有效传达展览的信息，对观众参观并接受知识和信息十分重要。因此展览内容主题结构安排必须合理巧妙。一个好的展览内容主题结构安排不仅能让观众轻松易懂地"阅读"展览，接受展览的信息，而且能起到引人入胜的效果。反之，观众对展览内容会感到难懂费解。因此，要根据展览的传播目的、展览主题、内容特点和观众参观心理的特点，科学地规划展览的内容主题结构。常见的内容主题结构规划有递进式结构和并列式结构。以下举例说明。

（一）乐山大佛博物馆展览结构

2006年我们为乐山大佛博物馆策划的展览大纲即采用了递进式结构，即按观众想知道的一个个问题的逻辑序列设计展览内容主题结构，层层递进。展览的"前言"设计如下：

您一定知道乐山大佛，
　　但您也许不知道大佛建造的因由？
　　　　　　——大佛建造的文化、经济和政治背景
您一定知道乐山大佛，
　　但您也许不知道大佛为何会建在此地？
　　　　　　——大佛选址的环境与人文因素
您一定知道乐山大佛，
　　但您也许不知道大佛建造的故事？
　　　　　　——大佛建造的艰难过程和动人故事

您一定知道乐山大佛,
　　但您也许不知道为何大佛选择弥勒佛为形象?
　　　　　　　　　　——选择弥勒佛的经济和宗教因素
您一定知道乐山大佛,
　　但您也许不知道大佛博大精深的文化内涵?
　　　　　　　　　　——大佛的艺术、历史与科学价值
您一定知道乐山大佛,
　　但您也许不知道人们为保护大佛所做出的努力?
　　　　　　　　　　——大佛保护修缮的历史与研究

与《前言》内容和段落相对应,我们安排的展览主题内容框架为:

　　第一单元　大佛建造的历史背景
　　第二单元　大佛选址的环境与人文因素
　　第三单元　大佛建造的曲折过程和动人故事
　　第四单元　大佛形象与弥勒崇拜
　　第五单元　大佛的艺术、历史与科学价值
　　第六单元　大佛修缮与保护的历史

(二)"诺贝尔奖百年特展"展览结构

2002年左右台湾曾举办过一个"诺贝尔奖百年特展",其内容主题结构规划也是递进式的:

　　第一单元　诺贝尔其人
　　第二单元　诺贝尔奖设立的因由
　　第三单元　诺贝尔奖带给我们的启示
　　第四单元　哪些华人得过诺贝尔奖
　　第五单元　诺贝尔奖获奖者成果对人类生活产生的重大影响

(三)邓小平故居"邓小平生平事迹展"展览结构

2005年被评为"全国博物馆十大精品奖"的邓小平故居"邓小平生平事迹展:我是中国人民的儿子"也是一个递进式结构。该展览的内容主题结构按照邓小平的人生历程重大节点递进展开,形象生动地展示了小平同志为中国革命、建设和改革开放事业不懈奋斗的光辉一生,"部分"结构如下:

第一部分　走出广安

反映了邓小平的家世、童年和少年读书生活，旅法勤工俭学走上革命道路，在莫斯科中山大学学习，投身国内革命洪流等早期革命生涯。

第二部分　戎马生涯

反映了邓小平从领导广西革命斗争、参加长征到战斗在抗战前线，再到挥师解放战场，为建立新中国、实现中华民族的独立和解放立下的赫赫战功。

第三部分　艰苦探索

反映了新中国成立后，邓小平主政大西南，特别是作为以毛泽东为核心的党的第一代中央领导集体的重要成员，在总书记之任上，为建立和巩固社会主义制度进行的艰辛探索。

第四部分　非常岁月

反映了"文化大革命"中邓小平在江西的日子和他复出主持中央日常工作，大刀阔斧地全面整顿，表现了他"两落两起"的传奇经历。

第五部分　开创伟业

反映了邓小平是党的第二代中央领导集体的核心，是中国社会主义改革开放和现代化建设的总设计师，新时期是他一生最辉煌的阶段。因此第五部分"开创伟业"是展览浓墨重彩突出反映的内容。它分为"拨乱反正，打开一条新路""发动和领导改革""开启对外开放大门"等九个专题，反映了在新的历史时期，邓小平领导党和人民实现伟大的历史转折，开辟中国特色社会主义道路，改革开放，进行现代化建设的伟大功绩。

第六部分　您好！小平

表现了人民对邓小平的爱戴、怀念之情以及在邓小平理论指引下中国发生的翻天覆地的变化。

（四）苏步青励志教育馆展览结构

不是所有人物类展览结构都可以按照人物的生平节点来展开的，人物类博物馆展览结构要根据具体情况采取不同的结构。例如苏步青励志教育馆，从苏步青生平来看，在其人生的重要阶段，其作为数学家、教育家和社会活动家的业绩往往是并行的。如果按照邓小平生平事迹展那样以伟人人生历程重大节点递进展开，显然容易淹没或者说不能突出他作为数学家、教育家和社会活动家的业绩。因此，本展览除第一部分外，其余部分按照苏步青主要业绩和精神风范做专题展示：

第一部分　少年心事当拏云。从纵向上讲述苏步青少年时期成长成才、青年时期留学海外以及成才后归国执教的人生经历。

第二部分　东方几何第一人。展示苏步青作为我国当代杰出的数学家在专业领域的造诣与卓越成就。

第三部分　毕生事业一教鞭。展示苏步青作为一名教育家的杰出成就。

第四部分　留取丹心报暖晖。展示苏步青作为社会活动家的贡献。

第五部分　文章道德仰高风。展示苏步青较高的文化修养和朴实真切的为人、处事、生活的风范。

第六部分　功成不忘家乡情。主要介绍苏步青与家乡的深厚情缘。

(五) 绍兴市博物馆"历史名城　文化之邦"展览结构

绍兴有着2 500年的建城历史，是我国首批国家级历史文化名城之一。公元前490年，越王勾践嘱大夫范蠡"立国树都"，按"坐西朝东为尊"的周制，依山水形势、据四达之地而建越国都城。从2 500年前勾践建城至今，虽历经沧桑，几经兴盛，但绍兴城址格局基本未变，历史文脉绵延一贯。不仅如此，绍兴城市历史发展脉络清晰，各个历史阶段节点显著，历史文化内涵丰富并各有特点，据此，我们将展览结构设定为以下六部分：

第一部分　史前绍兴
第二部分　越国春秋
第三部分　会稽郡地
第四部分　越州州地
第五部分　绍兴府地
第六部分　近代绍兴

展览采用什么样的结构，没有固定的格式，主要看展览的结构安排是否有利于有效地传播展览内容，有利于突出重点和亮点，有利于观众参观理解。

四、展览主题结构层次演绎

一般而言，展览结构层次分为部分、单元、组和展品四个层次，结构层次要脉络清晰,各层次之间逻辑性和连贯性强,下一级必须服从和服务上一级,紧扣上一级的主题,是对上一级的具体化。

例如,"邓小平生平事迹展:我是中国人民的儿子"第二部分"戎马生涯"的下一级结构("单元"结构)如下:

第一单元　红旗飘过左右江

讲述大革命失败以后,1929—1930 年邓小平同张云逸等发动百色起义和龙州起义,创建红七军、红八军及右江革命根据地。

第二单元　从瑞金到延安

讲述 1934 年 10 月邓小平随中央红军长征到延安的经历,其间,1935 年 1 月他参加了中国共产党历史上具有伟大转折意义的遵义会议。

第三单元　战斗在太行山上

讲述邓小平与刘伯承一起率部深入敌后,组织抗日武装,建立抗日民主政权,创建太行山抗日根据地,指挥了许多重要的抗日战役。

第四单元　最高兴的三年

讲述邓小平和刘伯承等一起,根据中央的部署,领导指挥了三年解放战争,为新中国的诞生立下赫赫战功。

其中,第三单元"战斗在太行山上"下一级结构("组"结构)如下:

第一组　奔赴抗日前线
第二组　开辟敌后抗日根据地
第三组　抗战烽火中的爱情和战友情
第四组　领导华北敌后抗战

其中,第四单元"最高兴的三年"下一级结构("组"结构)如下:

第一组　扼守解放区大门
第二组　千里跃进大别山
第三组　决战淮海
第四组　百万雄师过大江
第五组　解放大西南

其"部分""单元"和"组"逻辑结构层次如下图所示。

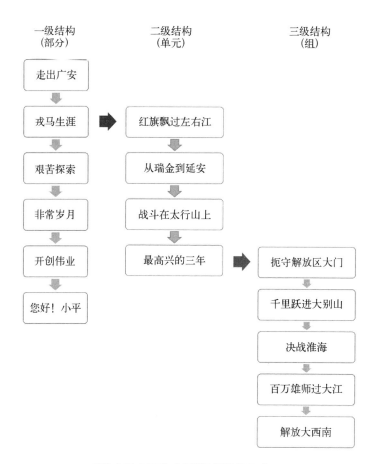

"邓小平生平事迹展"逻辑结构层次图

展览结构层次的科学合理规划对展览有效传播和观众接收信息十分重要，切忌上下级之间没有关系，或关系不大，或关系混乱。

第五节 博物馆展览主题结构演绎案例

博物馆展览主题结构演绎是展览策划十分重要的环节，一个好的展览主题结构演绎是展览成功的一半。为了增强读者对博物馆陈列展览主题结构演绎的感性认识,特从我们策划的博物馆陈列展览中选取如下案例作进一步阐述。

一、绍兴市博物馆展览主题结构演绎

"历史名城 文化之邦——绍兴城市发展史陈列"由六部分组成,如下图所示:

- 序厅 魅力绍兴
- 第一部分 史前绍兴

本部分主要展示绍兴地区源远流长的早期文明。通过对绍兴境内新石器时代代表性遗址以及传说时代舜、禹两帝传说及其遗迹的展示,体现绍兴地区史脉久远且具地域特色(具体见下图)。

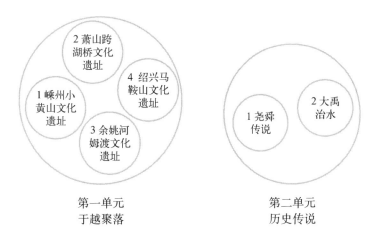

- **第二部分　越国春秋（春秋战国）**

本部分主要介绍绍兴城的源起——大越城的建造背景，大越城作为越国都城的兴衰荣辱历史，以及于越民族在建筑、水利、青铜、造船及制陶等方面的卓越成就（见下图）。

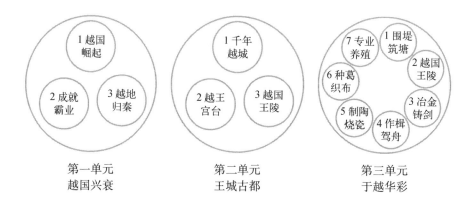

- **第三部分　会稽郡地（秦至南朝）**

本部分主要展示秦汉至南朝时期会稽郡（绍兴）的城市发展以及政治、经济、文化的发展及其成就，即会稽郡从地广人稀萧索之地发展为人文荟萃、民物殷阜、繁华富庶之地的嬗变过程，让观众领略被冠以"昔之关中，今之会稽"美誉的浙东中心的经济繁荣、文化昌明、商贾云集、名流荟萃的鼎盛景象（见下图）。

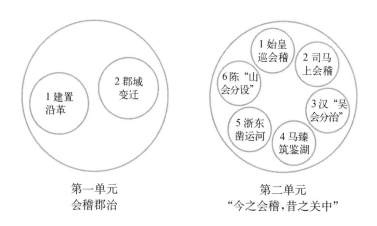

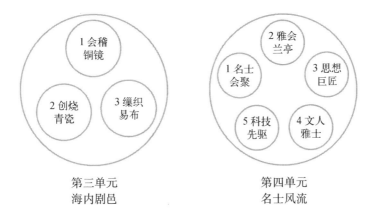

第三单元　　　　　　　　　第四单元
海内剧邑　　　　　　　　　名士风流

● 第四部分　越州州地（隋至北宋）

本部分主要展现隋唐时期的越州治下繁荣、名流会聚的景象，展示越州地区步入了鼎盛时期，其时不仅作为隋唐、五代的浙东上府，而且在绍兴城市发展史上占据重要地位，对后世绍兴的城市发展产生了持续的影响（见下图）。

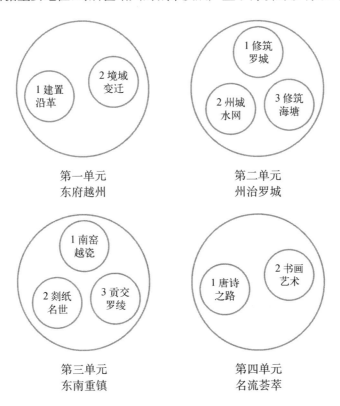

第一单元　　　　　　　　　第二单元
东府越州　　　　　　　　　州治罗城

第三单元　　　　　　　　　第四单元
东南重镇　　　　　　　　　名流荟萃

● 第五部分　绍兴府地(宋元明清)

本部分主要展示宋、元、明、清绍兴城市的发展历史,特别是曾两度成为南宋陪都以及南宋宋城的建设、元明清绍兴水城水系的发展以及街景建筑风貌,并昭显作为天下巨镇的绍兴在农业、酿酒、制茶、锡箔等方面的卓越成就(见下图)。

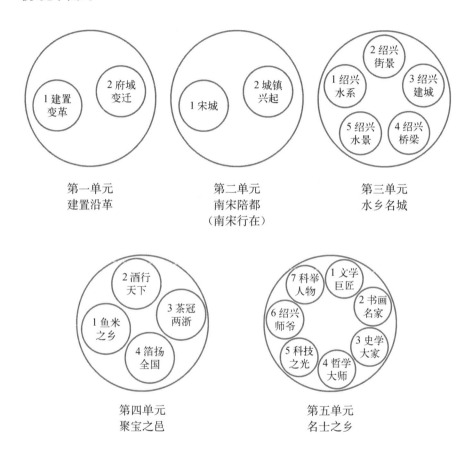

● 第六部分　近代绍兴

本部分主要通过辛亥革命前后及新文化运动期间为推翻封建统治、宣扬新民风气而涌现出的绍兴仁人志士的伟大功绩,彰显绍兴人在辛亥革命和新文化运动中的重要作用。同时,展示近现代绍兴在科技、教育、史学、文坛、曲艺等领域涌现出的能人志士,歌颂他们为绍兴的发展乃至整个中华民族的发展所做出的辉煌贡献(见下图)。

第二章 博物馆陈列展览内容策划 123

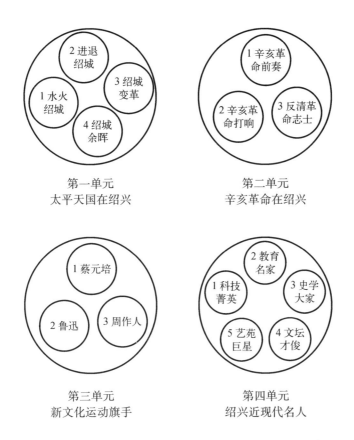

第一单元
太平天国在绍兴

第二单元
辛亥革命在绍兴

第三单元
新文化运动旗手

第四单元
绍兴近现代名人

二、"古代蚌埠：文明历程"主题结构演绎

本展览是蚌埠博物馆的基本陈列，主要展示古代蚌埠地区的文明历程，其中重点展示蚌埠地区早期文明的成就，以凸显其在中华文明形成过程中的重要地位，兼及蚌埠古代历史各个时期的文化亮点，旨在让观众了解古代蚌埠地区的历史文化发展，领略该地区早期文明的辉煌灿烂。本展览共由十个单元组成，如下图所示：

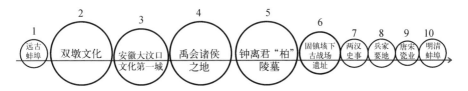

● 第一单元　远古蚌埠

本单元主要展示蚌埠市五河县境内距今三万年的旧石器时代晚期遗址——西尤遗址出土的八件旧石器及大象、鹿、水牛、丽蚌等动物化石。这些发现昭示，三四万年前这里气候温润、植被繁茂，曾是古生物和古人类的繁衍生息的一片乐土（见下图）。

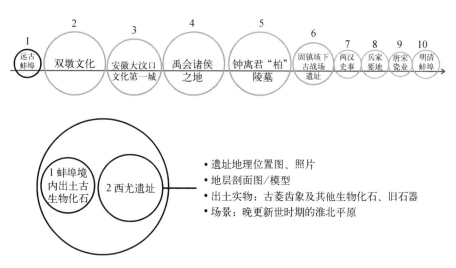

● 第二单元　双墩文化

本单元主要展示 20 世纪七八十年代在蚌埠双墩发现和命名的一种独树一帜的新石器早中期文化——双墩文化。该文化距今 7 300 多年，分布和影响范围南至长江中下游，东到太湖流域西部，北达山东境内，西连河南东部。其遗址出土的大量器物、刻画符号和动物化石，为淮河流域新石器时代中期的考古学研究树立了标尺和年代框架。特别是发现的 700 多个具有文字形意特征的陶器刻画符号证实了淮河流域同属古代文明和文字起源之地，而蚌埠地区则是淮畔早期文明的代表之一（见下图）。

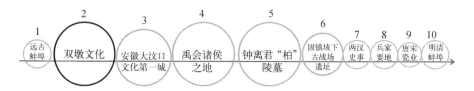

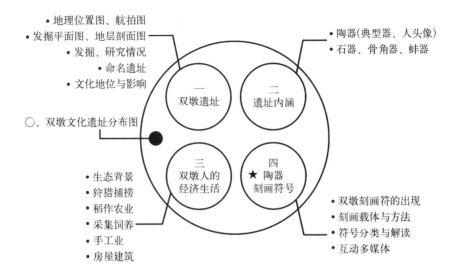

- **第三单元　安徽大汶口文化第一城**

本单元主要展示固镇县濠城镇垓下发现的大汶口文化第一城——垓下古城遗址。该古城遗址的建筑和使用年代从大汶口文化晚期横亘至汉代,是淮河流域首度发现的大汶口文化时期的城址,也是我国迄今发现较早的史前城址。作为中华文明探源工程的标志性城址,它为溯源我国早期城市起源与发展轨迹以及淮河流域的文明化进程提供了珍贵的考古资料(见下图)。

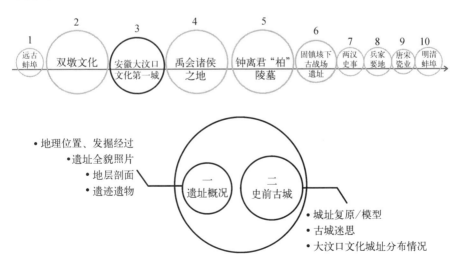

● 第四单元　禹会诸侯之地

本单元主要展示史载"禹会诸侯"的禹会村遗址("禹墟")。禹会村遗址位于蚌埠市西郊涂山南麓的淮河东岸,是一处以祭祀为主的大型礼仪性建筑基址,也是淮河流域目前发现最大的一处龙山文化遗址,总面积50万平方米,距今4 300—4 100年,其年代正是中国国家形成的关键期。它是中国古代文明探源工程的关键遗址,位于涂山氏聚居地。涂山氏国国势强盛、文化发达,对大禹治水、建立夏朝功不可没,因此,这里成为孕育华夏文明的一处精神高地(见下图)。

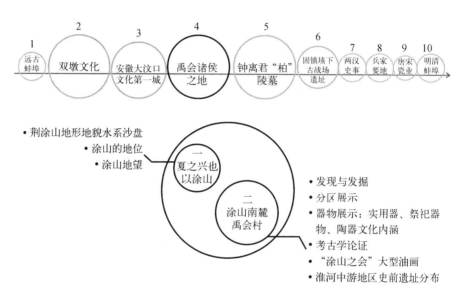

● 第五单元　钟离君"柏"陵墓

本单元主要展示蚌埠双墩一号墓,即春秋时期淮河中游钟离国国君"柏"的王陵。该墓葬结构形制与遗迹现象扑朔迷离。它的发现揭开了春秋古国钟离的神秘面纱,填补了有关钟离国历史和考古学文化的空白,同时也为春秋时期墓葬研究提供了珍贵的考古学资料(见下图)。

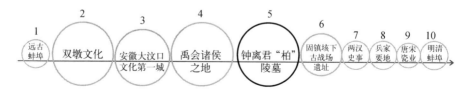

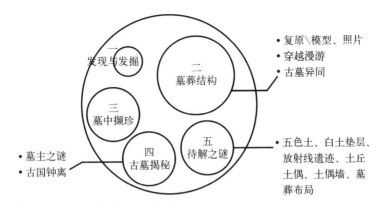

● 第六单元　固镇垓下古战场遗址

本单元主要展示公元前 202 年楚汉争鼎最后决战之地——垓下古战场遗址及其历史故事。该遗址位于蚌埠市固镇县的霸王城一带及其周边地区,包括今泗县、五河、灵璧、固镇四县交界的方圆百余里的范围内。通过垓下大战,刘邦战胜项羽,巍巍大汉的历史篇章也自此开启。因此,这一地区可谓是确立汉民族地位之地(见下图)。

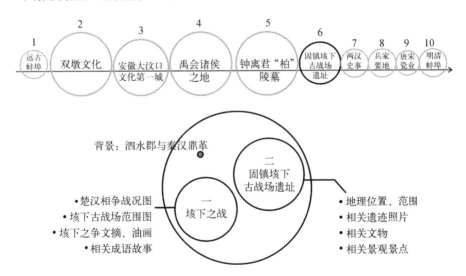

● 第七单元　两汉史事

本单元主要展示两汉时期蚌埠地区汉风遗韵和历史逸事。汉代蚌埠地区为九江郡、沛郡下属若干县分领。境内发现了谷阳城、向县古城等多处汉代郡县级古城旧址。西汉中后期,固镇濠城境内设置有洨县。两汉之际,洨县的陈氏家族名高一时,有"一门三尚书"之称。东汉时,许慎任洨县县长,一代鸿学名儒留名蚌埠。史上显赫的怀远县龙亢桓氏家族亦兴于东汉,东汉经学大师桓荣及其子孙桓郁、桓焉被誉为"三代御先生",为旷古难见。桓氏家族共历11世,名人辈出,堪称蚌埠地区第一家族(见下图)。

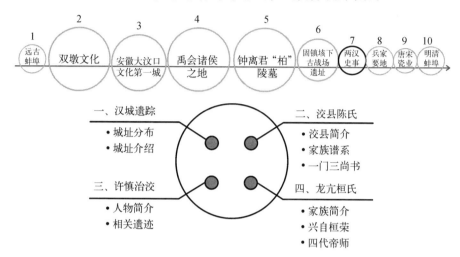

● 第八单元　兵家要地

蚌埠地区扼南北交通要冲,历来为兵家必争之地。本单元主要展示历史上蚌埠地区的主要战事。三国时期,曹操屯兵于曹老集,六战孙权;东晋之际,苻坚、桓温大战洛涧;南梁北魏之争令淮河流域硝烟弥漫;五代时后周、南唐轮占涡河口;宋金、宋元长期争淮。烽火四起,不可尽数。因受历代战争与水患所累,自秦汉以后蚌埠地区人口锐减,社会经济发展受阻(见下图)。

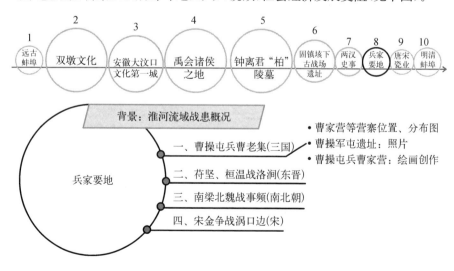

● 第九单元　唐宋瓷业

寿州窑是隋唐时期淮河流域的民窑,为唐代六大名窑之一。其独创黄釉瓷,突破了唐代"南青北白"的瓷窑体系,自成一家。本单元通过大量出土的唐宋寿州窑瓷器和相关窑址的展示,旨在反映蚌埠地区是唐宋时期寿州窑瓷器的重要生产地之一(见下图)。

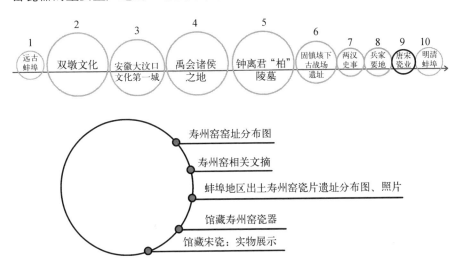

● 第十单元　明清蚌埠

本单元主要展示明清时期蚌埠行政建制的由来与变化。明代蚌埠地区属凤阳府管辖。明洪武六年(1373年),于今蚌埠市东郊置长淮卫,乃中都八卫之一。明初,太祖朱元璋为建中都城,曾采取一系列迁民造乡的举措,蚌埠地区社会经济乘势崛起。清乾隆十九年(1754年)在凤阳县置蚌埠镇。同治二年(1863年)划凤阳府凤阳、怀远、灵璧三县各一部分为蚌埠行政区范围,置三县司,直属凤阳府。三县司的设置成为蚌埠历史上首个行政机构(见下图)。

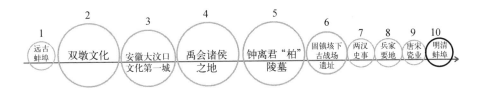

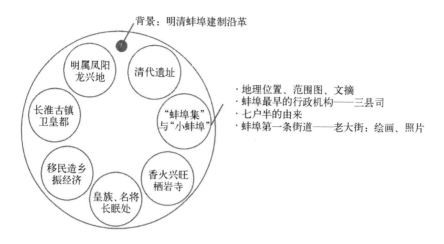

三、安徽(中国)桐城文化博物馆展览主题结构演绎

本展览是桐城文化博物馆的基本陈列,主要展示桐城市的历史文化,重点是雄霸文坛百年的桐城文派及其对后世的重大影响。展览由五个部分组成,如下图所示:

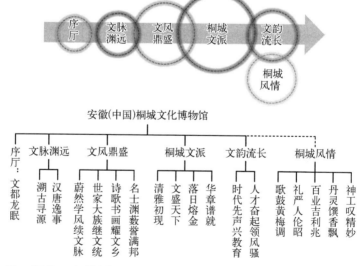

● 第一部分　文脉渊远

本部分主要展示桐城从新石器到隋唐时期的历史发展,以史为脉,选择各时期有重要意义的事件或者人物系统展现桐城文化之渊源。内容主要包括史前的考古发现、春秋时期的古桐国、汉唐逸事等。旨在让观众了解桐城

素来是人文荟萃、文韵悠长之地，具有悠久厚重的文化积淀，只有在这方人杰地灵的大地上才能孕育出雄霸文坛百年的桐城文派。

▶ 第一单元　溯古寻源

说明：桐城历史悠长，早在新石器时代早期，古皖先民即在这块土地上生息繁衍。桐城新石器时代的考古学文化属于薛家岗文化的影响范畴。夏商之际，桐城属扬州之域。东周置桐国，为楚附庸，春秋战国，桐国属地几度变迁，历尽沧桑，受到吴越文化、楚文化、中原文化的交互影响，是一个多元文化的融合地。

展示内容：

1. 先民足迹
2. 古皖遗风

▶ 第二单元　汉唐逸事

说明：汉魏六朝时期，桐城先后称舒县、枞阳县、阴安县和吕亭左县，建置不定，隶属多变。唐至德二年（757年）改名为桐城县，沿用至今。三国时，吴魏两国的峡石之战彰显桐城作为两峡雄关、军师重镇的重要战略位置。至唐开元年间，佛教、道教相继传入桐城。在大唐政通人和之世，桐城人文渐兴，范增、朱邑、曹松等名士书写下亘古的风流，昭示着即将到来的文化盛世。

展示内容：

1. 秦汉名士竞风流
2. 吴魏逐鹿烽烟起
3. 大唐诗咏佛风兴

● 第二部分　文风鼎盛

本部分主要展示桐城自宋以降，尤其是明清时期文风鼎盛、人才奋起的盛况。通过对桐城教育、世族家学之解读，桐城诗书画派之展示，桐城学林鸿儒、政坛名宦之传颂，勾画出桐城千年文都、誉满江淮的盛景，生动展现桐城派产生的历史背景和文化基因，为下一部分桐城文派的展示做铺垫。

▶ 第一单元　蔚然学风续文脉

说明：桐城历来崇文重教、学风兴盛。元延祐年间在桐溪桥东所建学宫为县学之始。明初，桐城地属畿内，易得风气之先，县人竞相以读书为进取之阶，学风渐盛。明代中叶，部分名宦硕儒隐居桑梓倾心办学。正德十六

年(1521年),兵部郎中何唐弃官归里,首倡讲学。继有童自澄设辅仁馆,赵釴与其子赵鸿赐组织陋巷会,方学渐筑桐川会馆,授徒讲学。明嘉靖初年,安庆知府胡缵宗、桐城知县沈教在县治西北灵泉寺故址创建桐溪书院。邑人设馆授徒、教养桑梓之风亦盛,在桐城地区广建私塾,启蒙乡里。

展示内容:

1. 学宫完备
2. 书院林立
3. 私塾遍布
4. 登科如林

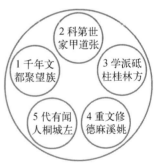

▶ 第二单元 世家大族继文统

说明:桐城地处皖中,长江北岸、大别山东麓,有"七省通衢"之称。宋代以降,屡有移民迁入桐城地域,以明初洪武移民为最。胸怀广博的桐城人热情接纳四方而来之民,和谐交融,逐步奠定了今天桐城的人口以及姓氏结构之基础。其时,桐城乡民重视教化,家家户户书香四溢,可谓"城里通衢曲巷,夜半诵声不绝,乡间竹林茅舍,清晨弦歌琅琅"。世家望族更是家学鼎盛,其族人或声震朝野,或名动文坛,或泽被乡里,百世流芳者甚众。

展示内容:

1. 千年文都聚望族
2. 科第世家甲道张
3. 学派砥柱桂林方
4. 重文修德麻溪姚
5. 代有闻人桐城左

▶ 第三单元 诗歌书画耀文乡

说明:关于桐城,世人往往只知有桐城文派而不知桐城诗派和画派也独具特色,久负盛名。桐城诗派讲究熔铸唐宋,以文为诗,因此桐城的诗既融合了唐诗自然浑成、宋诗精工典雅的气质,又具有古文的层次丰富和内容充实的特点,对近代诗坛产生了深远的影响。桐城善画之风可上溯至宋人李公麟,时至明清,桐城画家多达百人,因此而形成桐城画派。桐城的诗画既被桐城文化所滋养,又丰富了桐城文化的内涵。

展示内容：

1. 桐城诗派
2. 桐城画派

▶ 第四单元　名士渊薮誉满邦

说明：桐城历代文风兴盛，群贤辈出。这座文化之邦沐浴着重教崇文的学风，滋养着一代代桐城人不断探索，在文学、艺术、科学、教育上均有建树。他们或志酬庙堂，为国为民；或徜徉学海，著述宏富；或醉心文艺，笙瑟齐鸣。在这方百花齐放、名贤辈出的桐城大地上，一股学术新风正在桐城酝酿，奏响清代桐城文化繁荣的序曲。

展示内容：

1. 人物故事组图
2. 多媒体：桐城群贤集

● 第三部分　桐城文派

本部分是展览的重点和主体——桐城文派。展览将以重大历史变革为背景，以时间和事件发展为线，以重点人物为中心，对桐城文派的发展脉络、代表人物及其重要学说进行梳理，同时突出桐城文派跨时间、空间、学术领域的重大影响，旨在让观众对桐城派的发展历史、学术主张和重大影响有较为全面、系统的了解，切身体会桐城散文流派之特色。

▶ 第一单元　清雅初现

说明：清初文坛重道轻文、无病呻吟之风盛行，桐城文派的出现使文坛如沐清流，兴起为文"清真雅正"之风。桐城文派的初创时期为清康熙、乾隆年间，代表人物有戴名世、方苞、刘大櫆，他们是桐城文派创立初期最为重要的三位作家。戴名世开桐城派古文艺术形式之先河，是为文派之先驱。方苞继承先人之遗绪，为桐城派文论奠下基石。刘大櫆上承方苞下启姚鼐，提出了"神气说"，补充了方苞未发之意。

展示内容：

1. 导夫先路
2. 文派先驱
3. 创派之祖
4. 文派中坚

▶ 第二单元　文盛天下

说明：桐城文派发展到乾嘉时代，逐渐进入鼎盛时期。这一时期的代表人物为姚鼐、姚门诸子和曾国藩以及以曾国藩为首的湘乡派作家。惜抱先生姚鼐，融会方苞、刘大櫆的古文理论，沟通诗歌辞赋等文学样式，建立起了完整的桐城派理论体系，因而被公认为桐城派的集大成者。此后桐城学子追踪奋发，外籍学者转相传授，形成了遍布全国的作家群，以姚门诸子的成就最为耀眼。晚清时期，在曾国藩的主导下形成了湘乡派作家集团。湘乡派进一步充实和发展了桐城派基本理论，一定程度上补救了桐城派古文柔弱的流弊，桐城派由此呈现中兴局面。

展示内容：

1. 集先人之大成
2. 扬文名于四海
3. 续清韵而中兴

▶ 第三单元　落日熔金

说明：鸦片战争后，面对日益深重的民族危机，桐城派文人坚持爱国立场，积极投身反帝救亡运动，创作了诸多作品，涌现了诸如"曾门四弟子""殿军三人物""侯官派"文人等杰出的文学家、思想家。在变法图强思潮的影响下，桐城派末流主张西学中用，创建新学，力求改良。1911年辛亥革命后，桐城派200年"文统"也失去了依傍。继之而起的新文化运动对"尊孔读经"的桐城文派大加批判，斥其为"桐城谬种"。在艰难的环境中，桐城文人变革图新，投身教育，为桐城近现代教育之先声。

展示内容：

1. 日暮亦争辉
2. 论战新文化

▶ 第四单元　华章谱就

说明：桐城派以其文统的源远流长、文论的博大精深、著述的丰厚清正而风靡全国，享誉海外，在中国古代文学史上占有显赫地位，是中华民族传统文化中的一座丰碑。自桐城派开创以来，师事、私淑或膺服于桐城四祖的作家有千余人，除了近三分之一是桐城籍人外，其他均散布于全国各地。桐城派主盟清代文坛两百余年，传世作品数千种。其不仅在散文上独领风骚，对学术理论、诗歌书画等领域亦影响颇大,多所建树。

展示内容:

1. 桐城派主要作家师承膺服关系图
2. 多媒体:文坛巨擘桐城派
3. 近现代桐城派研究成果

● 第四部分　文韵流长

本部分列举承续桐城派末流时期作家的成功转型、投身教育,重点展示桐城教育的近、现代辉煌和长盛不衰的神话,以及桐城文化孕育而生的志士贤达、文艺翘楚、百家俊彦。通过展览,旨在向观众展现一个科教发达、文化昌盛,名人辈出、人文渊薮的文化桐城,让观众了解桐城作为"中国文都",其文化千百年来流存发扬,代有才人撑起桐城风骨。

▶ 第一单元　时代先声兴教育

说明:光绪二十四年(1898年),科举制度渐废。在桐城,曾经的科场战士俨然成为教苑园丁,投身于近代新式教育。光绪三十年(1904年),桐城第一所高等小学堂——崇实小学堂建立。及至民国初年,县内数百所蒙馆、私塾得以改良,创办新学,各类学堂也已遍及。其中桐城中学更是一座"人才的摇篮",培养了众多闻人名士,中国农工民主党创建人章伯钧、哲学家方东美、美学大师朱光潜等皆毕业于此。承续如此的重教传统,桐城的现代教育在全省乃至全国亦有影响。

展示内容:

1. 私塾革旧
2. 学堂新风
3. 科教兴市

▶ 第二单元　人才奋起领风骚

说明:桐城青史浩繁,人文璀璨。桐城这座千年文都在步入近现代的历程中,亦名士辈出,震古烁今。志士贤达秉承先辈宏愿,重教兴学,实业救国,为民族振兴披沥肝胆;文艺翘楚延续桐城文脉,笔耕不辍,格物穷理,令文坛新风遍吹南北;百家之学群英荟萃,后继有人,书写桐城现代教育新篇章。历代名人筑起的一座座精神丰碑,是桐城绵延昌盛的文化脊梁。

展示内容：
1. 志士贤达
2. 文艺翘楚
3. 百家俊彦

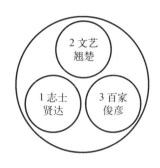

四、"凤栖梧桐——桐乡历史文化陈列"主题结构演绎

本展览是浙江桐乡市博物馆的基本陈列，展览由如下图所示六部分组成。

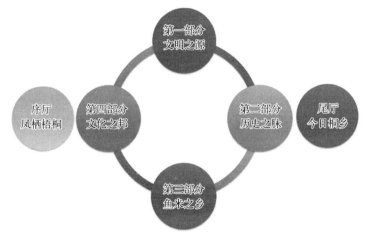

● 第一部分　文明之源

本部分主要展示桐乡源远流长的历史和瑰丽灿烂的早期文明。通过对桐乡境内马家浜文化、崧泽文化、良渚文化等代表性遗址的展示，辅以科学的复原向观众再现新石器时代先民的生活，凸显桐乡地区作为江南文明的发源地之一，其文明具有鲜明的地域特色。本部分单元结构如右图所示：

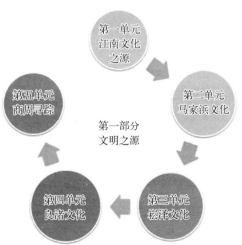

组结构如下图所示：

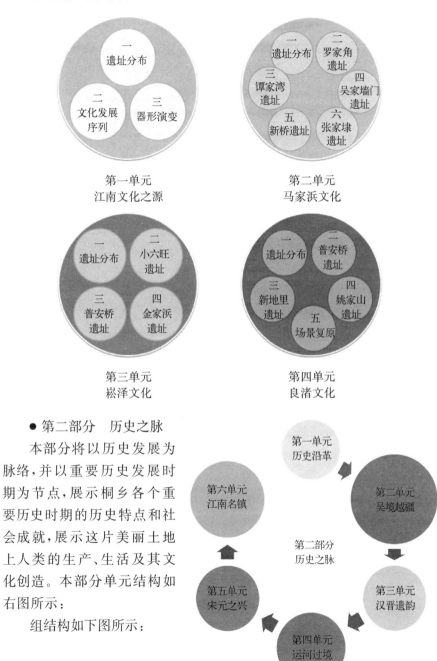

● 第二部分　历史之脉

本部分将以历史发展为脉络，并以重要历史发展时期为节点，展示桐乡各个重要历史时期的历史特点和社会成就，展示这片美丽土地上人类的生产、生活及其文化创造。本部分单元结构如右图所示：

组结构如下图所示：

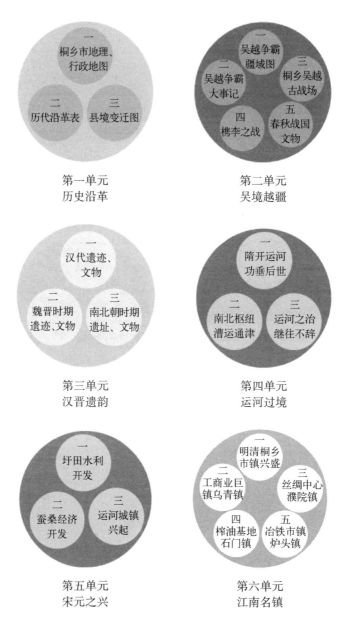

- 第三部分 鱼米之乡

本部分集中展示了桐乡发达的稻作农业、淡水渔业、蚕桑经济及丰富的地方经济特产，突出体现了桐乡得天独厚、物产丰饶的景象。本部分单元结构如下图所示：

组结构如下图所示：

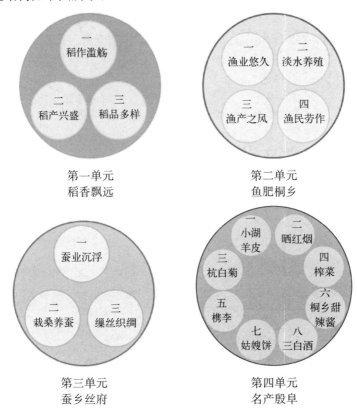

- 第四部分　文化之邦

本部分通过展示桐乡历代的风流人物、书院文化、藏书文化、方志文化以及各代遗存珍物，旨在告诉观众，桐乡钟灵毓秀，历史悠久，人文荟萃，人

才辈出,素有"文化之邦"的美誉。本部分单元结构如下图所示:

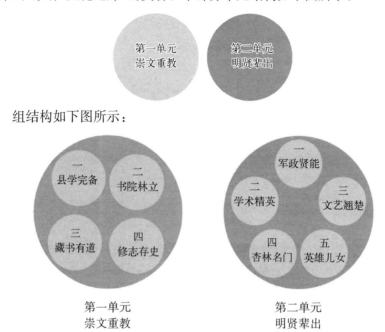

组结构如下图所示:

第一单元
崇文重教

第二单元
明贤辈出

五、绩溪博物馆展览主题结构演绎

本展览是绩溪博物馆的基本陈列,展览由六部分组成,如下图所示:

● 第一部分　徽山徽水
本部分主要展示绩溪地貌全景和村落文化。通过绩溪境内丰富的自然

山水风光和人文村落遗产,演绎绩溪之"形",使观众了解绩溪山銎纵横、川流交错的地形地貌,灵动隽永的山水文化和旅游资源,天人合一的村落选址和布局特点,聚族而居的聚落文化(见下图)。

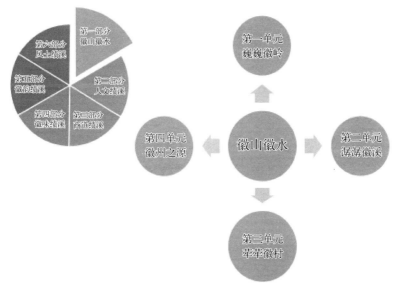

● 第二部分 人文绩溪

本部分主要向观众介绍绩溪的人文特色。自古以来,绩溪重教之风鼎盛,人文气息浓厚,名士贤达辈出。这里既有宦海浮沉懿范存,也有历代文人若繁星;既有科技精英显风采,也有英雄儿女志长在。使人们深刻而真切地感受到绩溪是一块钟灵毓秀、人才辈出的人文宝地(见下图)。

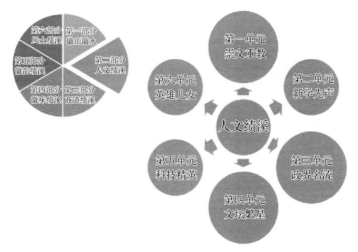

● 第三部分　商道绩溪

本部分主要向观众介绍明清时期绩溪人的商业成就。绩溪是著名的徽商故里，自古有"无徽不成镇，无绩不成街"之誉。诚信经商、以义为利、贾而好儒，是绩溪徽商坚守的经商准则；拼搏进取、百折不挠、吃苦耐劳，是绩溪徽商秉承的经商精神；徽馆业、茶叶、墨业、国药业，是绩溪徽商擅长的经商行当（见下图）。

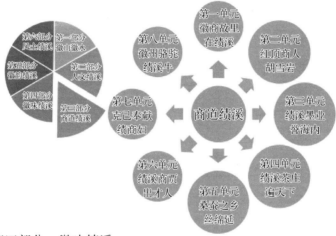

● 第四部分　徽味绩溪

本部分主要展示绩溪作为中国徽菜之乡和中国徽厨之乡的风采。历史上，绩溪徽菜馆曾经高度繁荣，遍布各地，造就了一大批享誉海内外的名厨大家。今天，徽菜进一步发扬光大，以其浓郁的地方特色和深厚的文化底蕴，成为中华饮食文化宝库中一颗璀璨的明珠（见下图）。

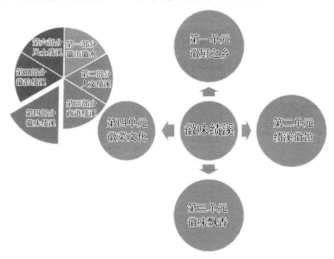

● 第五部分 徽韵绩溪

本部分以绩溪境内民宅、宗祠、牌坊遗迹以及技艺传承人为支撑材料，向观众展示绩溪精美绝伦的徽派木雕、砖雕和石雕艺术。通过功能、工艺和审美三个方面展示徽派三雕的实用、装饰和审美价值（见下图）。

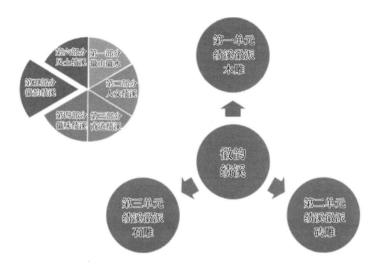

● 第六部分 风土绩溪

本部分主要展示丰富多彩的风土民俗和非物质文化遗产，包括徽戏、民歌民谣、节庆民俗、游艺活动等，并让观众亲身体验具有绩溪地方特色的风土民俗，感受乡土绩溪的人文魅力（见下图）。

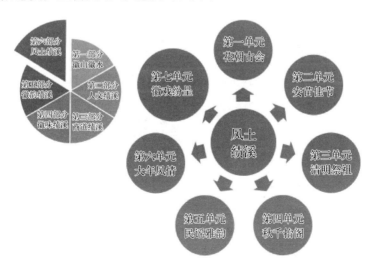

六、上海禁毒教育馆展览主题结构演绎

本展览是上海禁毒教育馆的基本陈列,由七个部分组成,如下图所示:

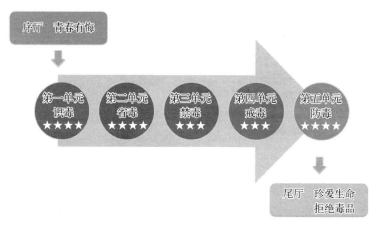

- 第一单元　识毒:毒品近在你我身边

本单元通过生动形象的展示,帮助观众特别是青少年辨识毒品,认清危害;纠正毒品认识上的种种误区;并警示观众:毒品就在你我身边,千万不要有第一口(见下图)。

- 第二单元　省毒:毒品是罪恶之源

本单元通过真实感人的展示,激发观众特别是青少年反思毒品对身心、家庭和社会带来的严重危害,增强他们对毒品的抵御意识和能力(见下图)。

- 第三单元　禁毒：禁毒关乎民族存亡

本单元向观众展示中国的百年禁毒历史、全球和中国的毒情,特别是中国政府和人民对禁毒的坚强决心以及在禁毒斗争中取得的辉煌成就。同时,警示观众中国的禁毒工作依然面临严峻的形势,可谓任重而道远!(见下图)

- 第四单元　戒毒：戒毒是唯一出路

本单元主要向观众介绍毒品因何令人难以自拔及其致毒原理,特别要告诉观众如何帮助吸毒者戒毒,告诉吸毒者戒毒是唯一出路!(见下图)

● 第五单元　防毒：千万不要有第一口

本单元旨在向观众介绍青少年染上毒瘾的原因，揭露毒贩引诱青少年吸毒的伎俩，使参观者懂得如何预防毒品侵害，怎样发现和正确处理身边的吸毒者与毒贩（见下图）。

七、苏步青励志教育馆展览主题结构演绎

本展览是温州平阳苏步青励志教育馆的基本陈列，由如下所示六个部分组成：

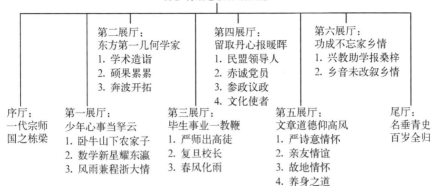

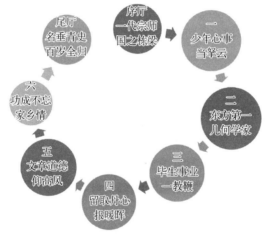

- 序厅　一代宗师　国之栋梁

如下图所示：

- 第一部分　少年心事当拏云

本部分讲述苏步青先生少年时期成长成才、青年时期留学海外以及成才后归国执教的人生经历。重点突出他走出山村，用知识改变命运的奋斗历程；以及他在日本获得博士学位之后，面对国内战乱局势，毅然选择归国，立志为国家建立一流数学系的拳拳报国之心(见下图)。

▶ 第一单元　卧牛山下农家子

单元说明：苏步青出生在浙江省平阳县腾蛟镇带溪村的一个农民家庭。他9岁进入平阳县城小学读书，后以优异成绩考入浙江省立第十中学。在省立十中的求学经历，使原本爱好文学的小苏步青对数学产生了浓厚的兴趣。加上受到杨霁朝老师"科学救国"理想的鼓舞，他立志用数学富国强民，从此走上了数学研究的道路。

▶ 第二单元　数学新星耀东瀛

单元说明：1919年，17岁的苏步青赴日留学，先后在东京高等工业学校电机系和东北帝国大学数学系学习。他在东北帝国大学学习期间，接连写出不少仿射微分几何和射影微分几何方面的论文，开辟了微分几何新领域，在日本数学界引起轰动，被誉为"东方国度上升起的灿烂的数学明星"。1931年，苏步青在东北帝国大学获得理学博士学位，他不忘与陈建功先生的约定，毅然归国，志在为祖国建立一流的数学系。

▶ 第三单元　风雨兼程浙大情

单元说明：1931年苏步青回国后至1952年，他在浙江大学历任数学系副教授、教授、数学系主任、校数学研究所所长、教务长等职。初到浙大时，他便与陈建功着手开创科学讨论班，培养优秀人才，为创建一流数学系付出惊人的努力。抗战时期，苏步青随校西迁至贵州遵义、湄潭，在最艰难困苦的条件下，他取得辉煌成果，由苏步青、陈建功领导的"浙大学派"享誉国际。苏

步青在浙大的 21 年,是艰难困苦的年代,也是他精力充沛、成果丰硕的年代。

● 第二部分　东方第一几何学家

本部分主要展示苏步青作为一位杰出的数学家的学术成就,及其为中国数学研究事业的发展、开拓所作的贡献(见下图)。

▶ 第一单元　学术造诣

单元说明:苏步青是中国微分几何学派的开创者。在微分几何领域中,其各个时期的研究工作都处于国际先进行列。20 世纪 20 年代后期,苏步青在仿射微分几何学领域已经获得了不少重要的成果;20 世纪三四十年代,他研究的主攻方向转到射影微分几何,研究了射影曲线论和射影曲面论;20 世纪 30 年代后期开始,他把研究的领域扩大到一般空间微分几何学,并作出了许多重要贡献。20 世纪 50 年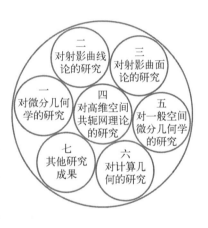代,苏步青应用外微分形式法于高维射影空间共轭网理论,得到一系列新颖而深入的成果。20 世纪 70 年代,苏步青开始致力于计算几何学的研究,其部分研究在我国航空、造船等工业发展中获得了成功的应用。

▶ 第二单元　硕果累累

单元说明:苏步青将自己的一生献给了数学。在七十余载的数学生涯中,他笔耕不辍,硕果累累。自 1927 年发表第一篇学术论文,苏步青一生共发表了 160 余篇学术论文,并出版专著、教材 10 多册。他的不少成果已被许多国家的数学家大量引用或作为重要的内容被写进他们的专著,苏步青因此成为享誉海内外的著名数学家。2003 年 7

月,世界最高水平的工业与应用数学家大会——国际工业与应用数学联合会(ICIAM)决定设立 ICIAM 苏步青奖。这是国际数学界对苏步青的成就、为人、贡献与地位的高度认可,是苏步青的光荣,也是我们国家和民族的骄傲。

▶ 第三单元 奔波开拓

单元说明:除学术研究外,苏步青还十分关注中国数学的发展,他做过大量的组织和交流工作。苏步青历任中国数学会副理事长、理事长、名誉理事长,上海数学会理事长、名誉理事长,上海市工业与应用数学学会与全国工业与应用数学学会顾问等职,并且担任《数学年刊》主编 19 年,使之成为在世界数学界有一定影响的国际性数学杂志。另外,苏步青也积极参与国际学术交流活动,曾访学欧洲、日本等地。他为推动我国数学事业的发展忙碌奔波、积极奉献。

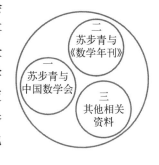

● 第三部分 毕生事业—教鞭

本部分主要介绍苏步青作为一名教育家的杰出成就与贡献,让观众了解到苏步青在高等数学教育、高校建设及培养中小学教师、重视基础教育、科普教育等方面做出的贡献。

▶ 第一单元 严师出高徒

单元说明:苏步青的高等数学教学生涯大致可分为三个阶段:第一阶段是 1927 年至 1931 年的 4 年间,在日本为数学教师进修班学生上高等代数课;第二阶段是从 1931 年至 1952 年高等院校院系调整的 21 年,在浙江大学数学系任教。第三阶段是从 1952 年调到复旦大学以后的教学。在教学上,苏步青敢为人先、方法独到,且一向以"严"字当头。他与陈建功在国内首创讨论班,培养学生独立思考和创造能力;他坚持教学与科研相结合;鼓励学生超过自己,认为培养人才要一代

超过一代,被称为"苏步青效应"。在近七十载的高等数学教学生涯中,这位严师慈父培养了许多杰出的数学人才,为我国数学研究与教育事业作出了巨大的贡献。

▶ 第二单元　复旦校长

单元说明:苏步青于1956年9月担任复旦大学副校长,1978年4月至1983年担任复旦大学校长(1983年2月起至2003年为复旦大学名誉校长)。20世纪50年代末,苏步青分管学校的科学研究工作,他强调科研要密切联系实际,并鼓励开辟新的科研领域,获得显著成效。70年代后期至80年代初,苏步青积极投身拨乱反正工作,带领学校迅速从"文革"创伤中恢复发展,再现生机。1978年复旦大学被确定为全国重点高校。此外,苏步青也十分关注校园文化和校风建设,身体力行,蔚为风气。回顾改革开放以来复旦大学的发展历程,苏步青校长是十分关键的角色之一,他为复旦实现从一所地方性高校到国家重点大学的重要转身奠定了基础。

▶ 第三单元　春风化雨

单元说明:苏步青毕生从事教育事业,在高等教育的本职工作之外,他也一向重视基础教育与科普教育,关怀青少年的成长。苏步青认为基础教育关系到整个中华民族文化素质的提高与国家的建设。因此,在1983年退居二线之后,苏步青依然发挥余热,倾力于基础教育战线。他通过举办中学教师讲习班,资助基金会、奖学金等方式以提高中小学教师水平;他数度参加、指导中学数学教材编写以提高教学质量。为了促进青少年学习科学知识,提高全社会科普教育水平,他亲身参与各类科普教育工作与活动。此外,苏步青常以自身的经历、经验躬身为青少年答疑解惑、指引方向。他为祖国的教育事业"馨尽余微"。

● 第四部分　留取丹心报暖晖

本部分主要介绍苏步青作为社会活动家的贡献,围绕其多重社会身份,展现他作为民盟领袖、赤诚党员和文化使者的努力与贡献,展现他爱国爱党,积极参政议政,心系国之大局命运的强烈社会责任感(见下图)。

▶ 第一单元　民盟领导人

单元说明：1951年9月，苏步青在浙江大学加入中国民主同盟。1952年到复旦大学后，他作为民盟上海高教委员会的负责人，在上海各高等院校宣传党的教育方针，推动高教民盟工作开展。1956年起，苏步青先后担任第二、三届民盟中央委员，第五、六届民盟上海市副主任委员。1977年10月，他开始主持上海民盟工作，并以其崇高的威望为上海民盟恢复活力发挥了不可替代的作用。从1978年起，苏步青先后担任民盟第四、五届中央副主席，肩负起组织民盟内部老同志继续参政议政、为民盟发展献计献策的重任。1997年被推选为民盟中央名誉主席。作为民盟领导人，他始终支持民盟的工作和发展，积极议政建言，为经济发展、社会进步和国家统战工作贡献力量。

▶ 第二单元　赤诚党员

单元说明：1959年3月，经复旦大学党委批准，苏步青成为一名中国共产党党员，自此一直以"赤胆丹心连共产，苍颜白发献终身"的精神实践着对党的忠诚。他坚持以共产党员的标准，作为自己言行的指针，树立起为人民服务的观念，把个人的奋斗融入党的事业中去。"文革"期间，苏步青面对不公正待遇，抱着对党的坚定信念屡次经受住了考验。退居二线后，他深知能为党和人民工作的时间不多，就抓紧做一些力所能及的工作。作为一名党员专家，苏步青认为应该时时检点自己，接受党员、群众的监督，不搞特殊化；他认为应当正确处理党员和专家这两个身份的关系，并应毫无保留地为社会主义建设事业多作贡献。

▶ 第三单元　参政议政

单元说明：新中国成立后，进入政治领域的苏步青积极参政议政。他于1949年首次赴京参加全国自然科学工作者代表会议筹备会,并在1954年当选第二届全国政治协商会议委员,后又历任多届全国人大代表、全国人大常委会委员等职。在政治舞台上,苏步青关心教育经费、关怀教育工作者的待遇,关注科技工作,对四化建设等问题提出了诸多建设性意见。他和同志们撰写的提案几乎每年都被送至有关部门处理。

▶ 第四单元　文化使者

单元说明:苏步青热心国家文化事业,积极为中外文化交流牵线搭桥。他早年留学日本,归国后曾多次赴日,致力于中日教育和文化合作,所作贡献受到嘉奖。苏步青于1956年、1984年与1986年分别担任中国对外友好协会上海分会副会长、会长与名誉会长,还曾担任上海市欧美同学会会长等职。除此之外,自1986年起担任上海市对外文化交流协会会长期间,苏步青以其"大文化观"推动了上海文化发展战略进程,为上海的国际文化交流起到了积极作用。

● 第五部分　文章道德仰高风

本部分主要介绍苏步青较高的文化修养和朴实真切的为人、处事、生活的风范。通过展示苏步青对古典诗词的热衷、对亲人朋友的真情、对故地的情谊、对生活的态度,以及在点滴生活中所体现的诸多可贵品质,旨在让观众从不同侧面了解苏步青的生活、情感和可贵精神,感受他可亲、可爱、可敬之处(见下图)。

▶ 第一单元　诗意情怀

单元说明:苏步青一生提倡文理相通、文理结合,他既是一位精通逻辑思维的杰出数学家,又是一个擅长形象思维的出色诗人。曾任西湖诗社名誉社长、浙江省诗词学会顾问。苏步青擅长文史,尤其钟爱古典诗词,13岁时便开始学作诗。抗日战争期间,他同浙江大学师生西迁贵州湄潭,曾参与创办"湄江诗社",通过诗歌互相切磋,诗艺见长。在工作之余,他常常通过吟诗作诗以调节大脑。苏步青以诗寄情、以诗会友、以诗言志,缘情而发,缘事而作,诗词里有他的文人风雅和铮铮傲骨。苏步青一生创作古典诗词五六百首,所作多有发表,有《西居集》《原上草集》《苏步青业余诗词钞》等诗集。

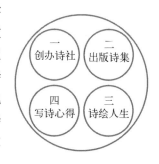

▶ 第二单元　亲友情谊

单元说明:苏步青是一个性情中人,有着对家人、对朋友的深厚情谊。他是一个同甘共苦的弟弟、一个体贴入微的丈夫、一个尽心尽职的父亲、一个肝胆相照的朋友。而苏步青的成长和成就也离不开家人和朋友对他的爱护和支持。

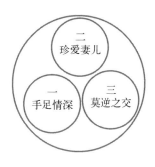

▶ 第三单元　故地情结

单元说明:在苏步青奔波辗转的一生中,有几个地方是他人生地图中最深刻的印记:温州平阳是苏步青出生、成长的家乡;日本是苏步青青年求学、崭露头角的地方;杭州、浙江大学是苏步青学成归国的第一站,也是他长期工作、生活的地方;贵州湄潭是苏步青随浙大西迁后的驻地,是他在极为艰苦环境下获得事业上丰硕收获的难忘之地;台湾是苏步青曾经短暂工作的地方,更有着他对台湾亲人的无限牵挂;上海、复旦大学是苏步青工作、生活最长久的地方,是苏步青后半生与最终的归宿。这些地方在苏步青的心中烙下情结,它们串联起苏步青的人生足迹,标志了苏步青不同时期的人生阶段和重要经历,见证了苏步青辉煌的百岁人生。

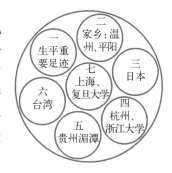

▶ 第四单元　养身之道

单元说明:苏步青是百岁老人,是数学界著名的高寿之人。他一生为数学、为教育事业忙碌奔波,在古稀以至耄耋之年依然身兼数职。他曾说:

"长寿不是我的目的,但一个人若想为祖国和人民多做贡献,需要长寿。"因此,虽然公务繁忙,但在生活中苏步青十分注重保持身体健康。80岁时,他还能走路轻快,上五六层楼不气喘;1986年以前,他从未住过一天医院;20世纪90年代初期,已年届九旬的他,体内的重要器官都能正常运转,牙齿齐全,不拔牙,也不补牙。还能按照常人的作息

时间,每天在秘书的陪同下,到复旦大学的办公室上班,来回都是步行。到90年代中期以后,才到上海华东医院疗养身体。1985年,苏步青被评为"全国健康老人",1995年又获中国"幸运老人特别奖"。苏步青不仅在事业上成就显著,在生活中他也成了健康长寿的智者,而他的养生之道就是坚持锻炼、注意饮食、劳逸结合、乐观豁达。

▶ 第五单元　细微之处见精神

单元说明:苏步青是一位谦谦君子,在他的身上有诸多的优秀品质和中华民族的传统美德:他待人亲和、幽默,助人为乐,对待下属则既严格管理又体恤关爱;他惜时守时,谦虚严谨,勤俭节约。在工作、生活中,苏步青时时处处严格要求自己,待人处事有礼有节,是一位品格高尚、极具涵养的智者、长者。

● 第六部分　功成不忘家乡情

本部分主要介绍苏步青与家乡的深厚情缘,通过展示苏步青对家乡文化、教育、社会事业的关心、帮助,以及苏步青与家乡友人和乡亲们的交往和情谊,旨在表现苏步青热爱家乡、饮水思源的品质(见下图)。

苏步青与家乡学校、教育

苏步青与家乡人的交往、情谊

● 尾厅　名垂青史　百岁全归

传播目的:展现后人对苏步青的纪念与缅怀,通过其学生、同事、家人

对他的回忆片段以及学校、社会对他的高度评价烘托出他在数学界、教育界的崇高地位,凸显他热爱祖国、奋斗一生的光辉形象:

苏步青家人、朋友、学生及社会各界人士对他的怀念、追忆

苏步青给青年学生的话

观众留言与缅怀

八、张大千博物馆展览主题结构演绎

四川内江市张大千博物馆由三部分组成:张大千故居、张大千纪念馆、张大千博物馆。以下分别叙述。

● 张大千故居

展示主题:

张大千之《童年记忆》

传播目的:

通过内江独特的历史文化背景、张氏家族崇文尚艺的氛围以及张大千成长传奇的展示,旨在告诉观众:故土四川内江独特文化土壤的浸润和张家崇文尚艺的环境熏陶,是孕育张大千后来成为一代国画大师的重要原因。

主要内容:

第一单元　汉安风华

第二单元　张氏家世

第三单元　成长历程

▶ 第一单元　汉安风华

本单元主要通过对张大千先生家乡内江市的历史、地理、经济、文化、艺术等方面的背景展示,旨在使观众了解到家乡的大环境对培养出张大千这样一名世界级绘画大师有着重要影响。

单元说明:

内江市,古名汉安、中江,位于"天府之国"四川省的中南部腹地、美丽富

饶的沱江之滨,是四川省西南陆路交通的重要交汇点,素有"川南咽喉""巴蜀要塞"之称。内江在东汉时期就已建县,距今已有2 000多年的历史。由于曾经盛产甘蔗、蜜饯,也有"甜城"之殊名。自古以来,内江崇文重教,人文荟萃。丰厚的人文底蕴孕育了内江出色的书画艺术,造就了一代又一代的优秀书画家群体。近代以来,内江逐渐成为远近闻名的书画之乡。张大千先生正是这方极具人文积淀的水土所孕育出的国画大师。

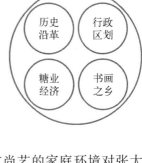

主要内容:

一、历史沿革

二、行政区划

三、糖业经济

四、书画之乡

▶ 第二单元　张氏家世

本单元主要展示张氏家世及其崇文重教、崇文尚艺的家庭环境对张大千后来成长为绘画大师的重要影响。

单元说明:

张大千祖籍广东番禺,后因故迁居湖北黄州府麻城县世居三代。四世祖张德福中举后,于康熙年间候补到四川省内江县,至张大千一代共七代世居内江。张家一直有崇文重教的传统,至张大千这代时,张家一门都崇文尚艺、能诗善画。由于张大千生长在这样一个诗、礼、艺术的家庭里,从小就耳濡目染,对诗、画产生了浓厚的兴趣。

主要内容:

一、张氏家乘

二、"黑猿转世"

三、家学启蒙

▶ 第三单元　成长历程

本单元主要展示张大千成长过程中最关键的几段经历,旨在让观众了解到这些成长经历对张大千一生的行为习惯及人生哲学的重大影响。

单元说明:

张大千是一位极富个性、极富传奇色彩的人物。其人生经历之丰富、精彩,其趣闻轶事之多、流传之广,在古今中外画坛上是极为罕见的。他幼时曾随四哥旁读私塾,12周岁后又随四哥就读内江天主教福音堂华美初等小学,15周岁后就读重庆求精中学,18周岁后留学东瀛学染织。他早年的成长经历同样充满了传奇色彩。其中,"百日师爷"和"百日和尚"这两段经历对他一生的行为习惯以及人生哲学有重大影响。

主要内容:

一、童年记忆

二、"百日师爷"

三、渡海东瀛

四、"百日和尚"

- 张大千纪念馆

展示主题:

张大千之《家国情怀》

传播目的:

通过对张大千对家乡四川、对祖国和对中华民族深厚情感的展示,旨在告诉观众张大千先生不仅是一位伟大的艺术家,更是一个充满家国情怀的人,他在世界舞台上担当了中国文化使者的角色,以一己之力将中国传统绘画艺术推向世界。

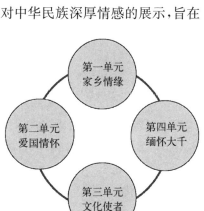

主要内容:

第一单元　家乡情缘

第二单元　爱国情怀

第三单元　文化使者

第四单元　缅怀大千

▶ 第一单元　家乡情缘

通过张大千关心家乡发展的事例,以及他离家后创作的表达乡思与乡愁的诗、画作品等的展示,旨在表现张大千对家乡的无限思恋与热爱。

单元说明:

"海角天涯鬓已霜,挥毫蘸泪写沧桑。五洲行遍犹寻胜,万里迟归总恋乡。"张大千先生自1949年12月最后一次离川后,半生漂泊,萍游万里,直至仙逝仍未能重归故土。身在异国他乡的他对家乡故园始终无限眷恋、魂牵梦绕。身为四川人,他一直关心家乡发展,尽己所能用行动表达对家乡的热爱;作为画家,他更多的是把思乡的情愫诉诸笔端,让笔下的山水草木传达出他对故乡缠绵眷恋的情愫;作为诗人,他胸腔里不时流淌出浓浓的乡愁,化作篇篇泣血的诗文。

主要内容:

一、情系桑梓

二、画里青山

三、诗中乡关

▶ 第二单元　爱国情怀

通过张大千支援抗战、保护中国文化遗产、时刻以中国人自居等事迹的展示,旨在告诉观众张大千是一位充满赤诚爱国之心的艺术家。

单元说明:

虽然侨居海外近三十年,但张大千一生对祖国怀有无限的眷念。当国家和民族危难之际,他用自己的方式积极投入抗日救亡运动。出于对国家和民族的大爱,他积极保护中国珍贵的文化遗产,还将心爱至宝捐赠给祖国。无论在哪里,他始终保持中国人的风度与气节,以自己是一名中国艺术家而自豪。

主要内容:

一、节高气正

二、葆粹报国

三、以中国人自居

▶ 第三单元　文化使者

本单元展示了张大千在国外传播中国绘画、园林等传统文化,并为中国赢得了世界性荣誉,扮演了中国文化使者的重要作用,提高了中国艺术在世界上的影响力。

单元说明:

张大千走出国门后,奔走于世界各地,高举中国文化艺术大旗,在各处宣传中国传统文化艺术。他多次在世界各国举办画展,皆获得巨大成功;他在各地修建中式园林,以慰乡思的同时更传扬了中国古典园林艺术。他以一己之力为中国绘画在全世界赢得了空前的荣誉,被誉为

"当代世界最负盛名的中国画大师""东方艺术界的最高峰"和"中国文化使者"等,为祖国赢得了喝彩和荣誉。

主要内容:

一、传播中国绘画艺术

二、传扬中国园林艺术

▶ 第四单元　缅怀大千

本单元主要展示张大千仙逝后,海峡两岸对张大千的缅怀纪念活动,旨在表达祖国和人民对大千的铭记和怀念。

单元说明:

大千一逝,四海同悲。尽管张大千长期侨居海外,但祖国不会忘记为民族艺术而殚精竭虑一生的大千,故乡不会忘记离家多日的游子。他在艺术上做出的卓越成就、在传播中国文化以及保护国家珍贵文物方面做出的伟大贡献,祖国和人民始终给予尊重和铭记!

主要内容:

一、海峡两岸忆大千

二、乡梓怀念

三、大千遗韵

● 张大千博物馆

展示主题:

张大千之《艺术人生》

传播目的:

本展览主要展示张大千的艺术人生及其艺术特色与成就,旨在告诉观众张大千不仅是一位集古今书画大成的全能型画家,是世界级艺术大师,同时也是一位具有传奇色彩、丰富多彩的艺术生涯的极具魅力的艺术大师。

主要内容:

序厅

　　第一单元　南张北溥

　　第二单元　东张西毕

　　第三单元　艺坛宗师

　　第四单元　大千世界

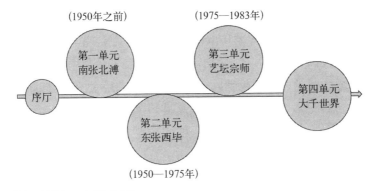

▶ 第一单元　南张北溥

本单元通过介绍张大千向古人、向大自然学习的经历和早期声名鹊起的故事,旨在使观众了解张大千成长为一名技艺超群、名扬海内的国画大师的过程,体会他追寻艺术的执着刻苦精神。

单元说明：

1919年,张大千留学日本两年后归国,即在其二哥张善孖的帮助下在上海拜前清遗老曾熙、李瑞清为师,从书法入手开始对传统书画艺术进行系统的学习。从此他深受重诗书内涵的文人书画风格的熏陶,并从临摹明末清初的石涛起步,开始了近20年的"师古"和"追古"的过程,逐渐掌握了中国文人画的奥妙。与此同时,张大千师法自然,三上黄山、青城苦修和游屐西康,其绘画技法日臻精湛,得到了艺术界的认可而有"南张北溥"之称,逐渐成了名扬天下的国画大师。

主要内容：

一、师法古人

二、师法自然

三、名扬海内

▶ 第二单元　东张西毕

本单元通过介绍张大千离开祖国大陆后游历印度欧美并与毕加索实现历史性会晤的经历,旨在使观众了解张大千吸收中西绘画精华而开创泼墨泼彩画风,由此从国画大师成长为世界级绘画大师的过程,并体会其勇于开拓创新的艺术精神。

单元说明：

1949年张大千离开大陆,此一去竟与故乡大陆成永诀。他在印度短暂居留考察游览的同时也笔耕不辍地创作,1952年远徙南美,侨居巴西长达15年。在巴西期间,他经常游历欧美举办展览,并实现了与毕加索的历史性会晤,使他逐渐受到西方艺术的影响,从而开创了融贯中西的泼墨泼彩画风,成为世界级绘画大师。该画风经过十余年探索终于成熟,从而为中国画开创了一个新领域,为中国水墨画的发展树立了一个新的里程碑,极大地影响了之后的中国画家的绘画技法。

主要内容:

一、萍踪海外

二、东张西毕

三、开创泼墨泼彩

四、开宗立派(泼墨泼彩成熟)

▶ 第三单元　艺坛宗师

本单元通过介绍张大千晚年回归台湾定居并创作了生前最后一幅鸿篇巨制的经历,以及他全能画家的艺术成就和外界给予的隆盛赞誉,旨在使观众体会张大千成为艺坛宗师所秉持的"生命不止、攀登艺术高峰不停"的可贵精神。

单元说明:

70年代中期,张大千身体渐衰,思乡甚笃,因而决定回台湾定居。晚年的他在积极举办展览的同时仍然坚持创作,绘画水准也丝毫不减当年。1981年,已达83岁高龄的他筹备创作一生中最大的一幅作品《庐山图》,但因精力消耗过度,一代艺术大师于两年后溘然长逝。

张大千对绘画门类无所不精,集古今书画之大成,被称为"十项全能"。其绘画艺术不论在生前还是身后都获得了全国乃至世界的一致认可,从而确立了他在近代中国艺术史上无与伦比的地位,被称为艺坛宗师。

主要内容:

一、落叶归根

二、鸿篇巨制

三、十项全能

四、举世盛誉

▶ 第四单元　大千世界

本单元通过介绍张大千生前与艺道友人的交往、早年所创大风堂获得的成就、后人对张大千的研究及创下拍卖新高的张大千作品,旨在使观众了解张大千绘画对艺术界所作出的巨大贡献和所产生的深刻社会影响。

单元说明:

张大千性格包容、一生交游广阔,不仅与众多艺坛名人结为挚友,也与一些政界名人交好。他早年所创立的大风堂经过百余年发展,对中国传统绘画发展影响深刻,门下弟子画迹已然走遍寰中。正是由于张大千对中国艺坛重大的影响力,使得张大千研究掀起一股热潮,画集著作出版不迭,也令张大千绘画作品在艺术拍卖中备受艺术品藏家追捧。

主要内容:

一、艺道之交

二、大风堂

三、张大千研究

四、拍坛翘楚

九、诸暨中国香榧博物馆展览主题结构演绎

本展览是诸暨中国香榧博物馆基本陈列,由三部分组成,如下图所示:

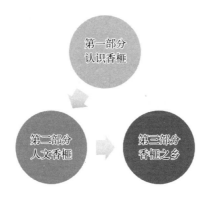

- 第一部分　认识香榧

本部分通过展示榧树这一树种的起源、分布、香榧与榧树的差异、香榧的生物特性以及香榧的价值,旨在使观众从生物学视角了解香榧这一物种,从而认识到榧树的古老性、珍稀性、独特性和重要价值(见下图)。

▶ 第一单元　远古孑遗——榧树的起源

单元说明：榧树在神秘而古老的侏罗纪时代（距今约1.9亿年—1.5亿年）便早已存在。其时，地球上现有的大陆格局尚未成形，巨大的恐龙群盘踞在地球蛮荒的土地上，裸子植物正处于繁盛期，距离人类诞生的新生代依旧十分遥远。

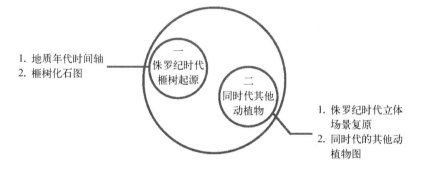

▶ 第二单元　榧树寻踪——榧树的分布

单元说明：随着气候的转变，从大约1亿年前的白垩纪时代开始，裸子植物由盛转衰，榧属植物的生存范围也开始萎缩，不再是常见物种。现今榧属植物只分布在中、美、日等少数国家，我国分布最广。榧树是榧属中的一个种，为我国特有树种，主要分布在北纬26°的武夷山南段东坡长汀等地到北纬32°的安徽大别山区六安、霍山、金寨等地；东经109°左右的贵州松桃、湖南湘西龙山一线到东经122°的浙江沿海的宁海、奉化、象山等县市。这与分布地特殊的气候、地理条件是密切相关的。

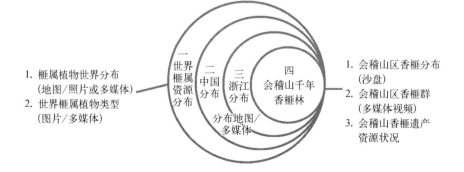

▶ **第三单元　同根尤异——香榧与榧树的区别**

单元说明：香榧是榧树中的一个优良品种，它是经过人工无性嫁接繁殖而成的优良品种，是榧树中唯一实行人工栽培的品种，两者主要差异是在形态和品质上。而香榧作为重要的经济、观赏树种，品类繁多，具有自身独特的生物属性。

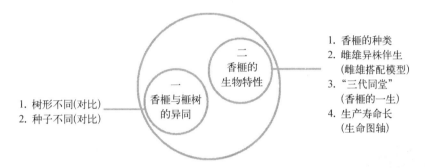

▶ **第四单元　价值"榧"然——香榧的经济价值**

单元说明：自然造物之奇特与百姓智慧之高超成就了香榧这一我国特有的珍稀干果树种。其果可食、材可用、叶可药，集食用、药用、材用、观赏等多种经济价值于一身，价值斐然。自古以来，它一直深受人们的喜爱。

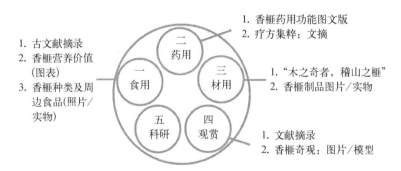

▶ **第五单元　生态价值**

单元说明：香榧除了食用、药用、材用等经济价值，还具有维持生物多样性、保持土壤、涵养水源、调节气候以及净化空气等方面重要的生态服务功能，是维护和改善一个地区生态环境的重要保障。

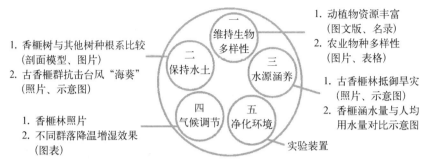

● 第二部分　人文香榧——香榧栽培的历史与文化

本部分主要展示上千年以来绍兴会稽山居民的林农复合型生态农业模式，在香榧栽培、嫁接、采摘与加工方面的技术及其智慧，以及会稽山区人民以香榧为生产资料而形成的相关民俗活动与历史文化（见下图）。

▶ 第一单元　林农复合型生态农业模式

单元说明：会稽山先民在长期栽培香榧的过程中，为走出地少人多的困境，综合利用山地资源，在陡坡地上构建起林农复合的经营模式。这种独特的农业体系既能保持水土，又能创造较高的经济价值，在会稽山坡地上创造了人与自然和谐共处的奇迹。

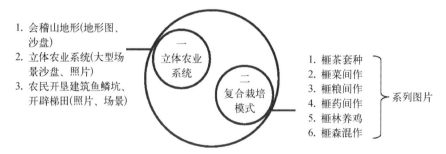

▶ 第二单元　千年连理枝

单元说明：存活千年的会稽山古香榧树以及有关历史资料表明，也许在两晋、南北朝之前很久的越国时代，会稽山先民便开始有意识地选种并嫁接培育香榧。这是勤劳、智慧的会稽山先民的一项伟大创造，它的发明与应用，不仅使大规模栽培香榧变为可能，而且改良了香榧的品质、提高了香榧的产量。

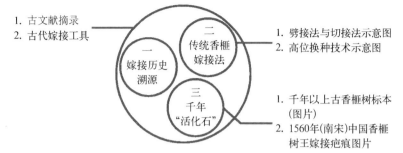

▶ 第三单元　九月采摘季

单元说明：香榧生长期长达17—19个月，第一年4月开花，6月结果，到第二年9月成熟。每年9月上、中旬，当香榧的假种皮由青绿转黄绿，部分假种皮开裂，个别种子脱落时，便是香榧采摘的时节。到了香榧采摘季节，男女老幼齐上阵。老的小的站在地上，采摘垂下来的榧果，或捡拾落在地上的果子；妇女站在地上用长长的榧笢兜榧果，青壮年则爬梯上树采摘。

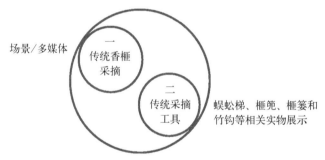

▶ 第四单元　榧香会稽山

单元说明：香榧的加工是保证香榧品质的最后一关，其后熟与炒制的加工工艺是香榧香气扑鼻的关键。每颗香榧都要经过堆放、剥壳、清洗、晒干、翻炒、起锅、浸泡、沥干、烘制、冷却、挑选等十一道加工工序，尤其是榧农们发明的"双炒"和"双熄"炒制技术，使香榧成为香沁天下的果中珍品。

▶ 第五单元　香榧传统民俗与文化

单元说明：从古至今，人们没有停止过对香榧这一自然馈赠的倾慕。在会稽山区，香榧文化成为了一种特有的地方文化符号和文化意象，不仅包含以香榧为基础的生计方式和相关的森林文化，也因其自身树龄长、雌雄异株、二代果实同树等特征而有着"长寿、美满、团圆"的象征意义，融入了地方社会文化的各个层面，成为当地的社会认同和集体记忆，衍生出大量的传说故事、祭祀与节庆等文化活动，使香榧文化得以代代传承。人们还用诗词文章歌颂香榧的价值与喻义，留下脍炙人口的名篇佳句，使香榧的人文内涵更为丰厚。

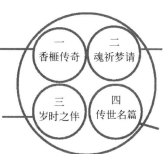

1. 起源神话(传说故事地图)
2. 名人轶事(绘画/漫画/塑像创作、相关实物)
3. 民间传说(绘画/漫画创作)

1. "四时八节"中使用香榧及其制品节庆场景展示
2. 婚俗礼仪中使用香榧实物及场景展示

1. 祈求丰产(实物、照片/影像资料/场景复原)
2. 祈求平安
3. 祈求健康(照片/漫画/视频)
4. 祈求感恩(照片/漫画/视频、祭文展示)

1. 文献摘录
2. 古代诗句

▶ 第六单元　香榧赞(当代艺术作品)

单元说明：即使穿越千年，当代的文人墨客仍没有停止对香榧的喜爱和赞美。文学家吟诗作对，用文采藻饰歌颂香榧；画家挥毫泼墨，用色彩笔法描绘香榧。光影交织，摄影师与导演用镜头记录榧树摇曳；精雕细琢，工艺大师用工具雕刻榧木精华。当代艺术家们饱含着对香榧的热爱，在作品中完成了自然美与人文美的相互交融，谱写成一首首对香榧的赞歌。

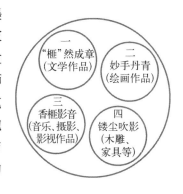

● 第三部分　香榧之乡——以会稽山区为中心的香榧产业

本部分主要展示以会稽山区为中心的香榧产业的现状和发展前景，包括香榧育苗、种植、加工的产业和企业，政府的保护和扶植政策等，旨在展现以会稽山区为中心的香榧产业的传统优势和良好发展前景(见下图)。

▶ 第一单元　种植产业

单元说明：中国的香榧种植历史已有 2 000 多年，主要分布在浙江会稽山脉的诸暨、东阳等县市。但由于地理条件限制、前期投入大、投产周期长等因素制约，香榧长期以来处于自然生长、零星种植的状况。而近年来，在有关林业部门、科研机构的香榧专家和企业界代表的共同研究努力下，香榧种植在安徽、江西、湖南、湖北等亚热带地区得到推广。

▶ 第二单元　加工产业

单元说明：香榧主产区诸暨、东阳、嵊州、绍兴等都有越来越多的企业参与香榧加工产业的发展。随着企业技改和研发力度的加大，改香榧经验加工为科学加工，产品优质、营养、安全，达到国际国内标准，并培育了如冠军、康大王等知名品牌，提升了在国际市场的竞争力。

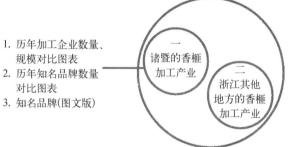

▶ 第三单元　育苗产业

单元说明：本单元主要展示以诸暨为中心的香榧育苗产业和育苗科技的发展概况及其良好发展态势。

▶ 第四单元　政府的保护和扶持

单元说明：会稽山地区的各级政府非常重视本地香榧资源和对独具特色的香榧文化的保护，

注意扶持和推动香榧产业发展,并为此采取了一系列保护和扶植政策,包括制定保护和发展规划、设立自然保护区、建设香榧森林公园、积极申报全球和中国重要农业文化遗产、制定和落实扶持政策、重视香榧科研工作、塑造香榧品牌、开展对外宣传等。这些举措有效地保护了香榧资源,传承了香榧文化,推进了香榧产业的发展。

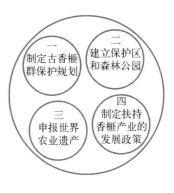

十、中国湿地博物馆展览主题结构演绎

本博物馆是一座以展示中国湿地为主题的博物馆,通过介绍湿地科学知识、世界湿地及其保护行动、中国湿地资源状况和价值、中国湿地与我国生态安全及经济社会可持续发展关系、中国政府为保护和可持续利用湿地所做的努力及取得的成就,以及首个国家湿地公园——西溪国家湿地公园的展示,旨在向观众普及湿地知识,宣传湿地保护的重大意义以及人与自然和谐发展的科学发展观,增强观众的生态保护意识,促进我国经济、社会、文化和环境的和谐发展。

本博物馆展览由四部分组成,如下图所示:

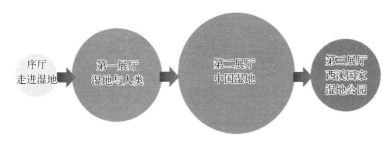

本展览的核心理念是:湿地、人类生活方式、生活品质构成了湿地与人类关系的元素。三者相辅相成、生生不息,体现着天人合一、人与自然和谐发展的哲学理念。

完好的湿地资源和自然生态环境保护为人类提供了良好的生活品质保障。

合理的、可持续的生活方式有助于湿地资源的保护,并进一步保障人类的生活品质。

健康的生活品质可以确保人类以积极的生活方式参与经济、社会和文化建设。

● 第一展厅　湿地与人类

本部分主要向观众介绍湿地的基础知识，相当于概论。内容包括什么是湿地及其类型，湿地生态系统及其生物资源，湿地与人类文明起源，湿地的功能及与人类的关系，国际湿地公约与国家湿地保护行动等，旨在向观众普及湿地基础知识，让观众认识湿地，关注湿地，重视湿地，从而增强他们对湿地保护重要性的认识。

单元结构如下图所示：

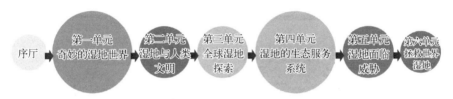

组结构如下图所示：

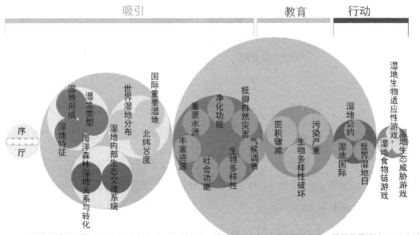

● 第二展厅　中国湿地

本部分是展览的核心。主要向观众介绍中国湿地资源状况及其特征、重要的湿地分布区域、中国湿地可持续利用的现实问题，以及中国政府为保护湿地所做的不遗余力的努力及其取得的成就，旨在让观众了解我国湿地资源的基本国情及其面临的问题，提醒人们重视湿地、爱护湿地，树立人与自然和谐的科学发展观，积极参与到保护湿地的行动中来。

单元结构如下图所示：

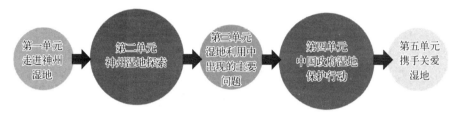

组结构如下图所示：

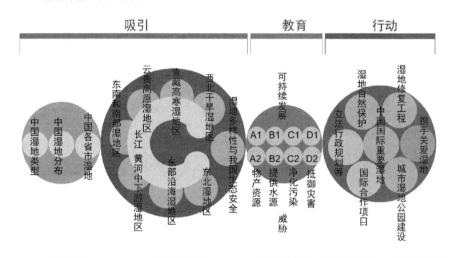

- 第三展厅　西溪国家湿地公园

本部分将聚焦西溪国家湿地公园。向观众介绍在国家林业局和浙江省领导的指导下，杭州市委、市政府为了恢复和保护西溪湿地生态，在湿地可持续利用方面所做的艰苦努力、成就和成功经验。西溪湿地保护工程对提高杭州城市整体环境质量意义深远，而且对我国湿地保护具有重要示范作用。

单元结构如下图所示：

组结构如下图所示:

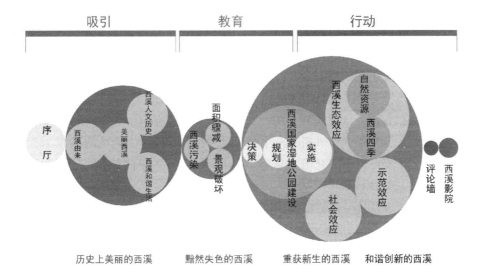

第六节 展览传播主次的研究和规划

要在有限的空间和时间内展示展览的内容,切忌主次不分、面面俱到,而应该主次分明、重点突出。因此,在展览内容的规划中,特别要对展览的传播目的、传播信息、内容板块、知识点进行研究,分清主次,突出重点,从而达到展览的最佳有效传播效应。

一、展览传播目的主次的规划

传播目的主次规划是展览主次规划的顶层设计。一个展览往往包含多个传播目的,为了突出展览的主要传播目的,我们必须对展览的各个传播目的进行分析,分清主次,并在展览规划中依据传播目的主次进行合理的安排,突出重要的传播目的。

以我们策划的苏步青励志教育馆为例,这是一座反映苏步青生平、业绩和精神风范为主题的人物类博物馆。我们通过对有关苏步青生平、业绩和

精神风范的学术研究成果,确定本展览有以下六个传播目的:

（1）苏步青是一位伟大的科学家,在数学领域做出了杰出的贡献;

（2）苏步青是一位伟大的教育家,为中国的高等教育事业和人才培养做出了卓越的贡献;

（3）苏步青是一位伟大的爱国者,一生热爱祖国,为国家的强盛而奋斗;

（4）苏步青是一位杰出的社会活动家,积极参政议政,为国家建设特别是国家的教育事业倾注了巨大的心血;

（5）苏步青青少年时期的奋斗经历是一个知识改变命运的故事;

（6）苏步青是一位充满人格魅力的智者,他一生生活朴实,诗意情怀,感恩重义,知足常乐。

（7）苏步青是一位充满家乡情怀的人,他始终与家乡人民保持密切的联系,始终关心和帮助家乡的发展和建设。

在上述七个传播目的中,其中1—2最重要,3—5次之,6—7再次之。在展览内容文本设计中,我们根据传播目的主次不同,相应的也对展览内容进行比重上的区别。

再如,《上海禁毒教育馆展览》设定了六个具体传播目的:

（1）帮助青少年辨识毒品及其种类;

（2）帮助青少年充分认识到毒品的严重危害;

（3）帮助青少年提高防范和拒绝毒品的能力;

（4）告诉染毒青少年:戒毒是唯一的出路;

（5）帮助青少年树立正确的人生观,珍爱生命;

（6）介绍我国政府的禁毒政策和法律,让观众积极参与到禁毒斗争中来。

基于本展览的主要传播目的是对青少年进行毒品防范教育,增强他们自觉抵制毒品的意识和能力,让他们远离毒品,珍爱生命。因此,我们认为1—4重要,5—6其次。

二、展览传播信息主次的规划

一个展览要传达的信息很多,为了避免信息干扰,将主要信息(必要的)传达给观众,策展人必须站在观众的角度,对展览信息进行梳理,将重要的、必需的信息传达给观众。

例如美国蒙特雷湾水族馆(Monterey Bay Aquarium)曾经举办的鲨鱼

展,该展览的传播目的是"鲨鱼与你想象的不同",展览策划人经过研究后对展览的传播信息做出如下规划①:

展览首要传播信息:"就像老虎与狼在陆地上一样,鲨鱼是地位最高的食肉动物;它们在海洋中扮演重要角色。"——这是展览中必须传播的信息,要尽可能用立体化和形象化重点表现。

展览的次要传播信息:"鲨鱼不是不思考就只会吃的机器;它们有一系列精致的调整感官,帮助它们置身于找到猎物而且容易猎到猎物的位置。"——这是展览中应该传播的信息,要包含在每个个别展示单元及诠释绘图中。

展览再次一级传播信息:"大白鲨可以保持高于环境的体温,以便它在冷水中有效的用它的肌肉来捕猎。"——这是展览中有空间表现就表现的内容。

再如,美国普瑞特(Pratt)博物馆曾经做过一个展览《被弄污的水:石油外漏的概况》(*Darkened Waters: Profile of an Oil Spill*)。展览策划团队经过研究,从大量信息中精炼、简化为8项最主要的(值得传达的)信息②:

(1) 阿拉斯加是国家的宝地,要加以保护;
(2) 石油外漏是一个非常巨大的灾难;
(3) 石油外漏改变了人类的生活;
(4) 我们不可能把外漏的石油清除干净;
(5) 石油外漏怎么会发生;
(6) 石油外漏还没有完结;
(7) 我们学到了(也继续在学)这个教训;
(8) 我们一定得做一些事来补救,但有什么是我们可以做的?

三、展览内容板块主次的规划

展览内容板块的主次规划是展览主次规划的中层设计,是对展览"面"的规划。展览内容是服务和服从于展览传播目的的,是展览传播目的的支撑和体现。因此,展览内容板块主次规划要根据展览传播目的的主次来合

---

① Kathleen Mclean 著,徐纯译:《如何为民众规划博物馆的展览》,台湾:海洋生物博物馆出版,2001年,第62页。
② 同上书,第61页。

理规划。

显然,要在有限的空间和时间内不分主次地展示内容是不合理的。事实上,观众参观展览的时间以及能够接受的展览信息是有限的。为了帮助观众在有限的时间内得到必要的或最重要的信息和内容,展览策划应该对展览内容板块进行主次区分,以便在展览中重点表现和突出那些重要的内容板块、那些重要的内容和信息(圆圈大小表示展览的重要程度)。如下图所示中国湿地博物馆展览。

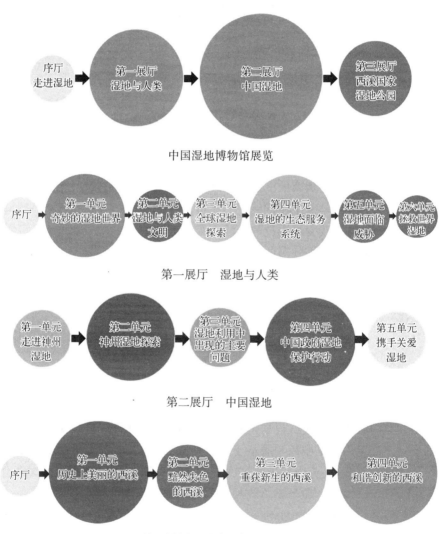

中国湿地博物馆展览

第一展厅　湿地与人类

第二展厅　中国湿地

第三展厅　西溪国家湿地公园

再如绍兴博物馆"历史名城 文化之邦"陈列共分为六部分。根据绍兴城市历史文化的特点,其中最重要部分是"第二部分 越国春秋"和"第五部分 绍兴府地";其次是"第一部分 史前绍兴""第三部分 会稽郡地""第四部分 越州州地""第六部分 近代绍兴"(见下图)。

再以蚌埠博物馆"古代蚌埠"陈列为例,最重要的内容是"双墩文化""禹会诸侯之地""钟离君'柏'陵墓",其次是"安徽大汶口文化第一城"和"固镇垓下古战场遗址"(见下图)。

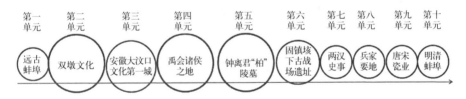

第一展厅 古代蚌埠:文明历程

四、展览重要知识点和信息点(重点和亮点)的规划

展示内容重点和亮点规划是展览主次规划的底层设计,是对展览"主要信息点或传播点"的规划。

博物馆展览不是写书,并且,观众也是在有限的时间内参观一个展览。在有限的时空内展示某个主题展览内容,不可能面面俱到,不可能娓娓道来,不可能细说。同时,展览表述有其自身的规律和特点,它是通过一个个展项来叙事的。因此,在展览内容的规划上要特别重视展览传播点(知识点、信息点)的选择和规划,即要选择代表性、典型性的"点",并且通过这些

"点"的有序串联来述说事物的发展过程（以点带线），或反映事物的面貌和状况（以点带面），通过这些"点"的逻辑化串联为观众构成一个完整的知识体系。

以贵州省博物馆基本陈列为例，其历史部分展览——"历史贵州"按照"以点带史"的思路组织展览内容，民俗部分展览——"纷彩民俗"则按照"以点带面"的思路组织展览内容。

从大的历史发展节点看，贵州历史主要有三个节点：以黔西和安龙观音洞遗址为代表的早期旧石器时代文化，以夜郎古国为代表的新石器时代至东汉的历史文化，以土司文化为代表的唐宋至明清历史文化。所以，"历史贵州"以此三个节点为支点，采用"以点带史"的方法叙述贵州的历史：第一单元"观音洞的故事"；第二单元"夜郎寻踪"；第三单元"海龙风云"。

同样，在"观音洞的故事"这一单元，展览也以"以点带史"的方法叙述早期旧石器时代历史文化（见下图）：

由于贵州民族众多，民俗事象精彩纷呈，从大的类别讲，有岁时节庆、敬畏之礼、婚恋习俗、交际性习俗等，而每一类民俗又丰富多彩，显然要将所有民俗事象进行展示是不可能的。于是我们在"纷彩民俗"部分展览策划中，采用"以点带面"的思路组织展览内容（见下图）：

第三单元　交际节日

另一方面,展览需要做"秀",需要有"秀"的支撑。所谓"秀",即是展览每个部分或单元的重点和亮点,是展览传播的主要知识点和信息点。一个成功的展览离不开展览"秀"的支撑。如果没有"秀"的规划,这个展览往往是个不成功的展览。因此,在展览文本策划中,我们要认真研究并选准每部分或单元的内容的重点、亮点,并且合理地安排这些重点、亮点的布局。

以"深圳改革开放史展览"第一部分"要杀出一条血路来!——深圳经济特区开创阶段(80年代初—80年代中期)"为例,经过研究分析,我们确定本部分展览的十个重点、亮点是:

(1) 开放前港深比较

(2) 邓小平提出经济特区和深圳特区的建立

(3) 蛇口开山炮打响了中国对外开放的第一炮

(4) 建国贸大厦创深圳速度

(5) 价格体制改革

(6) 基建体制改革

(7) 劳动用工制度改革

(8) 干部人事制度改革

(9) 兴办八大文化设施

(10) 邓小平视察深圳

再如,广安邓小平故居"邓小平生平事迹展:我是中国人民的儿子"第五部分"开创伟业",根据邓小平领导改革开放、开创伟业的业绩,确定展览十个主要传播点如下:

(1) "拨乱反正",打开一条新路

(2) 发动和领导改革

(3) 开启对外开放大门

(4) 绘制现代化宏伟蓝图

(5) 领导新时期军队和国防建设
(6) 新时期爱国统一战线的奠基人
(7) 提出"一国两制"的伟大构想
(8) 为了世界的和平与发展
(9) 聚精会神抓党的建设
(10) "一个老共产党员"的情怀

第七节　展示素材选择及其组团

> 展览与写书不同，它依赖展示素材表现和叙事，展示素材是博物馆展览特有的表达语言。欲使展览达到有效传播信息和内容的目的，必须选择好展览的素材，包括文物标本、图片声像以及用于创作辅助展品的故事情节资料，并对展示素材进行合理巧妙的组织和安排。

一、选择好展示素材

展览内容的表现和信息的传达需要生动、形象的展示素材的支撑，展示素材不仅包括文物标本、图片声像资料，还包括可用于创作辅助展品的故事情节资料。好的展览素材能够生动形象地表现展览的内容，揭示展览的主题。因此，在展览文本策划中，要认真研究和选择展览的素材。一般来说，那些"见人见物见精神"的素材，那些具有代表性、通俗性、故事性和情节性的素材，往往最能表现展览的内容，最能打动观众。因此，在选择和安排展览素材时，我们要尽可能选择这样的展示材料。

例如，在莫斯科俯首山俄罗斯卫国战争博物馆中，为了表现战争的残酷和对人性的摧残，展览策划师选择了"一个女人战争前后和战争中拍的3张照片"来表现（见下图）。第一张照片是战争开始前拍的，看上去是一位充满青春活力的姑娘；第二张照片是战争进行到中期时拍的，看上去像一位中年妇女；第三张照片是战争结束时拍的，看上去像一位老太太。这组照片，从小处和普通人平凡的经历着眼，却揭示了一个伟大的主题：俄罗斯卫国战争的残酷及其对人性的摧残！

俄罗斯卫国战争博物馆中一个女人的三张照片

又如美国犹太大屠杀博物馆反映了一个维持了九百多年的犹太传统小镇的居民两天之内被屠杀殆尽的故事。展览策划师将博物馆展览入口设计为"人像塔"。采用集中展示的手法,将搜集到的数百张人像照片悬挂塔中。通过照片把大屠杀之前小镇居民祥和的生活和工作的状态——过生日、节日、娱乐、婚礼、朋友聚会、上学、上班、体育活动等呈现给观众。让观众首先从这个"人像塔"进入,然后再参观大屠杀的情景,参观完后再从这里出来,从而产生强烈的对比和心灵的震撼,巧妙之极!

犹太大屠杀博物馆中的"人像塔"

再如,乌克兰切尔诺贝利核事故纪念馆里最引人注目和最令人感慨的是一段由因切尔诺贝利核事故死亡的少年儿童照片组成的照片墙。当观众看到那么多活泼可爱的少年儿童因切尔诺贝利核事故而丧生时,想必对其心灵的震撼一定十分强烈。展览策划师之所以不选择死去的青壮年和老人的照片而选择少年儿童照片,就是因为少年儿童的死最能够打动观众的心,从而激发观众对核事故的反思。

切尔诺贝利核事故纪念馆中的"照片墙"

又如纽约911纪念馆感动千万人的展品如下:

● 小兔子玩偶——玩偶的主人小女孩一家三口乘坐美联航175航班,前往洛杉矶迪士尼乐园,可小女孩乘坐的飞机被劫持,撞向了世贸中心南塔。

- 靴子——纽约警察局探长 Carol Orazem 的靴子,她在当天被派往事发现场。靴子的橡胶底已经融化脱落。

- 消防车——纽约消防队的 3 号阶梯式消防车,被掉落的废墟融化变形。

- 扩音喇叭——布什总统在 2001 年 9 月 14 日遗址清理现场发表演讲。一个声音突然从人群中喊道:"我无法听见你的声音!"小布什总统用这个喇叭向人群喊道:"我能听见你!世界人民也能听见你!那些推倒我们自由高塔的人更将听见我们的怒吼!"

再如,德国柏林一家博物馆曾经举办过一个反映二战末期柏林

遭受轰炸和被占领的展览,其中一堵展墙展示的是柏林被轰炸后普通市民为寻找和通知亲人在电线杆、墙上及以其他方式写的文字,例如:"我是汉斯,如果谁见到我的家人,请告诉他们我还活着!""我是约翰,我在寻找我的亲人某某某,如果谁见到,请联系我!"这些素材真实感人,十分形象生动地揭示了展览的主题——战争对普通老百姓的折磨,呼吁人类反对战争。

再如,我们在策划"深圳改革开放史展览"时,对如何表现"外汇制度改革必要性",一度感到十分困惑,这个内容很重要,但却很难表现。常规的做法是展示外汇调剂市场的照片及其工具,但这样很难表现出外汇制度改革的必要性。后来,我们通过访谈了解到两个最能说明外汇制度改革必要性的故事。

其一是原国务院副秘书长李灏上任深圳市委书记不久后发生了一件事情——一位国营企业厂长因倒买国家禁止的外汇并且数量很大而被深圳检察院拘留。此事上报给李书记,李书记通过了解发现这位厂长不是为自己谋利而是为了企业发展生产而倒买外汇,因为当时深圳企业原料设备及市场"两头在外",企业赚的外汇又要上交国家,本身只有少量外汇。在这种情况下,为了发展生产,为了采购在境外的原料和设备,企业被迫到黑市上去高价购买外汇。李书记认为,这不是这位厂长的错,而是国家的外汇制度阻碍了生产力的发展,必须进行改革,否则企业生产无法持续。于是,他批示:"不许抓人!"

另一个故事发生在时任中国人民银行深圳分行行长和外汇管理局深圳分局的罗局长身上。一次他带客人去饭店吃饭,饭后结账时,服务员要求罗局长用外汇支付啤酒钱,因为啤酒是进口的,是用外汇购买的。这个案例说明外汇制度已经影响到民众的生活了,而且这个故事发生在深圳市外汇管理局的局长身上,愈加说明问题。

所以,我们根据"不许抓人!"和"请付外汇!"两个故事来表现"外汇制度改革必要性"。

上述案例说明,选择和安排展览素材是何等重要。

二、研究展示素材的组团

要有效地传播展览的内容,除了要选择好的展示素材外,还要巧妙地对这些素材进行组织。展览要清楚地传播信息,关键要在展示素材的信息组团上下工夫。展示素材的信息组团越科学、巧妙,就越能有效传播展览的信息;反之,将影响展览信息的传播,甚至出现错误的信息传播。

展示素材的信息组团类似电影的一个个分镜头。博物馆展览一般由四类信息载体构成,即图文看板、文物标本、作为辅助展品的二维或三维的造型艺术以及信息装置。它们之间必须是相互关联和呼应的,以共同表现一个展览内容或揭示一个展览主题。

例如,当年中国革命历史博物馆举办的"周恩来生平展览"最后部分"鞠躬尽瘁　死而后已"中的"为人民服务纪念章、台历和手表"的组合。

再如良渚博物院"良渚人建房",由四个方面的元素组成:图文说明板、良渚人房屋考古发掘柱洞及平面照片、考古出土榫卯结构建筑构件、良渚人房屋模型。

再如瑞典东方博物馆"仰韶文化墓葬"组合。展厅墙面是从地到顶的一张表达"仰韶文化"的地域环境——黄河流域的老照片(靠近可以听到黄河波涛声和乌鸦鸣叫声),一组表达"仰韶文化"墓葬的发掘照片,一组反映"仰韶文化"墓葬的照片及其出土器物,一个可以让人进出的大型彩陶罐(内置播放叙述"仰韶文化"时期社会结构故事的录音装置)等(见下图)。

瑞典东方博物馆"仰韶文化墓葬"组合

又如,2014年建成的桐乡市博物馆展览中关于良渚文化晚期新地里遗址和姚家山遗址的展示,前者发现一处由140座贫民墓组成的墓地,后者发现了一处由7座高等级贵族墓组成的墓地。在展示素材的组团上,必须对新地里、姚家山两个遗址墓葬进行一一对比组合展示,包括墓葬体量大小、有无二层台、有无棺椁痕迹、随葬品多寡等的比较,以反映良渚文化低等级墓地和高等级墓地并存,说明良渚文化晚期社会阶层分化的现象。如果展览的素材不进行这样的对比组合展示,仅仅从版面好看的角度进行一些布局,那么展览本该向观众传达的信息将完全传达不出来。

三、展览显性信息和隐性信息的处理

我国博物馆展览有一个通病,即信息过于繁杂且不分层次,只给观众"一道菜",不管面对的是普通观众还是专业观众。作为信息传播的载体,一方面博物馆展览传播的信息固然要丰富饱满,能满足不同观众的不同信息需求,但同时又要避免信息过量,不使观众产生信息混乱;另一方面,受展厅面积和空间局限,可能无法或不便于展示大量信息。因此,要根据信息的重要程度,分类并科学、合理地处理好展览的信息层次。

其中,特别要合理地处理好展览的显性信息和隐性信息。一般来说,显性信息通常与观众直接见面,主要满足普通观众的需要。隐性信息的一般处理方式是触摸屏,主要满足专业观众的需要或再次来博物馆参观的观众的需要。例如,绩溪博物馆基本陈列中的"胡适年表"就很长(记录他从1891年出生到1962年72岁去世重要事件的年表约7 000多字),普通观众应该没有兴趣全面了解,但部分专业观众可能感兴趣。因此合理的处理方式是将其作为隐性信息处理,即利用触摸屏将完整的"胡适年表"进行存储和浏览。触摸屏能提供灵活的方式帮助观众学习、浏览,使观众获得信息的方法更为直观简便。

隐性信息常见的展示方式还有抽屉式、抽拉式和翻版式。例如在史密森美洲印第安人博物馆的展厅内,许多展柜橱窗下面都有几层抽屉,上面写着:"打开抽屉,有更多发现。"原来里面存放的是一些小件艺术品,如项链、箭头等,它们如果跟那些大件艺术品一起摆放就很可能被忽视,藏在抽屉里却引起了人们的好奇心。

抽拉式采用层层活动式抽拉板,观众可以通过抽拉方式,从上往下一层层抽拉观看展示图文版,内容编排一般是由浅入深、由粗到细(如下图)。

俄罗斯圣彼得堡城市历史博物馆展览中的抽拉式图文版

翻版式是将图文版面设计成活动式,正面是问题,背后是答案。观众先阅读正面的问题,进行思考,再翻转活动式版面,比对答案。

第八节 展览文本文字编写

> 文字编写是展览内容文本策划的重要内容。展览内容文本文字至少应该包含三类文字——各级看板说明文字、辅助展品创作描述和依据文字以及数字媒体的隐性信息文字。一个好的展览文本文字编写,不但能增加观众对展览的兴趣,而且有利于展览形式设计和创作。

一、各级看板说明文字的编写

看板文字是展览的主要信息传播载体,是文字说明最重要的组成部分。体现在展览中即是前言和结语以及一级、二级、三级或四级看板说明文字,它们反映了展览宗旨以及每部分、单元和组的主题或核心思想,是整个展览或各部分、单元和组的主题性或主导性文字。它们是展览与观众对话的媒介,是展览的说故事者,直接关系到展览的思想、知识和信息传播以及观众参观展览学习的效益。对博物馆展览来说,看板文字是必不可少的。看板文字不应该仅仅是展示说明,还需要鼓励参与和增强互动。拥有一个优美的看板说明文字,不但能增强观众对展览的兴趣,而且会使他们对整个展览产生深刻的印象。目前在博物馆展览内容文本文字编写方面突出的问题是展览前言以及部分、单元和组的说明文字撰写或缺乏规范性和准确性,或缺乏吸引力和激发性。

(一) 前言

"前言"是展览看板文字中最重要的文字,一般可反映展览的主题思想、基本内容和宗旨。展览前言文字编写的主要任务在于概述展览主旨和要点,使观众能迅速而有效地了解到展览的基本情况,引导其进入正式的展览参观环节。

案例 1

四川乐山大佛博物馆展览"前言"

您一定知道乐山大佛，
  但您也许不知道大佛建造的因由？
您一定知道乐山大佛，
  但您也许不知道大佛为何会建在此地此处？
您一定知道乐山大佛，
  但您也许不知道大佛建造的故事？
您一定知道乐山大佛，
  但您也许不知道为何大佛选择弥勒佛为形象而不是文殊和普贤？
您一定知道乐山大佛，
  但您也许不知道大佛博大精深的文化内涵？
您一定知道乐山大佛，
  但您也许不知道一千多年来人们为保护大佛所做出的艰苦努力？

案例 2

绍兴市博物馆展览"历史名城　文化之邦"前言

  绍兴，地处杭州湾南岸，宁绍平原西部。境内山川秀丽，水网如织，物阜民丰，经济繁荣，文化昌盛，素以"山清水秀之乡，历史文物之邦，名人荟萃之地"著称，更作为"酒乡""桥乡""书法之乡""名士之乡"享誉海内外。

  绍兴的历史是一部波澜壮阔的千年史诗。早在 10 000 至 3 500 年前，於越先民已在这里生息繁衍，创造了灿烂的史前文明。春秋战国时期，越王勾践卧薪尝胆，铸就了天下霸主的大国宏愿。时至秦汉，会稽太守马臻倾全郡之力，筑鉴湖水利，开万世福泽。魏晋时期，这里成为民物殷阜之地，呈现"今之会稽，昔之关中"的繁荣景象；兰亭盛会集文人之才情，传书法之名篇。隋唐盛世，越州先有越国公杨素修建"罗城"，成为唐代"浙东七州之首城"；后有李白、杜甫等文人雅士挥毫泼墨于青山绿水之间，踏绘气象万千的"唐诗之路"。自宋以降，绍兴府二置陪都，与当时金陵并称"天下重镇"。后经明、清两代修葺发展，城镇勃兴，成为"栋宇峥嵘，舟车旁午，壮百雉之巍垣，镇六州而开府"的通都大邑。近代绍兴是辛亥革命的重要发源地之一，无数绍兴仁人志士身先士卒,抛颅洒血,成为中华民族近代革命的先驱。千百年来,文脉一直是绍兴城市生生不息的根基所在。这里学风长盛,积蕴传承,名仕辈出,涌现了陆游、王阳明、秋瑾、鲁迅、蔡元培等一大批先贤明哲,筑就了绍兴这方沃土的登峰造极,毛泽东曾诗赞绍兴"鉴湖越台名士乡"。

现在,我们徐徐揭开绍兴今日平静如水的帷幕,让这座历尽兴衰的现代新城,吐纳昔日辉煌,讲述千载史篇,将历史的惊世浩瀚,重现人间!

案例3

安徽徽文化博物馆基本陈列的前言

徽州,中华大地上一个名扬中外的文化地理概念,一个独立而卓然的民俗文化单元,它以今天黄山市为中心,包括历史上徽州府"一府六县",即歙县、黟县、休宁、婺源、祁门、绩溪。

徽州,自古以来就是一个美好的地方。历来以山水之秀、人杰地灵、商贾之富、文风之盛、民风之淳而蜚声海内外,被誉为"东南邹鲁"、"文献之邦"和"文物之海"。

徽州,是中国封建社会后期儒家文化的圣地,是明清时期中国先进文化的光辉代表,是传统中华文化的精彩缩影。宋至晚清,这里曾经达到高度繁荣和辉煌的文化。无论在思想、经济、政治领域,还是在文化艺术的各个方面,都有突出的特点和很高的成就,并辐射至周边地区,乃至全国。统治中国思想史近千年的理学源头在这里,独占中国经济鳌头三百多年的徽商在这里,备受文人墨客青睐的徽墨和歙砚产在这里,中国版画的最高成就在这里,中国篆刻的主流在这里……至于历史名人,更是灿若群星。宋以来的理学大儒如程颢、程颐、朱熹的祖籍在这里,被梁启超推崇"是为八百年来思想界之一大革命"的启蒙主义思想家戴震出生在这里,被誉为"五四运动"精神领袖的胡适也出生在此……明清时期徽州突出的文化现象与成就被誉为"徽文化"。

让我们走入历史时代的徽州,去感受徽文化的博大精深,欣赏徽文化的绚丽多彩!

案例4

上海禁毒教育馆的前言

毒品是人类的公害,毒品问题是当前国际社会面临的共同威胁。特别是进入21世纪以来,以冰毒为代表的新型毒品迅速蔓延,给人的生命健康和社会和谐发展造成了巨大危害,成为"世纪之患"。

新中国曾以无毒国而享誉世界30多年,但20世纪80年代,国际毒潮再次波及中国。上海作为中国最大的工商业城市和国际重要交通枢纽,是境内外毒品犯罪组织长期觊觎的地区,存在着毒品泛滥的危险,禁毒形势十分严峻!

为了保护公民的身体健康和社会的安定和谐,坚决遏制毒品在本市的蔓延,我们特筹建本禁毒科普教育馆。通过生动形象的展示,向广大观众特别是青少年普及禁毒知识,宣传禁毒法律政策,传递以人为本的禁毒理念,旨在增强他们的识毒、防毒和拒毒的意识及能力,积极参与禁毒斗争,共建和谐平安上海!

案例5

蓬莱古船古港博物馆基本陈列的前言

蓬莱,历史上又称登州,中国历史名港,地处胶东半岛最北端,濒临渤、黄二海,与朝鲜半岛隔海相望,与日本列岛一衣带水。

蓬莱特殊的地理位置决定了它是连接海上丝绸之路和日本、朝鲜的枢纽。作为中国北方对外的重要门户,在数千年的中国对外交流和贸易往来中发挥了不可替代的重要作用。

早在战国时期,这里就开辟了与朝鲜半岛和日本贸易和友好往来的"东方丝绸之路"。汉魏晋南北朝时期,这里至朝鲜半岛和日本的海上航线已是著名的"循海岸水行"黄金通道。唐中期以后,登州迅速崛起成为中国北方第一大港,与泉州、扬州和明州并称中国四大古港。宋以前,登州主要是自然海港,从宋建立"刀鱼寨"开始,登州发展为人工港。由隋唐而至明代近千年历史时期中,登州一直是中国北方最重要的港口,在中国与日本、朝鲜半岛的经济文化交流活动中起到了不可或缺的作用,推动了海上丝绸之路的繁荣与发展。

蓬莱同时也是军事港口。明朝政府为抗击倭寇侵犯,在此建造了备倭城,民族英雄戚继光曾在此任职。作为海防的重要军港,登州在抵御倭寇和外来侵略的战斗中发挥了重要的作用。明清两代,登州还是拱卫京师的军事重镇。

蓬莱这座历史名港,不仅见证了东方海上丝绸之路的历史和中国造船航海历史的盛衰,也见证了中国人民抵御倭寇和外来侵略的光荣历史。

也有一些展览前言编写存在很多问题,或抓不住展览的主题或宗旨,或行文拖沓、过于冗长,或文笔枯燥生硬等,难以激发观众阅读的兴趣。

例如,杭州夏衍故居夏衍生平陈列前言有1 049字:

夏衍,原名沈乃熙,字端轩(先),革命文艺运动的组织者和领导者之一,我国享有盛誉的杰出的革命文艺家,著名社会活动家和中国进步电影事业的开拓者。1900年10月30日(农历九月初八),出生于浙江省杭州市太平门外严家弄。

1915年入省立甲种工业学校染色科就读,五四运动中参与创办进步刊物《浙江新潮》,并投身于爱国学生运动。1920年赴日本留学,先在明治专科学校电机科,后改入九州帝国大学工业系。读书期间开始接受马克思主义和进步文艺。1924年经孙中山先生推荐加入中国国民党左派,担任国民党驻日总支部常委兼组织部长。1927年大革命失败后在白色恐怖下加入中国共产党,从事工人运动和翻译工作,译有高尔基《母亲》等外国名著。1929年秋参加筹建左翼作家联盟,次年当选"左联"执行委员。1932年进入明星电影公司任编剧顾问,次年任地下党上海文委委员、电影小组组长,先后创作了电影剧本《狂流》《春蚕》《风云儿女》《压岁钱》,话剧《赛金花》《自由魂》《上海屋檐下》及报告文学《包身工》等,对三十年代进步文化产生了巨大影响。

抗日战争爆发后,在上海、广州、桂林、香港主办《救亡日报》《华商报》。后辗转到重庆,任中共南方局文化组副组长,在周恩来同志直接领导下主持大后方文化运动,特别是戏剧运动,同时从事党的统一战线工作,曾任《新华日报》代总编辑,先后创作了《一年间》《水乡吟》《心防》《法西斯细菌》《芳草天涯》等多部话剧。抗战胜利后先后在上海、南京、新加坡、香港等地领导党的文化工作,曾任中共华南分局委员等职。

1949年上海解放后,先后任上海军事管制委员会文教管制委员会副主任,中共华东局宣传部副部长,上海市委常委、宣传部长,上海市文化局长,上海市文联主席等职。1954年任外交部亚洲司司长,1955年后任文化部副部长、中国文联副主席、中国人民对外文化协会副会长等职。曾改编创作《祝福》《林家铺子》《革命家庭》《烈火中永生》《憩园》等电影剧本,撰写了《写电影剧本的几个问题》等理论著作,这些作品已成为中国电影宝库中的艺术经典。"文化大革命"中备受林彪、四人帮残酷迫害。1977年后,任中国人民对外友好协会副会长、中日友协会长、中国文联副主席、中国电影家协会主席,第5届全国政协常委。1982年当选为中共中央顾问委员会委员。1994年10月,国务院特授他"国家有杰出贡献的电影艺术家"荣誉称号。晚年虽然"损目折肢"、年迈多病,仍以顽强毅力撰写大量文章,出版了《夏衍近作》《劫后影谈》《杂碎集》《天南海北谈》及长篇回忆录《懒寻旧梦录》。

1995年2月6日,在北京病逝,享年95岁。

(引自杭州夏衍故居夏衍生平陈列展览前言展板)

再如,上海张闻天故居张闻天同志生平陈列前言有815字:

张闻天同志是忠诚的马克思主义者,杰出的无产阶级革命家。张闻天同志作为我党在一个相当长时期的重要领导人,对于党的一系列正确决策的形成、完善和执行,对于中国新民主主义革命的胜利和社会主义事业的发展,做出了不朽的历史贡献。

张闻天,1900年出生于上海浦东一个农民家庭。"五四"时期,他是一名投身新文化运动的热情战士。1925年张闻天加入中国共产党,在上海、苏州从事党的地下工作,不久被派往苏联学习,1931年回国后进入中央领导层,由于积极推行共产国际错误路线曾犯过"左"的错误,但他在实践中不断修正错误,成长为一位成熟的无产阶级革命家。

长征途中,张闻天同志决然摒弃了"左"倾路线,坚决站到毛泽东同志的正确路线一边,为确立毛泽东同志在红军和党中央的领导地位,发挥了重要作用。遵义会议上他被选为党中央总书记,主持中央日常工作。长征到达陕北后,他主持瓦窑堡会议制定抗日民族统一战线政策,又主持决策和平解决西安事变,为实现从国内战争到全民抗日战争的伟大战略转变,做出了历史性的贡献。抗日战争胜利后,张闻天同志主动要求到东北做地方工作。

中华人民共和国成立后,张闻天同志从事外交工作,在新中国的外交事业特别是外交业务建设和国际问题研究上,做了开拓性的工作。1959年庐山会议上,张闻天对当时"左"的错误提出了批评意见,并因此受到了不公正的对待。此后,他深入调查,从事社会主义建设理论的研究,1962年向党中央进言,提出开放全国市场的建议。"文化大革命"中他深受迫害,却坚持真理,拒绝为冤假错案作伪证。在完全失去自由、极端困难的情况下,不顾衰弱身体和严重的眼疾,写下了一系列拨乱反正的文稿,对社会主义许多重大理论问题作了深入的探讨。1976年逝世于无锡,终年76岁。

1979年8月25日,党中央为张闻天隆重举行追悼会。邓小平代表党中央致悼词,高度评价了张闻天同志光辉的一生,他说,张闻天在遵义会议上"被选为党的总书记",是"我党在一个相当长时期的重要领导人",号召全党学习他的优秀品德和民主作风。

(引自上海张闻天故居张闻天同志生平陈列展览(2009年版)陈列大纲)

(二)"部分""单元"和"组"说明文字

"部分""单元"和"组"的说明一般反映展览各"部分""单元"和"组"的主题思想和主要内容。每一级的文字说明要能统领其下的展示内容。

"前言""部分""单元"和"组"是一个严密、完整的内容系统,应有严密的逻辑结构层次,依次是前言、部分说明、单元说明、组的说明。按照展览内容结构逻辑层次的要求,在各级文字说明编写上也应做到:下一级文字说明必须服从和服务于上一级文字说明,紧扣上一级文字说明的主题,是对上一级文字说明的具体化。切忌上下级文字说明之间没有关系,或关系不大,或关系混乱。

同时,看板说明文字只需要包含主要的知识点和信息点,只需要包含最核心的、与主题紧密相扣的内容。要抓住重点,文字表述要精炼,文字量不宜过长,切忌长篇累牍,否则会给观众造成阅读疲劳。每块图文板和说明牌上的文字数都不宜多,但核心信息都已被清晰阐述。例如,美国史密森国家自然历史博物馆哺乳动物展厅中的每一单元说明都十分简洁。其中,"南美洲"的单元说明是:"Deep within South America's rainforests, mammals live high and low, feast on different foods, and take day and night shifts."(在南美洲的热带雨林深处,哺乳动物们的栖息地有高有低,它们享用着美食,出没时间或昼或夜)"北美洲"的单元说明是:"From frigid, windswept tundra to sun-dappled forests, North American mammals weather seasons of warmth and cold, cycles of plenty and scarcity."（从寒风大作的冻原到阳光斑驳的树林,北美洲的哺乳动物历经着冷暖和数量多寡的循环往复）

一般来说,"部分说明"宜控制在250—300字,"单元说明"控制在150—200字,"组说明"控制在80—100字。

例如,绍兴市博物馆基本陈列第三部分"会稽郡地"部分说明文字(240字)：

> 秦统一中国,合吴越故地置会稽郡,从此揭开了八百年沧桑嬗变历程的序幕。"境绝利博,莫如鉴湖",东汉会稽太守马臻兴筑鉴湖,使山会平原约九千顷土地得以灌溉,农业生产因此得到迅速发展。东汉吴会分治,直至南朝,会稽郡经济繁荣,人口增长,社会安定,物产丰裕。陶瓷业、铜镜业的崛起,为后来会稽经济的进一步发展奠定了基础。东晋时期,北方战乱纷飞,南方会稽富甲一方、山水秀丽、和谐安定,成为当时豪势名门争相驻足的风水宝地,一时俊贤咸集,人才辈出,呈现一派名流荟萃、百花齐放、百家争鸣的文化昌荣景象。

再如绍兴市博物馆基本陈列第二部分"越国春秋"第三单元"於越华彩"单元说明文字(158字)：

> 越国时期是绍兴历史发展的第一个高峰。经过"生聚教训"的努力,越国革故鼎新,出现了一派欣欣向荣的景象。越国人民开垦荒地,兴修水利,围堤筑塘,发展植牧；冶金铸器、精造越剑；做楫驾舟、习水便舟；制陶烧瓷,开创龙窑……其中,冶铸业、造船业、陶瓷业更是技艺精湛,成为一代文明的瑰宝。由此,绍兴从原来的荒蛮之地一跃成为富庶之邦。

又如上海农垦博物馆"围垦馆"第二单元"艰苦岁月"的单元说明文字(190字)：

> 岁月如歌。当年农垦人所经历环境之艰苦、劳动之繁重、生活之清苦是难以想象的！围垦战士们吃的是杂粮饭,喝的是咸浑水,住的是"风雨房",睡的是芦苇床,走的是芦桩路,穿的是"泥制服"。他们头顶青天,脚踩淤泥,就地取材,割芦苇,搭芦棚,织芦席,建食堂,打水井,筑路桥,开荒种粮,自力更生,丰衣足食。他们以苦为乐,以苦为荣,始终保持高昂的革命斗志,展现了围垦战士不畏艰苦、坚韧不拔的精神

风貌。

又如上海禁毒教育馆第二单元"省毒"单元说明文字(94字):

> 毒品是万恶之源。吸毒不仅损害人的身心健康,毁坏家庭,而且影响社会治安和经济发展,甚至危及国家政治稳定,极大阻碍人类的进步。为了您的身心健康、家庭幸福以及社会的安宁和稳定,请您千万不要吸毒。

第四单元"戒毒"单元说明文字(98字):

> 毒品之毒众所周知,为何还会有如此多的人深陷"毒瘾",难以自拔?这是因为毒品会对人的中枢神经产生作用,使人形成"瘾癖",产生依赖。染上毒瘾,其害无穷。明智之举就是悬崖勒马,立即戒毒。戒毒是唯一出路!

(三) 解读性看板文字的编写风格

解读性看板说明文字编写要巧妙,要具备准确性、艺术性、互动性和关联性等特点,能起到激发观众关注或引导观众的作用。例如采用提问式、鼓励参与式、吸引注意力式、指引观众式和鼓励比较式等。看板说明文字风格除了要做到通俗易懂、可读精练、自然流畅、富有文采、亲切动人外,更要有感染力、激发性、引导性、启发性和召唤力,能引起或激发观众阅读的兴趣,能吸引观众参与到展览之中。

例如1869年美国自然史博物馆(今匹兹堡卡内基自然史博物馆)"生死的挣扎"的说明文字:

> 狮子悸动的叫声中混杂骆驼惊慌过度的呻吟,来发抢弹道射程的远处躺着一头被杀死、扭曲而不能动弹的母狮,它已尽了它的所能。留下的一个薄的刀口凸显出最后的责任——这是生死之间的责任。[①]

2015年开馆的上海自然博物馆解读性看板说明文字撰写方面有不少亮点,举几例如下。

"起源之谜":

---

① Kathleen McLean 著,徐纯译:《如何为民众规划博物馆的展览》,台湾:海洋生物博物馆,2001年,第112页。

"天下万物生于有，有生于无"。宇宙起源于 138 亿年前的"大爆炸"。随后，林林总总的天体相继形成，46 亿年前我们的家园——地球诞生了。

人类锲而不舍地追寻着宇宙和生命起源的线索，不断提出各种学说和假说，有的被证实，有的被推翻。

宇宙从何而来？宇宙有多大？宇宙的未来是什么？生命的种子来自何方？最早的生命何时出现？地球外生命是否存在？……天地有大美而不言，万物有成理而不说，所有的答案都需要我们去寻找。

"星际览胜"：

"仰观宇宙之大，俯察品类之盛"。古人观天象以卜吉凶，今人探星空以解天机。

"宇宙之谜"：

"上下未形，何由考之？日月安属？列星安陈？"美丽的星空中蕴藏着多少奥秘？"宇之表无极，宙之端无穷"，宇宙有多大？我们的地球在何处？

"大地探珍"：

地球——我们赖以生存的家园，是什么物质铸就了她的筋骨？怎样的力量雕琢了她的容颜？有哪些宝藏蕴藏于她的胸怀？有多少未知等待我们去探索？

矿物和岩石不仅构成了岩石圈，更忠实记录了地球几十亿年的演化与变迁。拂去岁月的尘埃，凝聚了天地精华的地质宝藏，点燃了人类文明的火把，散发着永恒的光芒。

水和风无时无刻不在雕琢地球的容颜，为生命提供了多姿多彩的舞台，大自然的鬼斧人工打造了我们独一无二的美丽家园。

"生命长河"：

生命——地球历史上最伟大的奇迹，孕育、变异、繁盛和衰亡的跌宕起伏，周而复始，生生不息。有一些类群盛极一时，却走向绝灭，凝固为化石；有一些默默无闻，但历经沧桑，繁衍至今。无论是逝去的还是鲜活的，渺小的还是巨大的，它们都是生命长河中的见证者。

让我们凝望生命长河中的点点浪花,感受与我们迥然不同的生命个体,领悟大自然的真谛。

但事实上,目前相当一部分博物馆展览的解读性看板文字编写既不精炼,也不通俗易懂,更缺乏文采和感染力。

例如杭州马寅初故居"民族瑰宝——马寅初"展览,其第七部分"人口宏论"看板文字就比较冗长、拖沓,如下:

作为著名的经济学家,马寅初一向以研究和解决现实经济问题为己任。对于中国的人口问题,马寅初一直倍加关注。早在1920年,他就在《新青年》杂志上发表《计算人口的数学》一文,并在其后研究中国家庭与经济之间关系的一系列论著中对人口问题进行了研究。

1953年新中国第一次全国人口普查后,马寅初更侧重于人口状况的调查研究。他不辞辛劳,多次深入基层,同工人、农民、干部座谈,共商解决我国人口问题的大计。1954年和1955年他先后三次在浙江省详细地调查了农村人口增长和粮食生产的发展情况。他根据大量的调查材料,经过缜密的研究论证,极其敏锐地发现了人口盲目增长的潜在问题。1957年,在经过详细的实地调查研究的基础上,发表了后来轰动一时的"新人口论",深刻地阐述了我国人口问题的性质、表现形式和解决方法,并提出"实行计划生育是控制人口最好最有效的办法"的真知灼见。

正当"新人口论"得到社会各界广泛关注、支持,准备进一步完善时,1958年、1959年,马寅初的"新人口论"遭到了严厉的批判。他本着对人民负责的态度仔细地对"新人口论"进行了梳理,并仔细阅读了报刊上发表的批判文章,看看是否真有什么错误。但梳理的结果,证明并没有错,所以他自始至终毫不动摇。

1978年12月党的十一届三中全会之后,在党中央的关怀下,马寅初得到了彻底的平反。他的"新人口论"被确认为具有远见卓识的理论,是利国富民的济世良策!

……………

(引自杭州马寅初故居"民族瑰宝——马寅初"展览展板内容)

此外,解读性展板文字的标题不仅要点题,还要有感染力、激发性、引导性和召唤力,能引起或激发观众阅读的兴趣。例如上海自然博物馆标题——"鳄鱼的伪装""装死逃生的负鼠""伏击的蜘蛛""北蝗莺的声东击西"

"穿山甲的防御""非洲草原上的猎手和猎物""猎豹——短跑冠军""好斗的狒狒"等。

而有相当一部分博物馆展览的标题文字很平淡,不仅缺乏提炼,而且也缺乏感染力、激发性、引导性和召唤力。例如改陈前上海陈云故居暨纪念馆陈云生平陈列展览部分标题:

第一部分　店员出身的工运领导人
第二部分　在历史转折关头
第三部分　党的组织工作的杰出领导者
第四部分　参加领导东北解放战争
第五部分　社会主义经济建设的开创者和奠基人之一
第六部分　在逆境之中
第七部分　推动拨乱反正
第八部分　参与开创有中国特色的社会主义伟大事业
(引自上海陈云故居暨纪念馆陈云生平陈列展览陈列大纲)

再如上海鲁迅纪念馆基本陈列展览部分标题:

第一部分　新文学开山——文学成就
第二部分　新人造就者——培养青年
第三部分　文化播火人——致力中外文化交流
第四部分　精神界战士——战取光明
第五部分　华夏民族魂——民众的纪念
(引自上海鲁迅纪念馆基本陈列展览1999年版展板内容)

二、辅助展品创作说明和依据文字编写

在博物馆展览中,尤其是在叙事型主题展览(区别于文物或艺术品展览)中,由于文物标本的缺乏,或是为了强化展览信息传播的需要,或是为了增强展览的观赏性和感染力的需要,博物馆展览往往会采用大量辅助艺术品和信息装置,例如壁画、油画、半景画、全景画、模型、沙盘、景箱、场景、蜡像、雕塑、多媒体、动画、互动装置、影视等。这些辅助展品和信息装置因具有良好的视觉效果、阐释能力和现场感而深受观众欢迎。

但另一方面,博物馆展览中这些辅助展品的创作和信息装置研发不同

于一般的纯艺术创作和娱乐媒体,它们更是一种知识信息交流的媒介。所以,它们的创作必须遵循科学性、真实性原则,必须是有依据(科学依据和学术支撑)的再现、还原和重构。

因此,在展览文本设计中,必须对辅助展品和信息装置的创作提出要求,并提供创作说明和创作依据。它们包括如下内容:该辅助展品的传播目的、基本内容、要表现的主要视觉元素等;有关创作的依据或参考性文字,例如某个历史事件或人物的基本概况、情节故事、有关的历史记载、后人的研究成果等。

例如诸暨中国香榧博物馆"榧香会稽山"浮雕创作说明:

传播目的:香榧采摘和集市贸易景象

表现形式:青石板浮雕雕刻

创作要求:采用山水画风格,浮雕分"近、中、远"三段层次绘画效果。近景着重体现香榧果交易集市,表现林农从上山挑着香榧果,沿着古道下来,重点表现香榧果交易集市热闹场面。中景着重表现千年古香榧群和古道,点缀农舍、采摘的老百姓、林间古道、溪水、山石、林下作物等。远景着重表现会稽山的崇山峻岭和深林密布。

背景说明:会稽山主脉在绍兴市的诸暨市、嵊州市、柯桥区、越城区以及金华市的东阳市,山高岭峻,云雾缭绕,温湿凉爽,适合榧树生长,是浙江香榧的主产区。会稽山古香榧群面积约402平方千米,现有结实香榧大树10.5万株,其中树龄百年以上的古香榧有7.2万余株,千年以上的有数千株,现存最古老的香榧树栽植于公元445年。绍兴先民从野生榧树中经人工选择和嫁接培育形成了香榧这一优良品种。古香榧树历经千年仍硕果累累,堪称古代优良品种选育和嫁接技术的"活标本"。"香榧树-梯田-林下作物"的复合经营体系,构成了独特的水土保持和高效产出的陡坡山地利用系统。古香榧树与古村落、小溪、山岚等构成了一幅幅令人赏心悦目的画图,并成为文学作品与民间文化的重要源泉。每年9月上、中旬是香榧采摘的时节。到了香榧采摘季节,男女老幼齐上阵。老的小的站在地上,采摘垂下来的榧果,或捡拾落在地上的果子。青壮年则爬梯上树采摘。采回来的香榧经过复杂的后熟与炒制工艺,使香榧成为香沁天下的果中珍品。再通过集市和水陆通道远销各地。

例如"深圳改革开放史"展览第一部分展项"开放前港深比较"创作说明：

传播目的：通过"开放前港深比较"这一重点的表现，旨在反映两个传播目的：（1）经过"文革"动乱后，中国社会经济面临崩溃的边缘，人民向往美好生活和呼唤改革开放。粉碎"四人帮"后，中国共产党在思考中国往何处走？最后，中央决定实行改革开放政策，这正是适应了中国社会民意，而深圳则是中国社会的一个缩影和代表；（2）历史上香港和宝安同属一地（宝安县），但改革开放前两地经济社会发展状况有天壤之别。宝安是一个贫瘠落后的边陲小镇，而香港是经济繁荣的亚洲"四小龙"之一。经过短短23年的发展，深圳经济赶上来了，表明改革开放政策是正确的。

传播内容：宝安是一个贫瘠落后的3万人的边陲小镇，城镇面貌破旧，经济落后，民不聊生；而一河之隔的香港高楼大厦林立，经济繁荣，一派欣欣向荣的景象。此展项要求表现出深圳与香港在城市面貌、社会经济发展和人们精神面貌方面的极大反差！

形式：场景

创作依据：参考文献、图片（略）

再如"绍兴市博物馆"辅助展品4D影片《梦回大越》文字剧本编写（部分）：

"梦回大越"文字脚本

时间：15分钟

方案说明：

绍兴，是宁静而悠然的，但在这背后，却是一部波澜壮阔的千年史诗，无论是于越先民的治水抗战，天下霸主的大国宏愿，传奇英雄的建功立业，还是文人墨客的挥洒才情，都是中华民族智慧与力量的彰显，是于越民族团结与不屈的展现。我们揭开绍兴今日平静如水的帷幕，让这座历尽兴衰的现代新城，吐纳昔日辉煌，讲述千载史篇，将过去的惊世浩瀚，重现人间。

影片在演绎上参照"discovery"的纪实形式，由今鉴古，追根溯源，给受众一种真实、可信、宏大、震撼、神秘、庄重的观后感。

影片在场景设计上，会充分展现4D特效，每一个场景都会令欣赏者如在其中,惊心动魄。

运镜方式:主要以"前行""穿越"镜头为主,形成一种立体影片独有的穿梭感、纵深感、未知感、探索感,营造视觉冲击。

切入点:绍兴城市三大映像——"水道"、"乌篷船"、"桥"。水,延续了这座古老城市的经久不息,以"船"为索引,经"桥"逐渐倒推历史,最终进入绍兴的源头,由绍兴宁静祥和的今日景象,瞬间进入令人惊心的壮阔浩瀚,进入绍兴的起源年代。

影片解说:

第一章 于越大地(1分50秒)

"三山万户巷盘曲,百桥千街水纵横。"

绍兴,是一座因"水"而生的城市。

船,渲染了这处江南水乡的悠然韵味;

桥,筑就了这方人文古城的登峰造极;

水,延续了这座绍兴城市的经久不息。

逐流而上,追溯源起,

平静无澜的帷幕,尘封了怎样的浩瀚与雄奇?

从此刻起,让我们"梦回大越"。

茫茫远古,这里曾是海洋与陆地交锋的前沿。

钱塘江、浦阳江、曹娥江、甬江日夜不息地输送着来自山地的泥沙,造就了六百里宁绍平原。

十万年以来,宁绍平原数度沧海桑田。

4 000多年前,海水渐渐向北退去。

海水虽然退去,这里依然一片沼泽,

寒潮、梅雨、台风、干旱主宰着大地的面貌,

就在这样的境域,于越先民开始了艰难的繁衍生息。

公元前2100年前后,大禹来到这里,

就在今日绍兴的剡溪,写就了"大禹治水"的传奇,

就在今日绍兴的会稽山上,开启了华夏帝王朝代的先河。

······ ······

再如"蓬莱古港古船博物馆""繁华的登州港"展项创作说明和依据(部分):

形式：登州府城沙盘＋大型登州港动态场景

传播目的：唐代中国北方第一大港繁荣景象

传播内容：登州府城，日出千杆旗，日落万盏灯，舟船飞梭、商使交属、商贾云集、丝竹笙歌

创作背景知识：

1. 登州府城

圆仁《入唐求法巡礼行记》："登州都督府城：东（西）一里，南北一里。城西南界有开元寺，城东北有法照寺，东南有龙兴寺，更无别寺。城外侧近有人家。城下有蓬莱县。……城北是大海，去城一里半。海岸有明王庙，临海孤标准。城正东是市。……城南街东有新罗馆、渤海馆。从（文）登界赤山到登州行路，人家希，总是山野。"

2. 繁华的登州港

宽松的政治环境、畅通的黄金海道，使登州成为东方海上丝绸之路的起点，一跃成为唐代中国北方的第一大港。新罗、日本等国派出的大批遣唐使团在登州上岸，这其中还有商人、僧侣、留学生等，难以数计。频繁开展的对外经济文化交流活动，成为拉动古登州港迅速发展的又一重要马车头。而国内海运和商贸活动的兴旺则是古登州港发展的重要基础。"新罗使必由海道以达登州，又为往来必经之程"，日出千杆旗，日落万盏灯，舟船飞梭，商使交属，形象地表现出当时登州因港而兴的繁华景象。

3. 舟船飞梭

作为中国南北海运和贸易活动的枢纽，隋唐时期的古登州港担负着大量军粮和军用物资调运的重任。在高丽战争期间运兵、运粮多靠古登州港吞吐。即使在和平时期，唐朝长期在平州、蓟州、幽州（今河北省北部，北京、天津一带）和营州（今辽宁朝阳）等地驻扎重兵备御契丹，军粮和军用物资调运任务仍然十分繁重。唐代大诗人杜甫在《昔游》诗中写道："幽燕盛用武，供给亦劳哉。吴门转粟帛，泛海陵蓬莱。"诗中提到的"幽燕"，是指现在的京津地区；"吴门"则泛指现在的浙江地区。杜甫在这首诗中描述了唐代南北海运航船从江浙一带港口出发，经古登州港中转，向京津地区运送粮食和丝织物品的繁忙景象。

……………

正是展览文本提供了"繁华的登州港"展项的上述创作说明和依据材料,展览形式设计师才能进行该展项的创作。

不过,有些博物馆展览内容文本,只是提示了展览的表现形式,例如沙盘、模型、场景等,而对这些表现方式的创作要求既没有进行说明,也没有提供这些表现方式的依据材料。例如某博物馆关于钱学森展览文本辅助展品的编写:

1. 绘画:章兰娟教育孩童时期的钱学森的情景。
2. 油画或多媒体模拟:钱学森参加上海交通大学铜管乐队的演奏现场以及钱学森在执信西斋吹奏小号的场景模拟。
3. 场景模拟:钱学森曾就读的学校的情景模拟。
4. 多媒体场景模拟:钱学森与检察官的对话。
5. 场景:钱学森带着《工程控制论》向冯卡门告别场景(创作)。
6. 油画或蜡像:钱学森与毛主席交谈(创作)。
7. 场景模拟:"关键时刻,钱学森一锤定音"。
8. 多媒体或灵镜技术演示:通过关于"音障"、"激波"、"马赫数"等。
9. 多媒体演示:钱学森设想的远程喷气飞机在空气稀薄的高空的飞行方案。
10. 多媒体:马赫数等科普知识。
11. 多媒体:用计算机模拟相似律及尖头细长飞行体周围的流场。
12. 多媒体:系统思维在航天产品研发体制中的体现。

面对这种情况,展览形式设计师就会无所适从,不知道该如何去创作这些多媒体、场景、油画、蜡像和模型。显然,指望形式设计师去重新搜集这些表现方式的依据材料和研究其传播目的和内容是不现实的。在这种情况下,形式设计师创作出来的多媒体、场景、油画、蜡像和模型往往只有花哨的形象,而没有明确的传播目的和科学的传播内涵。

展览辅助展品创作说明和创作依据缺乏或不充分正是目前博物馆展览内容文本文字编写方面突出的问题之一。因此,为了做好展览辅助展品和信息装置的创作,在展览内容文本设计中,必须给形式设计师提供明确、充分的展览辅助展品创作说明和创作依据资料。

三、数字媒体文字编写

作为信息、知识的传播载体,博物馆展览的信息要丰富饱满,能满足不同观众的不同信息需求。但同时,为了在有限的空间内避免展览信息的混乱,突出重点,必须处理好展览的信息层次。一般来讲,博物馆展览信息分为两类,即显性信息和隐性信息。显性信息是展览最基本的信息,通常直接与观众见面,主要满足普通观众的需要;隐性信息主要指展览的检索性或链接性信息,它们往往在展览背后,例如触摸屏中的信息,主要满足专业观众的需要或想了解展览更多信息的观众的需要。

例如诸暨中国香榧博物馆"香榧的一生"三维动画片解说词(部分):

Part 1　香榧种子的诞生

一场雨过后,树木被冲洗了一遍,换上一身浓绿的新装。香榧树的叶子上落满了雨珠,仿佛水晶般玲珑剔透。枝头上挂满了许多翠绿色的小宝宝:香榧子。这时,一颗成熟的香榧子随风摇曳,只听"嗤"的一声,香榧子脱离枝头往下坠落,一头栽到泥土里,静静等待着变成一棵榧树种子。

Part 2　榧树的诞生

香榧子沉睡了一段时间,渐渐褪去身上乌黑的外皮,开始"贪婪"地吸吮着水分,慢慢膨大着……突然,顶端破了一道口,从里面慢慢钻出一个嫩芽儿,起初,它还是蜷曲着身体,渐渐地,它挣破束缚,努力地伸直腰身。

榧树小苗蠢蠢欲动,终于勇敢地冲破了地表的重重考验,探出它刚刚长出的第一片幼芽。它努力地向上抽着身体,主杆变得越发粗也越发硬了。再过几天,从主杆节处又冒出了一个小芽儿,它们都在自然神圣的赐予下蓬勃生长着……又过了一段时间,它的第一片绿叶长了出来……接着,第二片、第三片、第四片……陆陆续续冒了出来,榧树小苗开始茁壮生长。

Part 3　香榧树的诞生

不知不觉幼年榧树已经三岁了。会稽先民们通过勤劳的双手、聪明的智慧成功摸索,形成了完善的榧树嫁接技术,实现从榧树到香榧树的转变,而且成活率可达88%。在每年的春季2月下旬至4月初,他们将长到2—3年的榧树实生苗做砧木,选良种壮年树主、侧枝的延长做接穗。香榧树就此诞生,开始它漫长的生长旅程。

……………

再如诸暨中国香榧博物馆"会稽山的古榧林"影片解说词(部分):

榧树起源于侏罗纪时代,系第三纪子遗裸子植物。随着亿万年的气候变化,裸子植物的生存大范围萎缩,榧树现今只分布在中国、美国、日本等少数国家,且主要分布在我国浙江、安徽、江苏、江西、福建、湖南、湖北、四川、云南、贵州。其中浙江会稽山占据首要地位,是我国榧树中心产地,包括绍兴、诸暨、嵊州、东阳、磐安、浦江一带。

榧树经过人工嫁接改良,成为香榧树。香榧树结出的果子,现通称为"香榧",不但产量高,而且松脆味香,是稀有的干果珍品。香榧树是我国特有的珍贵经济林木。据宋代名志《剡录》记载:"东坡诗云:'彼美玉山果,粲为金盘实。'玉山属东阳,剡、暨接壤,榧多佳者。"这其中的"剡"为嵊州,"暨"为诸暨。

会稽山区域是香榧发源地和主要栽培地。这里有着我国保存最完好的古香榧林群,其数量和产量均占全国香榧的80%以上。主产区诸暨有古香榧树达4.5万株;嵊州为2.83万株;绍兴为1.7万株;其中百年以上的香榧有72 000余株,最高树龄高达1 400多年。千年的香榧树依然硕果累累,堪称古代良种嫁接技术的"活标本"。2013年,联合国粮农组织正式批准绍兴会稽山古香榧群为"全球重要农业文化遗产"。

……………

又如张大千故居"童年记忆"第一单元"汉安风华""明清至近代内江籍主要书画家"多媒体触摸屏收录了六十几位书画家的生平、艺术成就和主要作品:

1. 赵贞吉:号大洲,内江县人,明代隆庆任宰相,经筵主讲。好吟诗题壁。书法在颜真卿、怀素之间。走笔龙蛇飞舞,气魄雄厚。原圣水寺,西林寺山门照壁尚有残字。省外题咏最负盛名的有秦岭留侯祠的题石碑古风《怀山好》,影响有清一代咏题者不下数十家。林则徐、冯玉祥亦有合题。

2. 杨所修：明末进士，出仕南京最久。擅诗文，尤以画墨竹名世。法在元夏仲昭、吴仲圭之间。应世品多作晴竹，苍劲萧疏，如凤尾开张；多用中锋，富篆书味。故乡内江遗墨难寻。近五年自《中国书画》见影印墨竹一幅，系山西博物馆藏品。题咏亦多富乡情，如有句："吾亦有园修竹里，夜深风雨梦乡关"。其诸子及孙辈俱登进士第，亦以画名。《内江县志》有事迹可考。

3. 王果：号六泉，清乾隆进士，内江县顺河乡人，曾在山东作府官。秉性严明，因"有辱斯文"开罪上司，获"永不录用"，罪回乡里。返乡后定居"风波楼"，后改名"景坡楼"，闭户治学。书法诗文俱追摩苏轼，博大而清雄，常以书法诗联酬世。内江各石桥、古碑尚有遗迹。其子犯法，亲缚送有司治罪，归隐终生。清相骆秉恬尝有诗惜之曰："书生才气英雄胆，可惜林泉老此人"。"英雄胆"即指敢于惩治有"后台"之罪犯。

……………

再如绩溪博物馆"胡适生平年表"多媒体，反映胡适从1891年出生到1962年72岁去世人生的重要事件，总计7 000余字：

一八九一年	一岁	十二月十七日	生于上海大东门外。胡适排行第四，原名嗣穈，行名洪骍，字适之。
一八九二年	二岁	二月底	随母冯顺弟移居浦东川沙。是年，父调台湾，任全台营务处总巡。
一八九三年	三岁	二月	随母去台湾其父胡传任所，先住台南，后迁台东。是年又任台东知州。
一八九四年	四岁		在台东由胡传教认方块汉字。
一八九五年	五岁	二月	因中日战争爆发，随母离台湾回上海。三月回祖籍安徽绩溪上庄，进家塾读书。
		八月	胡传（铁花）病死于厦门。
一八九六年	六岁		在家塾读书。
		……	……
一九〇四年	十四岁	一月	与江冬秀订婚。是年读梁启超的《新民说》和邹容的《革命军》。
		……	……

一九三八年	四十八岁	一月至五月	在美国及加拿大游历及演讲。
		六月	被选为国民政府"国民参政会"参政员。
		六月至七月	继续在美国及加拿大游历及演讲。
		八月	转游法国、瑞士和普鲁士。
		九月十七日	国民政府任命其为驻美全权大使。
		十月三日	由欧返抵纽约。五日,赴华盛顿就任。
		……	……

目前,在博物馆展览内容文本文字编写方面突出的问题是数字媒体检索性或链接性文字(隐性信息)不完整或不准确。其主要原因是展览文本编写中缺乏这类信息的编写规范,把这项本该由内容设计方承担的工作推给了不擅长内容策划设计的形式设计师。在这种情况下,形式设计师只好凭甲方提供的相关资料做简单的编辑处理,从而必然产生上述提到的问题。因此,为了做好展览的隐性信息展示工作,在展览内容文本设计中必须重视数字媒体文字的编写。

四、展览讲解或导览性文字

博物馆展览向观众开放后,必然要有为观众进行展览讲解或导览的工作。这是博物馆展览教育工作的重要内容,直接关系到观众参观展览及其获得知识、信息的实际效果。目前国内博物馆大多采用讲解员讲解的方式,部分采用导览设备的方式。但不管采用哪一种方式,都需要撰写讲解或导览脚本。

而导览或讲解脚本反映的内容一般是对展示内容的补充和深化,讲述的是展览或展品背后的知识和信息。因此,为了达到导览或讲解工作对展览内容的补充和深化的作用,在展览内容文本编写中最好增加展品展项"背景知识"的编写。

例如:蚌埠市博物馆第一展厅"古代蚌埠:文明历程"第二单元"双墩文化""陶器刻画符号"部分象形类刻画符号背景释读如下:

1. 重线鱼形

双墩遗址"重线鱼形"符号共27件,有学者认为表现鱼群竞游的情景,也有学者推测其表现上下波动的水波纹,可能是双墩先民对当时洪水泛滥的记录。

2. 猪形

单体猪形符号极富动态感,标本91T0620⑬:5形象逼真,尖嘴,脊上鬃毛倒立,呈现出没有完全被驯化的野性。

标本91T0620⑬:34形体硕大,似为一头怀孕的母猪。组合猪形表现了捕猎、饲养、祭祀等方面的内容。

标本91T0819⑲:73正看如同猪被一网状物网住并吊在空中的形态,倒看如同猪被四蹄朝天放在建筑物上的状态。

标本86T0720③:10似一头猪落入陷阱;标本93征集品:1似表示猎猪的工具或原始狩猎仪式的符号。

…… ……

这些"背景知识"的集成就构成了展览讲解或导览脚本的基本内容。如果没有这个基础,单独去编写展览的讲解或导览脚本,就会出现要么讲解或导览脚本内容与展览内容不匹配,要么与展览版面文字重复的问题,达不到导览或讲解对展示内容的补充和深化作用。

第九节 展览文本的编写要求与格式

> 内容文本是展览形式设计的蓝本,是一个展览成功的基本保障。那么,怎样的展览内容文本才是一个合格的文本?即一个好的展览文本应该满足哪些基本要求?一个规范的展览文本格式应该是怎样的?

一、展览文本编写的基本要求

怎样的展览内容文本才算是比较合格规范的呢?一直以来,我国博物馆界十分不重视展览文本的创作和研究,至今,我们尚无可循的标准和规范。根据我们多年的博物馆展览文本策划和展览设计的管理经验,一个合格规范的展览文本至少应该符合如下基本要求。

首先,展览文本要明确展览的传播目的。展览内容文本必须明确本展览传播的目的和宗旨，即本展览想让观众知道什么，或想影响观众什么？这是展览设计的基本指导思想。如果展览内容脚本不能对形式设计师阐述清楚本展览传播的目的和宗旨，那么形式设计师在从事展览形式设计时，就不容易准确把握展览设计的基本指导思想。

其次，展览内容结构要符合逻辑清晰度。展览内容文本必须明确展览传播的基本内容，并将这些基本内容按照清晰的逻辑结构进行编排。展览基本内容的逻辑结构关乎受众参观认知的效果。清晰的内容逻辑结构能起到纲举目张的作用，反之，如果展览的内容逻辑结构安排不当或比较混乱，就会给观众的参观心理造成混乱，严重影响观众的信息和知识的接受效果。

第三，展览内容文本要明确提示展览要传播的基本信息。即哪些是观众通过参观展览后必须知道的信息，哪些是观众应该知道的信息，并按重要程度依次编排。这样的提示有助于形式设计师能根据信息的重要程度在展览中合理地安排这些信息，做到主次分明。如果内容脚本不对形式设计师作这样的提示，形式设计师在处理展览信息中就会无所适从，不知道哪些是在展览中应该重点表现的，哪些是一般表现的。

第四，展览内容文本要提示展览各部分或单元的重点和亮点。展览不宜平铺直叙，展览需要"作秀"，一个成功的展览离不开"秀"的支撑。但展览的"秀"应该做在展览内容的重点和亮点之上，这样的"秀"才能成为观众的兴奋点。如果内容脚本不对展览的重点和亮点进行提示，指望从事艺术创作的形式设计师的揣摩是难以准确把握展览的"秀"的，非重点和亮点"作秀"，不仅达不到渲染和烘托展览重点和亮点的作用，而且是一种无谓的浪费。

第五，展览内容文本要对展示素材进行巧妙的组团。必须点明实物和辅助展品的组合关系及其传达的意义，即一组展品——实物展品和辅助展品是如何组合的，共同要传达什么意义，谁是主角，谁是配角，谁做背景用。如果内容脚本不作这样的提示，形式设计师不仅难以准确地把握和表现展品组合欲传达的意义，而且容易颠倒和混乱展品的组合关系，导致信息传播的错误。

第六，展览内容文本要对传达的信息做出清晰的层次划分。即展览策划面对受众的信息传播层次的清晰度。为了满足不同观众的不同信息需求，展览除了要信息丰富完整外，很重要的是要处理好信息层次，即哪些是满足普通观众需要的信息，哪些是满足专业观众需要的信息，哪些作为显性信息处理,哪些作为隐性信息处理。如果展览内容脚本对此不作处理,就容易导致展览信息的混乱。展览策划面对受众的信息传播层次的清晰度和完整性是考核展览内容脚本的一个重要参数。

第七,展览内容文本必须清楚说明辅助展品的传播目的并提供创作背景和学术支撑。在博物馆展览中,无论是科学辅助展品(图表、地图、模型和沙盘等),还是艺术辅助展品(绘画、雕塑、场景)的创作,除了明确的传播目的外,还必须有严谨的学术支撑,展览内容文本必须要提供辅助展品创作的学术依据和背景说明,这样才能保证辅助展品设计和制作的科学性和艺术性。

第八,展览内容文本应该撰写重点展项的分镜头剧本。所谓重点展项的分镜头剧本,一般是指数字影片、多媒体、大型场景、大型群雕、大型沙盘模型和大幅壁画绘画等创作的学术依据和形象素材及其分镜头剧本策划。如果没有这些展项的分镜头剧本的支撑,形式设计师就难以准确形象地创作这些重点展项。

第九,展览内容文本必须撰写所有看板的文字说明,包括前言、部分主题说明、单元主题说明、组主题说明和重点展品的文字说明。展览文字说明除了可读性和精炼外,在设计风格上宜采取提问式、鼓励参与、吸引注意力、指引观众和鼓励比较的方式,要有感染力、激发性、引导性、召唤力,能引起或激发观众阅读的兴趣。

第十,展览文本学术观点必须正确,依据材料要真实可信。博物馆展览不是娱乐媒介,而是观点和思想、知识和信息的传播。因此,展览提出的观点和思想、知识和信息,展览展示的各种展品(包括辅助展品),都必须建立在科学的、真实的基础上,必须以主流学术观点为基础,必须以客观真实的材料为支撑。杜绝非主流学术观点,杜绝胡编乱造。

以上十点是评价一个展览内容文本的基本考核点。

二、展览文本的格式

电影剧本有电影剧本的格式,同样,博物馆展览文本也应该有自己的格式。那么博物馆展览文本的格式是怎么样的?怎样的展览文本才算是比较规范的呢?遗憾的是,至今我们还没有一套规范的展览文本格式。

根据多年的博物馆展览文本策划和设计管理经验,我们认为就像电影剧本是为制片人、导演、演员、摄影、美术、服装和化妆等专业人员服务一样，展览内容文本主要是为展览形式设计创作专业人员服务的。因此，评价一个展览文本格式是否合适，关键是要看其能否让展览形式设计创作专业人员一目了然地看懂文本，理解展览的传播目的、展览的基本内容、展览的结构、展览的重点和亮点、形式表现的基本要求、展品展项创作的依据等，并且清楚如何将展览文本转化为三维的展览形态。

基于这样的判断，我们将展览文本格式分为如下几个层次处理：

第一层次，展览的总传播目的和内容主题结构

  1. 展览总传播目的

  2. 展览内容主题结构（由若干相互关联的部分或单元组成）

第二层次，部分或单元传播目的和内容主题结构

  1. 部分或单元传播目的

  2. 部分或单元主题说明

  3. 部分或单元内容主题结构（由若干相互关联的组组成）

第三层次，组的传播目的和内容组团

  1. 组的传播目的

  2. 组的内容组团

  3. 重点亮点提示

  4. 形式设计提示及创作依据

实践表明，这样的展览文本格式容易让展览形式设计人员看懂，且比较受业内展示设计公司的欢迎。

第十节 "说 戏"
——内容策划师与形式设计师的对话

展示内容决定展示形式，形式设计是对展览主题和内容准确、完整和生动的表达，必须服从和服务于展览主题和内容表达的需要。

如果将展览设计比作演戏，那么展览内容策划师就好比是编导，形式设计师好比是演员。要使展览这台戏成功，必须要有展览内容策划师给展览形式设计师"说戏"。

从展览文本转化为形式表现和空间视觉形象，形式设计师首先必须吃

透展览文本的主旨、内容、结构、重点和亮点等。然而,目前博物馆陈列展览实践中普遍存在的一个问题是展览形式设计师往往不能准确、完整地把握展览的内容,不能吃透展览的传播目的、主题、内容以及重点和亮点。其原因一方面是目前从事展览形式设计的人大多是学艺术或数字媒体出身,对理解复杂的展示内容往往比较困难;另一方面是展览形式设计师往往不重视展览内容的研究,习惯于为形式而形式。为此,展览文本策划者必须向形式设计师解读和讲解展览文本,就像编剧和导演给演员讲戏一样。内容策划师要全面系统地给展览形式设计师讲清楚本展览的宗旨、展览内容结构安排、展览各部分或单元的传播目的、展览内容板块的组成及其主次关系、展览主要的知识信息传播点、展品的组合关系、展览隐性和显性信息的处理,乃至展品和展项的表现等。

以我们策划展览内容文本、广东集美公司承担形式设计的浙江省桐乡市博物馆为例,仅凭广东集美公司设计师阅读文本,显然难以把握展览的内容,需要我们对其设计师进行内容策划设计交底。

例如,在第一部分"江南文明之源"部分,我们要告诉设计师这一部分应起到普及考古学知识的作用,通过"马家浜文化""崧泽文化"和"良渚文化"三个史前文化的展示,旨在告诉观众桐乡新石器时代谱系完整并且是古人类生活福地这一概念。另外要突出三个史前文化特色,并且,在三个史前文化中,"马家浜文化""良渚文化"是展示的重要内容,"崧泽文化"次之。而在"马家浜文化"部分,罗家角遗址作为马家浜文化的鼻祖最为重要,要重点展示。其次是谭家湾遗址、吴家墙门遗址、新桥遗址和张家埭遗址。罗家角遗址要重点突出罗家角遗址三、四文化层在马家浜文化中的地位,要突出罗家角遗址稻作、建筑、白陶等文化遗迹。

在"良渚文化"部分,要重点介绍普安桥遗址、新地里遗址、姚家山遗址三个遗址。

其中,崧泽文化晚期到良渚文化早期的普安桥遗址是早期聚落的形式,这是普安桥遗址在考古界的重要地位所在。该遗址第一次发现了良渚墓地与建筑共存的遗迹,这表明社会结构的发展变化——从大家庭向小家庭转化,人死了就埋在自己住的房子边上——这是普安桥遗址的重大意义所在。因此,展示中要重点展示良渚墓地与建筑共存的现象。

新地里遗址的一处良渚文化晚期的贫民墓地,发掘墓葬140座,是当时发现的最大的一处良渚文化墓地。姚家山遗址是浙北地区近年来发现的等级最高的良渚文化贵族墓地,虽然只有 7 座墓葬,但是规格极高,出土的文物无论从数量和质量来说都是罕见的。在展示设计中,要对新地里、姚家山两个遗址进行对比展示——墓葬体量大小、有无二层台、有无棺椁痕迹、随葬品多寡等的比较,以反映良渚文化低等级墓地和高等级墓地并存,说明良渚文化晚期社会关系和阶层分化状况。

此外,良渚文化要突出最大的石钺、独有的三叉形器。

显然,如果展览内容文本策划师不对上述内容进行详细解读,仅靠擅长艺术设计的形式设计师是难以理解和把握上述深奥的考古学知识的。如果形式设计师不能充分理解这些深奥的考古学知识,那又怎能准确、完整和生动地向观众传达这些知识呢?如此,必然严重影响博物馆展览知识和信息的有效传达。

因此,为了能使形式设计师更好地表现和烘托展览主题和内容,展览文本策划师必须要向形式设计师讲解展览的内容,否则,形式设计师难以完全或充分理解展览的内容文本。而如果形式设计师不能完全或充分理解展览的内容文本,又怎能通过视觉语言向观众有效地传达展览的内容和信息?可见内容策划师向展览形式设计师"说戏"是多么重要!

第三章
如何评价博物馆陈列展览

怎么样的展览是一个好的博物馆陈列展览？好的博物馆陈列展览评价标准是什么？本部分将从展览内容策划、展览的形式设计和制作，以及展览的推广与宣传三个维度来分析探讨好的博物馆陈列展览评价标准体系，旨在为博物馆陈列展览质量评价提供一个基本标准，引导和鼓励博物馆在陈列展览建设上达到公认的基本标准，促进我国博物馆陈列展览质量和水平的提升。

第一节 博物馆陈列展览的评价思想和原则

一、博物馆陈列展览评价指标体系建设的意义和目的

1998年国家文物局首次主办上一年度全国文物系统"十大陈列展览精品"评选活动之后，我国开始进行两年一度（2013年开始一年一度）的"全国博物馆十大精品陈列展览"评选，旨在让博物馆树立精品意识，引导我国博物馆陈列展览发展的方向，提升我国博物馆陈列展览的水平。

无疑，十大精品评选工作以及"精品工程"的开展，使我国博物馆开始重视展览教育和公共服务，精品意识显著增强，激发了博物馆及展览建设相关企业的进取意识、竞争意识与创新意识，制作精品展览、参与行业竞争的积极性明显提高。与此同时，博物馆学界开始掀起探讨"精品展览"的学术研究高潮，探究"精品展览"的内涵意义，研究如何打造博物馆精品展览，如何提升博物馆教育水平和公共服务能力。此外，十大精品评选工作还促进了馆际之间精品展览的跨地区、跨行业、跨类型的推广、交流及合作。这些对

提高我国博物馆陈列展览水平曾经发挥了重要的作用。

但是,不可否认,"十大精品陈列展览"评选也存在诸多问题,例如:

评价导向不够正确。无疑,博物馆展览评价是以提升博物馆陈列展览质量与水平为目的的,旨在指导和激励博物馆在陈列展览建设上达到公认的基本标准,促进我国博物馆陈列展览质量和水平的提升。因此,展览评价应根据博物馆展览的本质属性及自身规律,根据各类博物馆的特点和规律,提炼和制定出作为一个好展览的核心指标,并且严格按照指标由政府机关、社会团体、博物馆专业人员或第三方机构,通过特定的评价程序,对展览内容、形式、服务等方面进行客观、公正的评估。但多年来的评审实践表明,由于评价体系的不完善,特别是各种人情关系导致展览评审不客观、不公正,从而使得好的展览评不上,而差的展览居然能评上,使十大精品陈列展览评价越来越缺乏公信力,越来越难以对我国博物馆展览提升起到引导和激励作用。

评价体系不够完善。科学的评价系统一般包括评价者、评价目的、评价对象、评价指标、评价标准、评价权重、评价方法、评价程序、评价模型、评价结果等要素。其中评价权重、评价指标、评价标准、评价方法、评价模型、评价程序等是评价体系的科学手段。但从全国十大精品陈列展览评选工作的办法来看,显然并未采用相关的评价学理论及方法建立科学、完整的评价系统,从而存在诸多缺陷,例如评价者选取缺乏专业性,不考虑评价对象的差异性,奖项设置不合理,评价指标设置不科学,评价标准模糊,评价权重不合理,评价程序不够严谨,评价方法不科学,评价结果缺乏公信力等。

评价指标及其标准不够科学。博物馆陈列展览是一个由展示内容、形式设计和展品展项制作、宣传推广与服务等复杂要素构成的有机系统。并且,每个系统又由一系列相互联系、相互作用的要素构成。要综合评价展览的好坏,构建评价展览的指标体系是关键。何为评价指标体系?评价指标体系是由多个相互联系、相互作用的评价指标按照一定的层次结构组成的有机整体。但目前采用的"十大精品陈列展览"评价指标体系显然很不完整、很不科学。此外,每个评价指标都应该有科学的标准,评价标准是人们在评价活动中应用于对象的价值尺度和界限,但目前采用的"十大精品陈列展览"评价指标显然缺乏科学的评价标准。

此外,还有评审程序与方法不够严谨、评价依据不够充分等缺陷。这些严重影响了"十大精品陈列展览"评选的信誉和权威,影响了这一评选的导向作用。

另一方面,近年来,全国博物馆每年举办的各类展览达 3 万多个,为此,我国各级政府每年投入大量资金筹建博物馆陈列展览。为了加强对博物馆陈列展览建设的质量进行监督管理,保障博物馆展览的质量和社会效益,评估各级政府在博物馆陈列展览投资上的有效性和合理性,也需要我们制定博物馆陈列展览评价指标体系。

总之,为了加强对我国博物馆陈列展览的管理,不断提高我国博物馆陈列展览的质量和水平,推进陈列展览的规范化和指标化管理,我国博物馆亟待研究和制定一套比较规范科学的、为业界认可的展览评价指标体系。具体而言,其目的在于:

(一)为博物馆陈列展览质量评价提供一个基本标准,引导和鼓励博物馆在陈列展览建设上达到公认的基本标准,促进我国博物馆陈列展览质量和水平的提升。

(二)为博物馆主管部门进行陈列展览建设质量评价提供一个考核标准,满足相关部门对博物馆陈列展览质量管理的需要,以便于对博物馆陈列展览质量和水平进行全面、系统的考核、监督、纠错和激励提供依据。

(三)满足博物馆界同行观察、评价的需要,为全国各类博物馆进行陈列展览建设理念、经验和技术的讨论和观察提供一个交流平台,促进我国博物馆陈列展览整体水平的提高。

(四)为"全国博物馆十大精品陈列展览"评选提供客观的评价标准,增强评选的合理性、科学性、公正性和信誉度。

(五)满足博物馆陈列展览工程验收和自评的需要,为各个博物馆陈列展览工程的竣工验收和自评提供考核标准。

二、博物馆陈列展览的评价思想和原则

任何系统评价都有其评价的目标(指标)和内容,这些目标和内容的提出又都取决于总的评价思想和原则。展览评价思想和原则是陈列展览评价指标体系设计的基本指导思想。

(一)以知识信息传播和观众受教育意义的绩效为评价核心

博物馆是非正规教育机构,教育不仅是博物馆对社会的责任,而且是其

首要任务。陈列展览是博物馆开展观众教育的主要形式和手段。做好博物馆的陈列展览，不仅是博物馆的社会使命，而且直接决定着博物馆发挥的社会效益。现代博物馆应该也必须秉持"全民教育和终身教育"的理念，针对不同的观众规划不同的陈列展览教育活动，提供给观众多元化的观点、思想和丰富的知识、信息及学习体验，其终极目的是为了达到陈列展览教育活动效益的最大化。

博物馆陈列展览不是普通建筑装饰工程，而是一项面向大众的知识、信息和文化传播工程，强调陈列展览的思想性、科学性和艺术性。因此，其评价指标体系不同于普通建筑装饰质量管理指标体系，不是强调材料和设备的品质、性能和规格，以及施工和安装的流程、工艺和质量，而是一个基于定性分析的强调以知识信息传播效益和观众受教育意义为绩效考核标准的评价指标体系。

（二）以专家视角评价博物馆陈列展览

从博物馆专家的视角看，博物馆陈列展览的宗旨是进行文化知识传播，旨在传递给受众以信息、知识和文化，起到影响观众观念、思想和行为的作用。并且，博物馆陈列展览是一项集成学术、文化、思想、创意和技术的活动。因此，只有具有思想知识内涵、文化学术概念并符合当代人审美情趣的陈列展览，才是成功的博物馆陈列展览。博物馆陈列展览必须有明确的传播目的，必须是一种视觉和感性艺术，除了实物性、直观性、形象性外，其展品展项必须符合博物馆的核心特征——"知识性和教育性""科学性和真实性""趣味性和娱乐性"。

（三）以观众视角评价博物馆陈列展览

博物馆陈列展览主要是为普通大众而设计的，是一种面向普通大众的知识、信息、文化的传播媒介。因此，评价一个陈列展览的优劣，主要看它在鼓励观众参与和学习方面所取得的成绩，主要看这一展览是否给予每个公众积极、有益地参观博物馆的机会，是否符合或满足普通观众的认知、兴趣和需要，是否达到影响观众认识和行为的目的，是否提供给他们对其生活有特别意义的展示。通俗地讲就是：观众是否看得懂陈列展览；观众是否喜欢看并觉得有意思；能否给观众留下记忆和印象，达到知识、经验、价值和情感上的满足。

(四)陈列展览评价指标体系为总结性效果评估而非形成性评估

一般将陈列展览评估分为形成性评估和总结性评估两种形式。形成性评估是一个陈列展览筹建的组成部分,是在整个陈列展览由策划到实施完成的过程中进行的;而总结性评估是衡量一个陈列展览计划执行的结果,是在陈列展览全部制作完成之后进行的。所谓总结性评估是对陈列展览效果的评估,是指对其社会效益和经济效益的评估,如陈列展览为受众提供的知识量、陈列展览带来的社会影响等。

(五)叙事型主题性展览评价的原则

博物馆的陈列展览看似丰富多样,但归根结底只有两类陈列展览——以审美为导向的文物艺术品展览与叙事型主题性展览。鉴于以审美为导向的文物艺术品展览相对比较简单,主要强调文物艺术品本身之美,其策划、设计与制作主要是照明设计和环境氛围,较少辅助展品,所以本陈列展览评价指标体系主要针对有明确传播目的、有主题思想统领、有严密逻辑结构的叙事型主题性博物馆陈列展览——历史陈列展览、自然生态展览、科学技术展览、人物和事件陈列展览等。

(六)评价指标体系强调突出关键性指标原则

考核博物馆陈列展览效果的指标很多,显然,面面俱到、不分主次就会影响评价标准的实际执行力和导向。因此,我们强调以知识信息传播和观众受教育意义的绩效为陈列展览的评价核心。由此出发,从众多反映陈列展览绩效的相对独立的、可以定量或行为化的指标中提取主导性的指标作为关键绩效的指标,再通过关键性指标构成标准的主体框架。

第二节 陈列展览评价指标体系的系统构成

根据博物馆展览评价指标体系的评价思想和原则以及系统评价学的理论和方法,博物馆陈列展览评价体系主要由三大系统构成:陈列展览内容策划设计、陈列展览形式设计与制作、展览宣传推广和服务。另外附设一项

"观众反映"评价指标系统,该系统可以作为附属系统,既可供评审专家在前三项系统评价的基础上到现场进行测评,也可以作为博物馆自评使用。

同时,系统评价要从明确评价目标(指标)开始,通过评价指标来达到系统评价的目的。评价指标指的是评价的条目和要求,是一系列用来评价陈列展览的规范,如果陈列展览要为观众提供良好学习机会的话,这些指标必须在陈列展览中呈现。为了使陈列展览评价体系具有实际执行力,必须提炼和确定出那些反映陈列展览效果的相对独立的、可以定量或行为化的指标。

除了陈列展览评价指标体系由上述多个子系统及其众多评价指标构成外,每个子系统及其众多评价指标因其价值不同而有主次之分。为了使评价指标体系真实反映陈列展览的优劣效果以及具有导向作用,必须根据子系统或指标的价值分别确立不等的权重。

博物馆陈列展览是一项面向大众的思想与观点、知识与信息、文化与艺术、价值与情感的传播工程,其目的和宗旨是进行知识普及和文化传播,满足服务公众教育的需要。一个没有思想知识内涵、不能起到知识普及和发挥公共教育作用的博物馆陈列展览,纵然其表现形式如何花哨,那它一定不是一个合格的博物馆陈列展览。因此,陈列展览内容是博物馆陈列展览的核心,是展览的目的。

陈列展览的形式表现是对陈列展览内容的物化,是对内容的准确、完整和生动的表达。虽然陈列展览传播的观点和思想、信息和知识是理性的,但作为一种视觉和感性艺术,其表现的形式应该是感性的。即一个好的博物馆陈列展览,不仅要有思想知识内涵、文化学术概念,还要符合现代人的审美需求。只有具有较高艺术水准、有引人入胜的感观效果的陈列展览,才能吸引观众参观。因此,形式表现是陈列展览的手段。

而陈列展览的推广与宣传则是对陈列展览的"销售"。观众和社会反映则是前三项效果的综合反映。

根据前三者在陈列展览中的重要程度,确定三者在陈列展览评价体系中的权重如下表所示(按百分比),而"观众反映"子系统则为独立系统。

表2 四大子系统权重比例

内容子系统	形式子系统	推广服务系统	观众反映系统
40分	40分	20分	独立系统

第三节　博物馆陈列展览内容评价

一、陈列展览内容子系统评价指标的设定

根据上述陈列展览评价指标体系的评价思想和原则，结合陈列展览内容设计的一般规律，我们确定展示内容子系统评价指标如下：

1. 陈列展览的选题意义

即陈列展览的题目和内容。陈列展览好比是提供给观众的"产品"，"产品"要有意义和思想性，要让观众感兴趣，就必须根据观众的需求来思考陈列展览的选题和内容。只有符合和满足观众需求的陈列展览，才是观众喜欢的陈列展览，才能取得理想的效果；反之，陈列展览也不会取得成功。

2. 陈列展览的思想性

思想性是评价博物馆陈列展览的重要原则。博物馆陈列展览必须坚持正确的舆论导向，遵循党和国家的方针政策，体现"以科学的理论武装人，以正确的舆论引导人，以高尚的精神塑造人，以优秀的作品鼓舞人"的宣传精神。

3. 陈列展览的科学性

科学性是博物馆陈列展览的前提。博物馆陈列展览不同于娱乐类商业陈列展览，其宗旨是传播思想、文化和知识，因此所提出的观念、观点、思想都必须是建立在科学研究基础上的，其展示的材料必须是科学的、真实的，辅助展品的创作必须符合科学性、真实性的原则。

4. 陈列展览的知识性

知识性是博物馆陈列展览的核心。陈列展览是一项面对大众的文化、知识、信息传播媒介，必须传达给观众观点和思想、知识和信息、文化和艺术等。没有知识性的陈列展览必定不是合格的博物馆陈列展览。

5. 陈列展览传播目的

博物馆展览是一种观点、思想、知识和信息的传播，任何展览都必须明确自己的传播目的，即展览想告诉观众什么。传播目的是陈列展览的灵魂，是博物馆展览策划、设计和表现的出发点和归宿，展览内容策划和形式表现

设计必须以传播目的为导向,传播目的应贯穿于展览策划设计和表现的全过程。

6. 陈列展览主题演绎

主题是陈列展览的灵魂,主题提炼愈充分,陈列展览的思想性和教育意义就愈强,主题统领和贯穿于整个陈列展览的全过程。陈列展览的主题结构类似于一部小说和电影的故事线,其演绎包括故事线的策划和点、线、面的规划,以及部分、单元和组的上下左右逻辑清晰度;主题结构演绎直接关系到观众参观的效果和陈列展览信息传播的有效性。

7. 陈列展览重点亮点规划

展览需要作秀,需要有"秀"的支撑。所谓"秀",即是展览各部分或单元的重点内容,或展览传播的重要知识点和信息点。一个成功的展览,离不开展览"秀"的支撑。在展览文本策划中,我们要认真研究并选准每部分或单元的重要内容及其重要知识点、信息点,并且合理地做出规划。

8. 陈列展览的展示素材

陈列展览的展示素材包括两个方面,一是文物标本,二是故事情节素材。博物馆陈列展览主要是依靠实物"说话"的,通过实物揭示事物的本质,体现陈列展览的主题思想,实物是陈列展览的"主角"。实物展品的质量直接影响到陈列展览传播的质量,要选择那些最能揭示主题、最具典型性、最有外在表现力的实物做展品。同时,陈列展览要强调那些感人的故事性、情节性材料,那些见人见物见精神的素材。

9. 陈列展览的展品组合

展品组合类似电影的一个个分镜头。展品组合的要素包括文字说明、实物、图片、声像资料、辅助展品,它们之间必须是相互关联和呼应的,共同揭示一个主题。展品组合愈恰当巧妙,愈能传播陈列展览的信息,如当年"周恩来陈列展览"最后部分"鞠躬尽瘁　死而后已"中的"为人民服务纪念章、台历和手表"的组合。

10. 陈列展览的文字编写

陈列展览文字编写是陈列展览的重要组成部分,包括各级版面文字、辅助展品创作文字和背景信息文字。其中,前言、部分、单元、组和小组以及重点展品说明文字尤其重要,它们是展览重要的传播媒介,直接关系到观众对展览的阅读理解和参观效果。

综上所述,展示内容子系统评价指标如下表所示。

表3 展示内容子系统评价指标

1	2	3	4	5	6	7	8	9	10
展览选题	思想性	知识性	科学性	传播目的	主题演绎	重点亮点	展示素材	展品组合	文字编写

二、内容子系统各评价指标权重确定的原则及比例

根据前文对内容子系统各评价指标的分析提炼的10个关键指标虽然有重要性的差异,但这种差异不是很大,可忽略不计。因此,在权重设计时,每个评价指标各设定为4分,见下表。

表4 展示内容子系统评价指标权重比例

序号	1	2	3	4	5	6	7	8	9	10
评价指标	展览选题	思想性	知识性	科学性	传播目的	主题演绎	重点亮点	展示素材	展品组合	文字编写
权重	4分	4分	4分	4分	4分	4分	4分	4分	4分	4分

三、陈列展览内容子系统单项指标评价标准与方法

1."陈列展览选题"评价标准
(1)选题新颖,富有创意;
(2)反映本馆、本地或本领域的特点或优势;
(3)契合观众的兴趣与需求。
评价:优秀4分,良好3分,一般2分,不好1分。
2."陈列展览的思想性"评价标准
(1)符合正确的舆论导向,体现"以科学的理论武装人,以正确的舆论引导人,以高尚的精神塑造人,以优秀的作品鼓舞人"的精神;
(2)体现时代精神,贴近生活、贴近社会、贴近群众;
(3)具有较高的思想水平。
评价:优秀4分,良好3分,一般2分,不好1分。
3."陈列展览的科学性"评价标准
(1)提出的观点、思想、知识和信息正确真实;

(2) 展示材料(文物标本)真实可靠;

(3) 辅助展品制作有学术支撑。

评价:优秀 4 分,良好 3 分,一般 2 分,不好 1 分。

4. "陈列展览的知识性"评价标准

(1) 要有文化学术概念,有思想知识内涵;

(2) 要对观众有教育意义,让观众得到学识与经验、知识与信息、情感与价值上的满足和收获;

(3) 对观众产生观念和行为上的影响,能提升观众思考,影响观众的观点和思想,甚至实现超越,转变信念与态度,并且采取行动。

评价:优秀 4 分,良好 3 分,一般 2 分,不好 1 分。

5. "陈列展览传播目的"评价标准

(1) 陈列展览有明确的总的传播目的;

(2) 以传播目的为导向系统组织、规划展览内容;

(3) 各部分、单元和组的传播目的明确,并且统一和服从于展览总的传播目的。

评价:优秀 4 分,良好 3 分,一般 2 分,不好 1 分。

6. "陈列展览主题演绎"评价标准

(1) 陈列展览主题提炼充分,思想性和教育意义强;

(2) 陈列展览主题逻辑结构(故事线)策划演绎巧妙;

(3) 部分、单元和组的上下左右逻辑关系清晰,点、线、面规划合理。

评价:优秀 4 分,良好 3 分,一般 2 分,不好 1 分。

7. "重点亮点规划"评价标准

(1) 各部分或单元重要内容选择准确,规划合理;

(2) 重要知识点和信息点选择准确,规划合理;

(3) 展览内容的重点亮点突出。

评价:优秀 4 分,良好 3 分,一般 2 分,不好 1 分。

8. "陈列展览展示素材"评价标准

(1) 展示素材(文物标本)历史、科学、艺术价值高;

(2) 展示素材能揭示主题或说明问题,具有典型性和代表性,外在表现力强;

(3) 展示素材具有情节性和故事性,见人见物见精神。

评价:优秀 4 分,良好 3 分,一般 2 分,不好 1 分。

9."陈列展览展品组合"评价标准

(1) 图文版面、实物、声像资料和辅助展品相互关联呼应,共同表现一个主题或说明一个问题;

(2) 展品组合巧妙,层次清晰,知识信息传达力强;

(3) 展品组合主次分明、重点突出。

评价:优秀 4 分,良好 3 分,一般 2 分,不好 1 分。

10."陈列展览文字编写"评价标准

(1) 陈列展览文本文字(版面文字、辅助展品创作文字)编写齐全、规范;

(2) 版面文字(前言、部分、单元、组和小组以及重点展品说明文字)可读、精练、有感染力;

(3) 背景信息文字(多媒体检索文字)准确、可靠、完整。

评价:优秀 4 分,良好 3 分,一般 2 分,不好 1 分。

考核依据:陈列展览内容文本

附表如下。

表 5　展示内容子系统评价指标权重比例及得分

序号	1	2	3	4	5	6	7	8	9	10
评价指标	展览选题	思想性	知识性	科学性	传播目的	主题演绎	重点亮点	展示素材	展品组合	文字编写
权重	4分	4分	4分	4分	4分	4分	4分	4分	4分	4分
得分										

第四节　博物馆陈列展览形式设计和制作评价

一、形式设计与制作子系统评价指标的设定

根据前面陈列展览评价指标体系的评价思想和原则,以及结合陈列展览形式设计、创作和布展的一般规律,我们确定展示形式设计、创作和布展子系统评价指标如下。

1. 空间规划

空间规划是指在对博物馆展陈空间结构、陈列展览内容和参展展品分析研究的基础上,科学合理地划分各单元内容的平面布局和面积分配,包括点、线、面布局规划以及陈列展览的走向和观众参观动线。

2. 重点亮点

通过对陈列展览传播目的、陈列展览主题和内容分析的基础上,准确理解和把握陈列展览各部分和单元的重点和亮点。陈列展览要突出重点和亮点,重点和亮点就是陈列展览的重要知识点和信息点,是陈列展览的"秀"。

3. 图文版面

图文版面是陈列展览的重要组成部分,是陈列展览信息传达的主要媒介,图文版面设计主要包括陈列展览的版面说明文字、图片、图表等的信息组团和视觉审美两个方面。

4. 辅助艺术

辅助艺术是指陈列展览中作为辅助表现手段的二维和三维辅助艺术品,例如壁画、油画、国画、半景画、全景画、场景、雕塑、蜡像、模型、沙盘、景箱、场景等。辅助艺术品对陈列展览主题和内容的表述、信息的阐释和艺术感染力的营造具有重要的作用。

5. 科技装置

科技装置是指陈列展览中作为辅助表现手段的科技信息装置,包括多媒体、动画、互动装置、虚拟现实、幻影成像、影像处理、音效、影院、情景剧场、视频投影、实验装置等。通过这些高科技辅助系统,能使展示手段突破传统的文字图片加说明的做法,强化陈列展览信息的传播和交流,增强陈列展览的参与性、交互性和趣味性。

6. 展品组合

展品组合是指在同一主题下文物标本、图片、声像资料和辅助展品的集合组团。展品组合越合理巧妙,信息层次安排越清晰,就越能起到传播陈列展览信息和知识的作用,越便于观众接受陈列展览传递的信息。

7. 展示家具

展示家具是指陈列展览用的展柜、展具、展板、支架等,展示家具对文物展品的保护以及展示效果具有重要作用。

8. 照明设计

照明设计是指陈列展览中使用的照明工具及其作用。博物馆陈列展览中的照明设计有三方面的作用：一是文物保护，二是艺术表现，三是环境和氛围营造。

9. 人文关怀

陈列展览的人文关怀是指陈列展览的人性化设计，包括陈列展览的人体工程学、陈列展览标识系统、绿色环保和安全等方面的考虑和安排。

10. 环境氛围

陈列展览的环境氛围是指展厅的环境和氛围设计和营造，其作用主要体现在两个方面，一是为观众营造一种舒适、温馨、引人入胜和富有艺术感染力的参观环境；二是起到烘托展示内容的作用，与建筑空间、陈列展览内容完美结合，相互呼应，相得益彰。

综上所述，展示形式设计、创作和布展子系统评价指标如下表所示。

表6　展示形式设计、创作和布展子系统评价指标

1	2	3	4	5	6	7	8	9	10
空间规划	重点亮点	图文版面	辅助艺术	科技装置	展品组合	展示设备	照明设计	人文关怀	环境氛围

二、形式设计与制作子系统各评价指标权重确定的原则及比例

根据前面对形式设计与制作子系统各评价指标的分析，提炼的10个关键指标中，相对来说前5个指标比较重要，后5个指标次之。故在权重设计时，前5个评价指标各设定为5分，后5个指标各为3分（见下表）。

表7　展示形式设计、创作和布展子系统各评价指标权重

序号	1	2	3	4	5	6	7	8	9	10
评价指标	空间规划	重点亮点	图文版面	辅助艺术	科技装置	展品组合	展示设备	照明设计	人文关怀	环境氛围
权重	5分	5分	5分	5分	5分	3分	3分	3分	3分	3分

三、形式设计与制作子系统单项指标评价标准与方法

1. "空间规划"评价标准

（1）陈列展览内容体系——点、线、面的布局清晰合理，传播信息点

清楚;

(2) 依据重要和次要程度,合理分配各部分或单元的面积和平面布局,做到重点突出,布局得当,分割有致;

(3) 依据重要和次要程度,合理分配各部分或单元属下内容的面积和平面布局;

(4) 陈列展览的走向和观众参观动线规划科学合理,做到展线流畅,通透绵延,富有节奏感。

考核依据:陈列展览总平面图,各部分分平面图,观众流线图,空间轴侧图,展厅全景透视图

评价:优秀5分,良好4分,一般3分,不好1—2分。

2."重点亮点"评价标准

(1) 能准确地把握住陈列展览各部分或单元的重点和亮点(重要知识点和信息点),并进行重点表现;

(2) 针对重点和亮点的具体情况,选用最适宜、有效的展示手段和表现方式,不为"秀"而秀;

(3) 形式表现能准确、完整、生动地表现陈列展览的重点和亮点,表现手段不仅信息和知识传达力强,并且有吸引力。

考核依据:典型展品组合效果图,包括各个部分、单元重点和亮点的效果图

评价:优秀5分,良好4分,一般3分,不好1—2分。

3."图文版面"评价标准

(1) 符合"图文版面信息传达第一"的原则,图文版面中文字、图片、图表等的组合、布局、体量合理,主次分明,重点突出,满足信息传达和内容传播的需要;

(2) 符合"图文版面审美传达"的原则,版面中各要素在形态、构图、色彩、光效等方面的设计达到优美的视觉效果,满足观众的审美需求;

(3) 各级(一级、二级和三级)看板的规格和风格整齐统一,标志清晰,有助于观众熟悉陈列展览的内容体系及其层次。

考核依据:图文版

评价:优秀5分,良好4分,一般3分,不好1—2分。

4."辅助艺术"评价标准

(1) 传播目的明确,艺术表现元素与表现内容要高度吻合,信息阐释和

传播力强,能准确和完整地表达展示的内容;

(2) 辅助艺术品要创意新颖,避免雷同,构图巧妙,艺术表现的逻辑清晰程度高,制作工艺先进,艺术感染力强;

(3) 辅助艺术品的创作要符合真实性和科学性原则,有学术支撑,有依据地进行再现和还原,保证历史或事实的真实性。

考核依据:壁画、油画、国画、半景画、全景画、场景、雕塑、蜡像、模型、沙盘、景箱、场景等辅助艺术品的图片或效果图

评价:优秀5分,良好4分,一般3分,不好1—2分。

5."科技装置"评价标准

(1) 传播目的明确,信息阐释、传播和交流能力强,能准确和完整地表达展示的内容;

(2) 参与性、交互性、趣味性强,操作简便,设备和性能稳定,容易维护,有技术和安全的保障;

(3) 科技装置所表现的内容要符合真实性和科学性原则,有学术支撑。

考核依据:科技装置演示

评价:优秀5分,良好4分,一般3分,不好1—2分。

6."展品组合"评价标准

(1) 文物标本、图片、声像资料和造型艺术的集合组团要相互呼应,能有效表现陈列展览的内容和传播的信息;

(2) 展品组合中各要素在位置、体量、色彩上的安排主次分明,重点突出;

(3) 展品组合的信息层次清晰,便于观众参观和接收信息。

考核依据:典型展品组合效果图

评价:优秀3分,良好2分,一般1分,不好0.5分。

7."展示设备"评价标准

(1) 展示设备(通柜、独立柜、斜柜及其玻璃)的设计和型号规格选用合理;

(2) 展示设备的造型及其尺度比例合适,满足展示效果;

(3) 展示设备的开启方便,便于展品更换和清洁;

(4) 展示设备的技术可靠,符合环保和文物保护的要求。

考核依据:陈列展览设备造型图,包括展柜、壁龛、展板、支架、展台

评价：优秀3分,良好2分,一般1分,不好0.5分。

8."照明设计"评价标准

（1）采用专业照明,光源、灯具的品牌、型号、性能和质量选用合理；

（2）灯具的数量和布点合理；

（3）照明设计满足文物保护、艺术表现效果和眩光控制的要求；

（4）符合国家《博物馆照明设计规范》。

考核依据：照明设计实施方案

评价：优秀3分,良好2分,一般1分,不好0.5分。

9."人文关怀"评价标准

（1）展线长短、展项高度和视角、展品密度、光线明暗度等满足人体工程学的基本要求,符合人体体验舒适度；

（2）休息设施安排周到,陈列展览标志系统指示要科学、醒目,具有较强的观众导向能力；

（3）天、地、墙基础装饰设计及其材料符合绿色、环保和安全标准。

考核依据：深化设计方案

评价：优秀3分,良好2分,一般1分,不好0.5分。

10."环境氛围"评价标准

（1）陈列展览具有浓郁鲜明的文化氛围和独特的艺术风格；

（2）建筑空间与陈列展览内容完美结合,相互呼应,相得益彰；

（3）能为观众创造一个舒适温馨、引人入胜和富有艺术感染力的参观环境。

考核依据：展厅环境氛围效果图

评价：优秀3分,良好2分,一般1分,不好0.5分。

附表如下。

表8　展示形式设计、创作和布展子系统各评价指标权重及得分

序号	1	2	3	4	5	6	7	8	9	10
评价指标	空间规划	重点亮点	图文版面	辅助艺术	科技装置	展品组合	展示设备	照明设计	人文关怀	环境氛围
权重	5分	5分	5分	5分	5分	3分	3分	3分	3分	3分
得分										

第五节 陈列展览推广与服务子系统评价

一、陈列展览推广与服务子系统评价指标的设定

现代博物馆的核心服务理念是"以人为本",强调为观众服务,重视陈列展览的宣传推广和社会服务,将满足公众和社会的需要作为博物馆一切工作的出发点和归宿。

陈列展览推广与服务是博物馆陈列展览的重要组成部分,积极的宣传推广、热情的接待、优质的服务直接影响到博物馆陈列展览的效益。

根据前述陈列展览评价指标体系的评价思想和原则,以及结合博物馆陈列展览推广与公众服务的一般规律,我们确定陈列展览推广与服务子系统评价指标如下:

1. 宣传推广

博物馆利用大众媒体以及其他宣传手段,积极主动地宣传陈列展览。同时,加强公关工作,积极与社会各界联系,特别是与大中小学、旅行社和社区联系,积极争取和吸引观众前来参观陈列展览。

2. 观众接待

热情接待观众是增强博物馆陈列展览吸引力的一个重要方面。观众好比是博物馆的客人,只有热情亲切地接待观众,才能吸引更多观众参观陈列展览。观众接待工作的好坏直接影响博物馆陈列展览的参观人数和参观效果。

3. 导引讲解

导引讲解是博物馆陈列展览教育活动的一个重要组成部分,其重要性不能被低估。研究表明,大部分观众在陈列展览参观中希望得到博物馆的导引讲解。这项工作直接关系到观众在陈列展览参观中的学习和体验,关系到观众能否从陈列展览中获得尽可能多的信息、知识和快乐。

4. 延伸教育

陈列展览固然是博物馆主要的教育方式,但仅此是不够的。现代博物

馆经营越来越重视围绕或配合陈列展览开展一系列延伸和拓展服务,以提高博物馆陈列展览的效益并提供给观众更丰富的知识和信息,推动博物馆实现教育功能最大化。

5. 生活服务

参观陈列展览的观众成分复杂,有老年人、残疾人、携儿带女的父母、背负行李的游客等,他们往往有种种生活上的不便;另一方面,观众除了参观陈列展览外,往往有各种生活上的需要。因此,为了方便观众的各种生活需求,博物馆应该为观众提供生活便利,这也是博物馆陈列展览教育活动必不可少的组成部分。

6. 文化产品

为了满足观众的文化需求,博物馆精心设计和开发了一系列具有本馆特色、文化个性和艺术品位的文化产品,包括礼品、图册、书签、纪念章、贺卡等,这不仅可给观众以美好的记忆和回味,也是陈列展览教育活动的重要延伸部分。通过一系列文化产品和服务,使得博物馆真正融入民众的生活。

7. 观众研究

重视对观众的研究。为了更好地服务观众,博物馆开展了专门的观众调查工作,了解观众的兴趣和需要,以便更好地满足观众各方面的需要。

综上所述,陈列展览推广与服务子系统评价指标如下表所示。

表9 陈列展览推广与服务子系统评价指标

1	2	3	4	5	6	7
宣传推广	观众接待	导引讲解	延伸教育	生活服务	文化产品	观众研究

二、陈列展览推广与服务系统各评价指标权重确定的原则及比例

根据前面对陈列展览推广与服务子系统各评价指标的分析所提炼的7个关键指标中,除"观众研究"比较难以评价外,其他6个指标都很重要。因此,设定前6个指标每个权重为3分,第7个指标"观众研究"为2分(见下表)。

表10　陈列展览推广与服务子系统评价指标权重比例

序号	1	2	3	4	5	6	7
评价指标	宣传推广	观众接待	导引讲解	延伸教育	生活服务	文化产品	观众研究
权重	3分	3分	3分	3分	3分	3分	2分

三、陈列展览推广与服务子系统单项指标评价标准与方法

1."宣传推广"评价标准

（1）有具体的陈列展览宣传推广计划；

（2）利用大众媒体以及其他宣传手段，积极主动地宣传陈列展览；

（3）积极与社会各界联系，特别是与大中小学、旅行社和社区联系，积极争取和吸引观众参观陈列展览；

（4）策划、设计和制作系列陈列展览宣传资料。

考核依据：提交材料

评价：优秀3分，良好2分，一般1分，不好0.5分。

2."观众接待"评价标准

（1）有具体的观众接待计划和接待人员守则；

（2）有经过规范化培训上岗的接待人员，统一的制服和胸卡；

（3）有接待观众的专门设施，包括接待室和咨询台等；

（4）设立清晰的有中、英等多语种的标志系统和温馨提示牌。

考核依据：提交材料

评价：优秀3分，良好2分，一般1分，不好0.5分。

3."导引讲解"评价标准

（1）有专门的陈列展览讲解稿和讲解员手册；

（2）有经过培训上岗的讲解员队伍；

（3）提供中、英、日语种的陪同导引讲解；

（4）为特殊观众提供个性化的导引讲解；

（5）配备中、英、日、韩等多语种的语音导览设备；

（6）免费提供精美的参观指南和参观手册。

考核依据：提交材料

评价：优秀3分，良好2分，一般1分，不好0.5分。

4."延伸教育"评价标准

（1）围绕和配合陈列展览，开展示范表演、探索活动、视听欣赏、动手做、研习活动；

（2）围绕和配合陈列展览，开展一系列专题讲座、学术会议；

（3）围绕和配合陈列展览，开展有奖竞赛、夏令营、户外考察等；

（4）围绕和配合陈列展览，为专业观众开放库房、实验室、研究室等；

（5）围绕和配合陈列展览，出借复制品、录像、藏品等资料；

（6）举办流动陈列展览。

考核依据：提交材料

评价：优秀3分，良好2分，一般1分，不好0.5分。

5."生活服务"评价标准

（1）有专门的观众生活服务实施计划和方案；

（2）生活设施齐全完善，包括休息室、饮食、商店、包裹寄存、残疾人车和专用道、育婴室、自动电梯、中英日韩等多语种的广播求助系统等；

（3）生活服务周到细心，饮食和商品价格合理。

考核依据：提交材料

评价：优秀3分，良好2分，一般1分，不好0.5分。

6."文化产品"评价标准

（1）有专门配合陈列展览的文化产品开发方案；

（2）精心设计和开发具有本馆特色、艺术品位的文化产品，包括礼品、图册、书签、纪念章、贺卡等；

（3）文化产品差异化，定价差异化，价格合理，满足不同观众的需求；

（4）提供文化产品包装、邮寄等服务。

考核依据：提交材料

评价：优秀3分，良好2分，一般1分，不好0.5分。

7."观众研究"评价标准

（1）有认真制定的针对展览的观众调查方案；

（2）由陈列展览博物馆或委托专门机构开展观众调查工作，了解观众的兴趣和需要；

（3）有观众反馈机制，搜集观众对展览以及博物馆其他工作的意见。

考核依据：提交材料

评价：优秀2分，良好1分，一般0.5分，不好0分。

附表如下。

表 11 陈列展览推广与服务子系统评价指标权重比例及得分

序号	1	2	3	4	5	6	7
评价指标	宣传推广	观众接待	导引讲解	延伸教育	生活服务	文化产品	观众研究
权重	3分	3分	3分	3分	3分	3分	2分
得分							

第六节 "观众反映"评价指标系统

一、"观众反映"子系统评价指标的设定

根据前面陈列展览评价指标体系的评价思想和原则,特别是依照"陈列展览是否提供给观众富有信息和教育意义的参与式体验"为评价指标首要原则,并结合陈列展览观众参与、学习和体验的研究成果,我们确定"观众反映"子系统评价指标如下:

1. 舒适度

一个优秀的陈列展览会带给观众身心两方面的舒适感。高舒适度将带来其他积极的经验;相反则不然。

2. 吸引度

一个优秀的陈列展览对观众来说是有吸引力的,它吸引观众提高注意力,吸引观众是通向他们发现陈列展览传播意义的第一步。

3. 提升度

一个优秀的陈列展览应当提供给观众众多机会去感受成功以及丰富他们的学识,帮助观众获取有意义的经验。

4. 有意义程度

一个优秀的陈列展览应该为观众提供认知和情感上的体验,让观众发现他们在认知和情感上发生了短暂甚至长期的改变。

综上所述,观众反映子系统评价指标如下表所示。

表 12　观众反映子系统评价指标

1	2	3	4
舒适度	吸引度	提升度	有意义程度

二、"观众反映"子系统各评价指标权重确定的原则及比例

根据前面对陈列展览"观众反映"子系统各评价指标的分析所提炼的 4 个关键指标都很重要，因此，在权重分配上均等对待，即每个指标为 5 分（见下表）。

表 13　观众反映子系统评价指标权重

序　号	1	2	3	4
评价指标	舒适度	吸引度	提升度	有意义程度
权　重	5 分	5 分	5 分	5 分

三、"观众反映"子系统单项指标评价标准与方法

1."舒适度"评价标准

（1）设置路线标示系统和内容导览系统；

（2）有方便的地方以供休憩；

（3）照明、温度及音响水平是恰当的；

（4）一切都保存、运转、维护良好；

（5）符合人体工程学，陈列展览内容可以被轻松地理解、浏览及使用；

（6）陈列展览鼓励观众自行安排参观体验活动；

（7）观众能明确感受陈列展览的宗旨及观点；

（8）陈列展览能面向不同文化背景、经济阶层、教育程度及年龄层次的人。

评价：优秀 5 分，良好 4 分，一般 3 分，不好 1—2 分。

2."参与度"评价标准

（1）物理环境看上去有趣并激发观众探索；

（2）展品吸引观众的注意，并使他们放慢脚步观看，花时间参与许多内容并产生互动；

（3）展品是有趣味的，具挑战性的，好玩的，引起好奇心的，能对生理心理产生刺激的；

（4）展品组合鼓励促进交际行为（观众交流），展品鼓励观众同他人朗读讨论展品资料；

（5）陈列展览能让观众体验各式各样的展示形式（例如图形、文字、实物、视听资料、计算机、复制品、模型、现象），达到多重感官体验，包括视觉、听觉、运动、触觉等；

（6）无论观众先前的知识程度或兴趣如何，都有感兴趣的参观活动可参与。

评价：优秀 5 分，良好 4 分，一般 3 分，不好 1—2 分。

3."提升度"评价标准

（1）陈列展览体量不是很庞大，参观活动"刚好足够"；

（2）陈列展览具有挑战性或复合的陈列展览体验，使观众在理解信息后能大呼"我明白了"，促进观众产生学习的信心与动力，继续参观过程；

（3）展览具有逻辑性，通过巧妙的编排使观众容易接受和理解；

（4）陈列展览中不同部分的信息、观点是相辅相成、彼此加强的；

（5）展品信息是基于展品自身的，是展品信息的原原本本的展现。

评价：优秀 5 分，良好 4 分，一般 3 分，不好 1—2 分。

4."有意义程度"评价标准

（1）无论观众知识水平或动机有何差异，陈列展览的观点及实物与其经历相关，易被接受；

（2）陈列展览表明其内容是有价值的，材料是及时的、重要的并与观众的价值观产生共鸣，意味着"原来如此"；

（3）陈列展览内容触及人们普遍关注的，且不回避深层次的、具争议的问题；

（4）陈列展览不仅给予观众获得知识和信息的方式和方法，而且起到了提升观众思考、改变观众认识、影响观众态度和行为的作用。

评价：优秀 5 分，良好 4 分，一般 3 分，不好 1—2 分。

附表如下。

表14　观众反映子系统评价指标权重及得分

序　号	1	2	3	4
评价指标	舒适度	吸引度	提升度	有意义程度
权　重	5分	5分	5分	5分
得　分				

第七节　博物馆展览评价表

在上述博物馆陈列展览各子系统评价数据采集的基础上,综合评价博物馆陈列展览的质量和水平(见下表)。

一、评分表

具体见下表。

表15　展览评价指标系统综合评分表

专家评价系统(100%)			独立系统
内容子系统(40%)	形式子系统(40%)	推广服务系统(20%)	观众反映系统
展示内容子系统评分表(40%)			

序号	1	2	3	4	5	6	7	8	9	10
评价指标	展览选题	思想性	知识性	科学性	传播目的	主题演绎	重点亮点	展览素材	展品组合	展览文字
权重	4分	4分	4分	4分	4分	4分	4分	4分	4分	4分
评分										

展示形式设计、创作和布展子系统评分表(40%)										
序号	1	2	3	4	5	6	7	8	9	10
评价指标	空间规划	重点亮点	图文版面	辅助艺术	科技装置	展品组合	展示家具	照明设计	人文关怀	环境氛围
权重	5分	5分	5分	5分	5分	3分	3分	3分	3分	3分
评分										

(续 表)

展览推广与服务子系统评分表(20%)							
序号	1	2	3	4	5	6	7
评价指标	宣传推广	观众接待	导引讲解	延伸教育	生活服务	文化产品	观众研究
权重	3分	3分	3分	3分	3分	3分	2分
评分							

观众反映子系统评分表(独立系统,按5分制计算)				
序号	1	2	3	4
评价指标	舒适度	吸引度	提升度	有意义程度
权重	5分	5分	5分	5分
评分				

二、评分标准

展示内容、形式设计与制作、展览推广与服务子系统指标评分标准分见下三表。

表16　展示内容子系统指标评分标准表

序号	指标	标　　　准	评分等级
1	展览选题意义	1-1 选题新颖,富有创意	优秀4分 良好3分 一般2分 不好1分
		1-2 反映本馆、本地或本领域的特点或优势	
		1-3 契合观众的兴趣与需求	
2	展览的思想性	2-1 符合正确的舆论导向,体现"以科学的理论武装人,以正确的舆论引导人,以高尚的精神塑造人,以优秀的作品鼓舞人"的宣传精神	优秀4分 良好3分 一般2分 不好1分
		2-2 体现时代精神,贴近生活、贴近社会、贴近群众	
		2-3 具有较高的思想水平	

(续　表)

序号	指标	标准	评分等级
3	展览的科学性	3-1 展览提出的观点、思想、知识和信息正确真实	优秀4分 良好3分 一般2分 不好1分
		3-2 展示材料（文物标本）真实可靠	
		3-3 辅助展品制作有学术支撑	
4	展览的知识性	4-1 展览要有文化学术概念，有思想知识内涵	优秀4分 良好3分 一般2分 不好1分
		4-2 要对观众有教育意义，让观众得到学识与经验、知识与信息、情感与价值上的满足和收获	
		4-3 对观众产生观念和行为上的影响，能提升观众思考，影响观众的观点和思想，甚至实现超越，转变信念与态度，并且采取行动	
5	传播目的	5-1 有明确的展览传播目的和传播对象	优秀4分 良好3分 一般2分 不好1分
		5-2 以传播目的为导向系统组织、规划展览内容	
		5-3 各部分、单元和组的传播目的明确，并且统一和服从展览总的传播目的	
6	展览主题演绎	6-1 陈列展览主题提炼充分，思想性和教育意义强	优秀4分 良好3分 一般2分 不好1分
		6-2 陈列展览主题逻辑结构（故事线）策划演绎巧妙	
		6-3 部分、单元和组的上下左右逻辑关系清晰，点、线、面规划合理	
7	重点亮点	7-1 各部分或单元重要内容选择准确，规划合理	优秀4分 良好3分 一般2分 不好1分
		7-2 重要知识点和信息点选择准确，规划合理	
		7-3 展览内容的重点亮点突出	
8	展览素材	8-1 展示素材（文物标本）历史、科学、艺术价值高	优秀4分 良好3分 一般2分 不好1分
		8-2 展示素材能揭示主题或说明问题，具有典型性和代表性，外在表现力强	
		8-3 展示素材具有情节性和故事性，见人见物见精神	
9	展品组合	9-1 图文版面、实物、声像资料和辅助展品相互关联呼应，共同表现一个主题或说明一个问题	优秀4分 良好3分 一般2分 不好1分
		9-2 展品组合巧妙，层次清晰，知识信息传达力强	
		9-3 展品组合主次分明、重点突出	

（续　表）

序号	指标	标　　准	评分等级
10	展览文字编写	10-1 展览文本文字（版面文字、辅助展品创作文字和背景信息文字）编写齐全、规范 10-2 版面文字（前言、部分、单元、组和小组以及重点展品说明文字）可读、精练、有感染力 10-3 背景信息文字（多媒体检索文字）准确、可靠、完整	优秀 4 分 良好 3 分 一般 2 分 不好 1 分

表 17　形式设计与制作子系统指标评分标准表

序号	指标	标　　准	评分等级
1	空间规划	1-1 陈列展览内容体系——点、线、面的布局清晰合理，传播信息点清楚 1-2 依据重要和次要程度，合理分配各部分或单元的面积和平面布局，做到重点突出，布局得当，分割有致 1-3 依据重要和次要程度，合理分配各部分或单元属下内容的面积和平面布局 1-4 陈列展览的走向和观众参观动线规划科学合理，做到展线流畅、通透绵延、富有节奏感 考核依据：展览总平面图，各部分分平面图，观众流线图，空间轴侧图，展厅全景透视图	优秀 5 分 良好 4 分 一般 3 分 不好 1—2 分
2	重点亮点	2-1 能准确地把握住陈列展览各部分或单元的重点和亮点（重要知识点和信息点），并进行重点表现 2-2 针对重点和亮点的具体情况，选用最适宜、有效的展示手段和表现方式，不为"秀"而秀 2-3 重点和亮点的形式表现有创意，有吸引力，信息知识传达有效力强 考核依据：典型展品组合效果图，包括序厅和各个部分、单元重点和亮点的效果图	优秀 5 分 良好 4 分 一般 3 分 不好 1—2 分
3	图文版面	3-1 符合"图文版面信息传达第一"的原则，图文版面中文字、图片、图表等的组合、布局、体量合理，主次分明，重点突出，满足信息传达和内容传播的需要	优秀 5 分 良好 4 分 一般 3 分 不好 1—2 分

(续　表)

序号	指标	标　　　准	评分等级
3	图文版面	3-2 符合"图文版面审美传达"的原则,版面中各要素在形态、构图、色彩、光效等方面的设计达到优美的视觉效果,满足观众的审美需求	同上
		3-3 各级(一级、二级和三级)看板的规格和风格整齐统一,标志清晰,有助于观众熟悉陈列展览的内容体系及其层次	
		考核依据:图文版	
4	辅助艺术	4-1 传播目的明确,艺术表现元素与表现内容要高度吻合,信息阐释和传播力强,能准确和完整地表达展示的内容	优秀5分 良好4分 一般3分 不好1—2分
		4-2 辅助艺术品要创意新颖,避免雷同,构图巧妙,艺术表现的逻辑清晰程度高,制作工艺先进,艺术感染力强	
		4-3 辅助艺术品的创作要符合真实性和科学性原则,有学术支撑,有依据地进行再现和还原,保证历史或事实的真实性	
		考核依据:壁画、油画、国画、半景画、全景画、场景、雕塑、蜡像、模型、沙盘、景箱、场景等辅助艺术品的图片或效果图	
5	科技装置	5-1 传播目的明确,信息阐释、传播和交流能力强,能准确和完整地表达展示的内容	优秀5分 良好4分 一般3分 不好1—2分
		5-2 参与性、交互性、趣味性强,操作简便,设备和性能稳定,容易维护,有技术和安全的保障	
		5-3 科技装置所表现的内容和材料要符合真实性和科学性原则,有学术支撑	
		考核依据:科技装置演示	
6	展品组合	6-1 文物标本、图片、声像资料和造型艺术的集合组团要相互呼应,能有效表现陈列展览内容和传播信息	优秀3分 良好2分 一般1分 不好0.5分
		6-2 展品组合中各要素在位置、体量、色彩上的安排主次分明,重点突出	
		6-3 展品组合的信息层次清晰,便于观众参观和接收信息	
		考核依据:典型展品组合效果图	

(续　表)

序号	指标	标　　准	评分等级
7	展示家具	7-1 展示设备(通柜、独立柜、斜柜及其玻璃)的设计和型号规格选用合理	优秀3分 良好2分 一般1分 不好0.5分
		7-2 展示家具的造型及其尺度比例合适,满足展示效果	
		7-3 展示家具的开启方便,便于展品更换和清洁	
		7-4 展示家具的技术可靠,符合环保和文物保护的要求	
		考核依据:展览设备造型图,包括展柜、壁龛、展板、支架、展台	
8	照明设计	8-1 采用专业照明,光源、灯具的品牌、型号、性能和质量选用合理	优秀3分 良好2分 一般1分 不好0.5分
		8-2 灯具的数量和布点合理	
		8-3 照明设计满足文物保护、艺术表现效果和眩光控制的要求	
		8-4 符合国家《博物馆照明设计规范》	
		考核依据:照明设计实施方案	
9	人文关怀	9-1 展线长短、展项高度和视角、展品密度、光线明暗度等满足人体工程学的基本要求,符合人体体验舒适度	优秀3分 良好2分 一般1分 不好0.5分
		9-2 休息设施安排周到,展览标志系统指示科学、醒目,具有较强的观众导向能力	
		9-3 天、地、墙基础装饰设计及其材料符合绿色、环保和安全标准	
		考核依据:深化设计方案	
10	环境氛围	10-1 陈列展览具有浓郁鲜明的文化氛围和独特艺术风格	优秀3分 良好2分 一般1分 不好0.5分
		10-2 与建筑空间、展览内容完美结合,起到烘托展示内容的作用,相互呼应,相得益彰	
		10-3 能为观众创造一个舒适温馨、引人入胜和富有艺术感染力的参观环境	
		考核依据:展厅环境氛围效果图	

表18　展览推广与服务子系统指标评分标准表

序号	指标	标　　准	评分等级
1	宣传推广	1-1 有具体的展览宣传推广计划	优秀3分 良好2分 一般1分 不好0.5分
		1-2 利用大众媒体以及其他宣传手段,积极主动地宣传展览	
		1-3 积极与社会各界联系,特别是与大中小学、旅行社和社区联系,积极争取和吸引观众参观展览	
		1-4 策划、设计和制作系列展览宣传资料	
2	观众接待	2-1 有具体的观众接待计划和接待人员守则	优秀3分 良好2分 一般1分 不好0.5分
		2-2 有经过规范化培训上岗的接待人员,统一的制服和胸卡	
		2-3 有接待观众的专门设施,包括接待室和咨询台等	
		2-4 设立清晰的由中、英等多语种的标志系统和温馨提示牌	
3	导引讲解	3-1 有专门的展览讲解稿和讲解员手册	优秀3分 良好2分 一般1分 不好0.5分
		3-2 有经过培训上岗的讲解员队伍	
		3-3 提供中、英、日语种的陪同导引讲解	
		3-4 为特殊观众提供个性化的导引讲解	
		3-5 配备中、英、日、韩等多语种的语音导览设备	
		3-6 免费提供精美的参观指南和参观手册	
4	延伸教育	4-1 围绕和配合陈列展览,开展示范表演、探索活动、视听欣赏、动手做、研习活动	优秀3分 良好2分 一般1分 不好0.5分
		4-2 围绕和配合陈列展览,开展一系列专题讲座、学术会议	
		4-3 围绕和配合展览开展有奖竞赛、夏令营、户外考察等	
		4-4 围绕和配合展览为专业观众开放库房、实验室、研究室等	
		4-5 围绕和配合展览出借复制品、录像、藏品等资料等	
		4-6 举办流动展览	

(续　表)

序号	指标	标　　准	评分等级
5	生活服务	5-1 有专门的观众生活服务实施计划和方案	优秀3分 良好2分 一般1分 不好0.5分
		5-2 生活设施齐全完善，包括休息室、饮食、商店、包裹寄存、残疾人车和专用道、育婴室、自动电梯、中英日韩等多语种的广播求助系统等	
		5-3 生活服务周到细心，饮食和商品价格合理	
6	文化产品	6-1 有专门为配合陈列展览的文化产品开发方案	优秀3分 良好2分 一般1分 不好0.5分
		6-2 精心设计和开发具有本馆特色、艺术品位的文化产品，包括礼品、图册、书签、纪念章、贺卡等	
		6-3 文化产品定价差异化，价格合理，满足不同观众的需求	
		6-4 提供文化产品包装、邮寄等服务	
7	观众研究	7-1 有认真制订的针对展览的观众调查方案	优秀2分 良好1分 一般0.5分 不好0分
		7-2 为陈列展览博物馆或委托专门机构开展观众调查工作，了解观众的兴趣和需要	
		7-3 有观众反馈机制，搜集观众对展览以及博物馆其他工作的意见	

说明：本子系统考核依据均为提交材料。

表19　观众反映子系统指标评分标准表

序号	指标	标　　准	评分等级
1	舒适度	1-1 设置路线标示系统和内容导览系统	优秀5分 良好4分 一般3分 不好1—2分
		1-2 有方便的地方以供休憩	
		1-3 照明、温度及音响水平是恰当的	
		1-4 一切都保存、运转、维护良好	
		1-5 符合人体工程学，展览内容可以被轻松地理解、浏览及使用	
		1-6 展览鼓励观众自行安排参观体验活动	
		1-7 观众能明确感受展览的宗旨及观点	
		1-8 展览能面向不同文化背景、经济阶层、教育程度及年龄层次的人	

(续　表)

序号	指标	标　　　准	评分等级
2	参与度	2-1 物理环境看上去有趣并激发观众探索 2-2 展品吸引观众的注意力,并使他们放慢脚步观看、花时间参与许多内容并产生互动 2-3 展品是有趣味的,具挑战性的,好玩的,引起好奇心的,能对生理心理产生刺激的 2-4 展品组合鼓励促进交际行为(观众交流),展品鼓励观众同他人朗读讨论展品资料 2-5 展览能让观众体验各式各样的展示形式(例如图形、文字、实物、视听资料、计算机、复制品、模型、现象),达到多重感官体验,包括视觉、听觉、运动、触觉等 2-6 无论观众先前的知识程度或兴趣如何,都有感兴趣的参观活动可参与	优秀5分 良好4分 一般3分 不好1—2分
3	提升度	3-1 展览体量不是很庞大,参观活动"刚好足够" 3-2 展览具有挑战性或复合的展览体验,使观众在理解信息后能大呼"我明白了",促进观众产生学习的信心与动力,继续参观过程 3-3 展览具有逻辑性,通过巧妙的编排使观众容易接受和理解 3-4 展览中不同部分的信息、观点是相辅相成、彼此加强的 3-5 展品信息是基于展品自身的,是展品信息的原原本本展现	优秀5分 良好4分 一般3分 不好1—2分
4	有意义程度	4-1 无论观众知识水平或动机的差异,展览的观点及实物与其经历相关、易被接受 4-2 展览表明其内容是有价值的,材料是及时的、重要的并与观众的价值观产生共鸣,意味着"原来如此" 4-3 展览内容触及人们普遍的关注,且不回避深层次的、具争议的问题 4-4 展览不仅给予观众获得知识和信息的方式和方法,而且起到了提升观众思考、改变观众认识、影响观众态度和行为的作用	优秀5分 良好4分 一般3分 不好1—2分

第八节　博物馆陈列展览评价指标体系实施机制建设

> 陈列展览评价指标体系是博物馆陈列展览评价的基础工作，但要落实这项工作，必须要有与其对应的博物馆陈列展览评价实施机制来保障，这样它才能发挥陈列展览之评价和导向的作用。本博物馆陈列展览评价实施机制主要为博物馆行业评审——全国博物馆精品陈列展览评审设计。博物馆自评可参考执行。

一、全国博物馆陈列展览评选的要素

博物馆陈列展览评审的要素包括评审范围、评审组织者、评审者、评审标准、评议评定、奖励等。

1. 评审范围

根据2015年1月14日国务院颁布的《博物馆条例》，凡是以教育、研究和欣赏为目的的，收藏、保护并向公众展示人类活动和自然环境的见证物，经管理机关依法登记的非营利性的博物馆都可以参加评审，包括全国各地、各行业、各部门的非营利性博物馆的陈列展览。

2. 评审组织者

即评选的组织者，指中国博物馆行业的主管机构——国家文物局和中国博物馆学会、中国科协和中国自然科学博物馆协会。

3. 评审者

直接对博物馆陈列展览进行考察、分析、研究、发表意见并有投票权的专家和学者。

4. 评审标准

指陈列展览评选的依据和标准，即博物馆陈列展览评价指标体系，它是博物馆陈列展览评价的标准。

5. 评议评定

指评审专家根据评价标准对参与博物馆陈列展览的解剖、分析、评议过

程,包括投票、统计和决定获奖类别和等级。

6. 奖励

对获奖的博物馆陈列展览给予精神和物质奖励。具体由评审组织者另外约定。

二、分类评选原则和奖项设立

1. 分类评选原则

博物馆陈列展览因其性质和呈现方式不同而多种多样,有历史陈列展览、艺术品陈列展览、考古遗址陈列展览、自然科技陈列展览、历史人物和历史事件陈列展览等。显然,不同类别的陈列展览具有不同特点,不具有完全可比性,是难以进行比较的,例如文物艺术品陈列展览与自然科技陈列展览。因此,博物馆陈列展览的评价首先要确立分类评选的原则。

根据我国博物馆的种类及其陈列展览的现状,大致可确定如下几大类陈列展览类别:

- 历史类陈列展览

这类陈列展览主要通过文物以及辅助展品系统展示反映一个国家、一个地区、一个事件的历史发展,旨在向观众普及历史文化知识、进行历史唯物主义教育。历史类展览又可分为通史类、断代史展览、历史事件展览、地方史或行业史展览等。这类陈列展览往往有明确的陈列展览主题贯穿于展览的始终,其表现方式除了实物展品、图片外,较多利用二维或三维的辅助艺术品和科技信息装置。这类陈列展览比例较大,如地方博物馆地方史陈列展览、各行业历史博物馆等。

- 文物艺术类陈列展览

这类陈列展览主要展示文物艺术品本身的审美价值、历史价值、科学价值,反映人类的艺术创造和审美意识,揭示美的本质,旨在对观众进行美育。文物艺术类展览又可分为古代艺术和现代艺术展览、综合艺术和专门艺术展览,专门艺术又可分为各种二维或三维的造型艺术展,例如陶瓷、书画、雕塑、玉器、服饰以及其他各类民间艺术等。其表现方式主要依赖实物本身,较少利用二维或三维的辅助艺术品和科技信息装置。

- 人物类陈列展览

这类陈列展览主要展示杰出人物的生平事迹、突出成就和精神思想。

它们往往有明确的思想主题贯穿于陈列展览始终。其表现方式以人物相关展品实物为基础，辅以多种辅助艺术表现手段和科技信息装置。人物纪念馆是我国博物馆的一大重要分支，占到我国博物馆总量的近1/6。

● 自然生态类陈列展览

这类陈列展览是指通过自然标本以及辅助展品的组合展示，反映一个国家、一个地区、一个领域的环境资源、自然界变化及其演变规律的展览，旨在向观众普及自然知识，进行生态教育。它又可分为综合性自然史展览或单科性自然史展览，单科性自然史展览又可分为地质学、古生物、人种学、动物学、植物学、矿产学展览等。其表现方式除了实物标本、图片外，较多利用二维或三维的辅助艺术品和科技信息装置。

● 科技类陈列展览

科技类展览反映人类探索科技进步的过程、应用及影响。具体而言，或是反映一个国家、一个地区、一个领域科技发展史、科技成就，或是反映某项科技的发现和发明过程、基本科学原理、科技的应用及其社会效果和影响，旨在向观众普及科学知识，宣传科学的思想、科学的精神、科学的方法和科学的知识等。它又可分为古代科技和现代科技展览、综合科技和专项科技展览，专项科技展览又可分为物理、化工、冶金、航天、造船、水利等。其表现方式除了实物标本、图片外，较多利用二维或三维的辅助艺术品和科技信息装置。

● 行业博物馆陈列展览

除了以上几大类陈列展览以外，反映各行各业历史发展和行业文化的博物馆，例如水利博物馆、湿地博物馆、交通博物馆、茶叶博物馆、酒类博物馆、铁路博物馆、地震博物馆、丝绸历史博物馆等陈列展览，都可归入行业博物馆陈列展览的范畴。这类陈列展览总量也较大，它们主要是非文物系统管辖的博物馆，可以考虑单独归为一类。其表现方式除了实物展品、图片外，较多利用二维或三维的辅助艺术品和科技信息装置。

全国博物馆精品奖可按照上述六大类进行分类评选。具体到每次评选，组织方可根据上述六大类陈列展览实际参评数量多寡，具体分配综合精品奖数量的多少。

2. 奖项的设立

全国博物馆陈列展览评选可参考电影界的奥斯卡奖，设置两类奖项：一是综合精品奖；二是单项奖。其中，综合精品奖必须建立在单项评选的基础上进行，即综合精品奖获得者应该在单项奖获得较多者中产生。

而单项奖可以是奖励博物馆陈列展览某一方面突出者，可设立如下：最佳内容策划设计奖、最佳形式设计和制作奖、最佳宣传推广和服务奖、最受观众欢迎奖、最佳新媒体新技术运用奖、最佳照明设计奖、最佳教育活动开展奖、最佳文化产品开发奖等。

- 最佳内容策划设计奖

本项设置旨在激励博物馆重视陈列展览的内容策划设计。评价标准依据"陈列展览内容策划设计评价标准"。

- 最佳形式设计和制作奖

本项设置旨在激励博物馆重视提升陈列展览的形式设计和制作。评价标准依据"陈列展览形式设计、制作评价标准"。

- 最佳宣传推广和服务奖

评价标准依据"陈列展览宣传推广和服务评价标准"。本项设置旨在激励博物馆重视博物馆陈列展览的宣传推广和服务。

- 最受观众欢迎奖

本项设置旨在激励博物馆重视陈列展览的观众反映和社会效果。评价标准依据"观众反映评价标准"。

- 最佳新媒体新技术运用奖

本项设置旨在激励科技或信息技术在陈列展览中的应用。评价标准依据"陈列展览形式设计、制作评价标准"中的"科技装置"评价标准。

- 最佳照明设计奖

本项设置旨在激励陈列展览重视博物馆的照明设计。评价标准依据"陈列展览形式设计、制作评价标准"中的"照明设计"评价标准。

- 最佳教育活动开展奖

本项设置旨在激励博物馆重视提升陈列展览教育服务和开展陈列展览延伸教育活动。

评价标准依据"陈列展览宣传推广和服务评价标准"中的"教育服务"和"延伸服务"评价标准。

- 最佳文化产品开发奖

本项设置旨在激励博物馆围绕和配合陈列展览展品进行文化产品开发和营销工作。

评价标准依据"陈列展览宣传推广和服务评价标准"中的"文化产品"评价标准。

三、评选提交的材料

陈列展览评选材料是陈列展览评选的依据，其充分程度直接关系到陈列展览评选的客观性和真实性。为了帮助评审专家对陈列展览作出全面、客观的评审，也为了保证参评陈列展览的公平和公正，评选组织者必须对陈列展览评选材料做出明确、具体和规范的要求如下：
- 完整规范的陈列展览内容文本
- 全套陈列展览形式深化设计方案
- 全套陈列展览实际效果录像资料
- 全套宣传推广和服务图文资料

此外，所提交的上述材料必须：
- 真实可靠，不弄虚作假
- 所提交的文字材料和视觉材料要有统一规格和要求，包括格式、尺寸、材质等
- 参评陈列展览的类别填写要准确，名副其实
- 参评材料要齐全，签字盖章手续完备。

在具体评选操作中，可根据上述原则性要求制定《评选材料提交细则》。

四、评委资格及其构成

博物馆陈列展览评选的专业性、客观公正与权威性、导向性紧密相关，评选必须专业和客观公正，否则评选工作就谈不上权威，就没有公信力，就不能发挥正确导向的作用，甚至会遭人唾弃。而要保证评选工作的专业和客观公正，必须保证评委素质的可靠性以及资格的专业性、评委代表组成的合理性、评选规则和标准的科学性。

1. 评委的素质和资格

评委是评审的主体，其思想品格和业务素质直接关系到陈列展览评选的客观公正和专业。

评委要有高尚的思想品格，在评选中能够做到：认真负责，坚持原则；客观公正，不徇私情；严格保密，注意团结。

博物馆陈列展览评委应该具有丰富的博物馆经营管理经验，或对博物

馆陈列展览有较高的研究造诣,或对博物馆陈列展览有丰富的策划设计经验。他们一般应该是正高职称。

评审组织机构应该根据上述条件设立专门的评审专家库,严格把关进入专家库的专家。需要指出的是,由于用人体制上的问题,事实上目前一些博物馆馆长并不等于博物馆专家。

2. 评委的代表性

评委的组成要有代表性和合理的专业知识结构。一般来讲,博物馆陈列展览的评委应该由三个方面的人员组成:政府博物馆主管部门的业务型领导、高等院校博物馆学和博物馆学学术团体方面的专家和教授、全国一级博物馆的业务型馆长和研究员。这三类评委各有所长,优势互补,形成合理的专业和知识结构。

评委不仅要由这三个方面的人员组成,三类评委在评选委员会中的比例要有一个合理的结构。鉴于博物馆陈列展览是一项专业性、学术性和技术性很强的评选工作,应该突出专家、学者和教授的比重,这也符合中央科学发展观和专家决策的精神和原则。

此外,在评委的组成上,还要考虑到参与评选的博物馆展览类别的多样性,以及专家地域分布上的广泛性。

本单位或下属单位有参评陈列展览的评委,应采取回避的办法,以免影响评选的客观公正。

这些是保证博物馆展览评选客观公正的重要条件。

五、评选步骤和操作

博物馆陈列展览评选活动的步骤包括:组建评选机构→制定评选办法→发布陈列展览评选通知→材料选送、验收和分类→组建评选委员会→集中评选和公布评选结果→颁奖和经验交流。

1. 组建评选机构

指陈列展览评选的主办单位,还有承办单位、协办单位和评选办公室,其任务包括:

- 制定评选办法;
- 设置奖项;
- 成立评选委员会;

- 筹措评选经费；
- 组织陈列展览评选等。

评选机构对整个陈列展览评选承担法律、经济和社会责任。

2. 制定评选办法

主办单位负责制定评选办法。评选办法一般包括：
- 评选宗旨
- 参评资格
- 评选程序
- 评选项目
- 评选材料
- 评选标准
- 奖励办法

3. 发布陈列展览评选通知

向全国或全省博物馆参评单位发布评选通知、评选材料提交要求以及评选办法等附件。

4. 材料选送、验收和分类

参评陈列展览可由主管部门推荐和博物馆自荐两种方式。

参评陈列展览按评选通知和评选办法提交陈列展览评选材料。

评选办公室要根据评选办法对提交的陈列展览评选材料进行验收、分类登记。

根据申报数量和类别统计情况，评选办公室商议和确定各类奖项设置的数量，例如综合类精品奖分类及数量、单项奖分类及数量。

5. 组建评选委员会

评选办公室按照评选委员会组成要求聘请评委和组建评选委员会。

6. 集中评选和宣布评选结果

集中评选包括如下议程：
- 先开评选预备会，向评委阐明评选的内容、要求、标准、办法、活动安排等；
- 评委审阅材料或听取参评陈列展览单位汇报；
- 评委评议或发表意见；
- 评委独立打分或投票；
- 统计评分或投票结果，并宣布获奖结果。

7. 颁奖和经验交流
● 公布获奖陈列展览,召开颁奖大会;
● 评选活动结束后,一般要安排一个研讨会,交流博物馆陈列展览建设的经验,提出陈列展览评选的改进意见;
● 介绍、宣传获奖作品,发挥优秀陈列展览的导向作用。